# 古代歷史文化 研究輯刊

## 十一編

王明蓀 主編

## 第 14 冊

### 晚清海關稅政研究：
### 以徵存奏撥制度爲中心（下）

陳勇 著

國家圖書館出版品預行編目資料

晚清海關稅政研究：以徵存奏撥制度為中心（下）／陳勇 著
— 初版 — 新北市：花木蘭文化出版社，2014〔民103〕
目 4+190 面；19×26 公分
（古代歷史文化研究輯刊 十一編；第14冊）
ISBN：978-986-322-573-7（精裝）
1. 關稅政策　2. 清代
618　　　　　　　　　　　　　　　　　103000946

古代歷史文化研究輯刊
十一編　第十四冊　　　　　　　ISBN：978-986-322-573-7

# 晚清海關稅政研究：以徵存奏撥制度爲中心（下）

作　　者　陳勇
主　　編　王明蓀
總 編 輯　杜潔祥
副總編輯　楊嘉樂
編　　輯　許郁翎
出　　版　花木蘭文化出版社
社　　長　高小娟
聯絡地址　235 新北市中和區中安街七二號十三樓
　　　　　電話：02-2923-1455／傳真：02-2923-1452
網　　址　http://www.huamulan.tw 信箱 hml810518@gmail.com
印　　刷　普羅文化出版廣告事業
初　　版　2014 年 3 月
定　　價　十一編 24 冊（精裝）新台幣 46,000 元　　　版權所有・請勿翻印

# 晚清海關稅政研究：
## 以徵存奏撥制度爲中心（下）

陳　勇　著

# 目

# 次

# 第五章 收儲與經費

## 第一節 櫃收與號收

　　爲防止稅吏直接經手現銀，舞弊中飽私囊，清初稅款的收受，是商民親填稅冊，將稅銀封存在密封的口袋中，當場投入堂上的銀櫃中，再由櫃書或平櫃定期存入官庫。這種稅款收受方式稱爲自封投櫃。自封投櫃之制，爲徵收錢糧所創，明萬歷年間即已實行。〔註1〕《福建省例‧倉儲例》對此有詳細的描述：徵收錢糧，例應設櫃，令業戶自封投櫃，櫃書即給以印票執憑。至晚將銀櫃封鎖，扛貯庫內，仍將本日所收錢糧流水簿結總，逐晚送署查覈，俟收有成數，該州縣一面詳請監拆，該教官即親往開櫃，查對流水號簿，逐一兌明，將銀彙貯庫內，總櫃鎖固，黏貼教官印花，鎖匙即交教官帶回收貯。該教官即將拆兌銀數及加封彙貯緣由，稟報查考，遇有支放起解，仍會同教官照數兌出，餘銀仍照前加封貯庫稟報。〔註2〕可見投櫃與簿冊管理是結合在一起使用的。清代實行白銀、制錢並行的雙本位幣制，由於金融市場的不穩定，白銀和制錢並沒有穩定的兌換比例。在當時的商品交易過程中，民間的小額交易往往使用制錢，而大額的買賣，政府向官吏、士兵發放俸祿，一般使用銀兩，政府收稅時也一律使用白銀。遇有零星小戶，稅額在一錢以下時，准其完制錢，不過限經收人必須在三天內將所收到的制錢，原封不動地送到錢鋪易銀。乾隆年間，閩省某些州縣，將數錢及一兩以上之糧銀，亦令花戶

〔註1〕 周紹泉：《徽州文書所見明末清初的糧長、里長和老人》，《中國史研究》，1998年第1期。
〔註2〕 《福建省例》（上），臺灣大通書局，臺灣文獻史料叢刊第七輯，第53～54頁。

齎錢完納，甚至將錢積至數千貫之多，才發給牙鋪或典商領錢易銀，且有多收少發扣剋情弊，因此乾隆三十二年，福建地方官飭令各屬經徵人員，凡一錢以上者，不許違例收錢，務令花戶將銀自封投櫃，責成各府州照依定例，委員監視拆封，每次收銀若干，按期通報查覈，不得違延。其一錢以下應收之制錢，務須照依原收之數，分給錢棹，平價易銀。〔註3〕但用銀納稅也有弊端，因為商民投櫃前手中的銀兩，未必都是整銀或足色銀兩，因此必須到錢鋪傾熔，將碎銀、低潮銀兩熔成足色整銀，這樣，稅戶不得不受銀鋪的盤剝，而有些地方官專設「官銀匠」，作為商民指定的傾熔機構，進行牟利。官銀匠在傾鎔時，往往苛酤成色，橫加勒索，各有戳字為認。〔註4〕如果拆封時不是官銀號的戳記，即以成色低潮等因，令商民補足。

《大清會典》載，順治十年，題准關差「刊示定則，設櫃收稅」；十三年，又題准「各關當堂設櫃，……商民親報填簿，輸銀投櫃，驗明放行」；〔註5〕《粵海關志》禁令：各關應徵貨稅，均令當堂設櫃，聽本商親自填簿輸銀投櫃，驗明放行。〔註6〕可見清代前期，關稅的收受方式與錢糧徵收並無太大區別。海關在收納稅款時，也同樣遇到成色不等的銀兩，有的甚至還有來自外洋的洋銀，這些銀兩也需進行傾鎔，發生火耗。這項工作則在海關官銀號中完成。

官銀號由官府出面設置，專門經理稅款和傾熔工作。官銀號多設有專門的鎔爐房，鎔爐房有私鑄權，受銀號的委託，對所收零碎銀塊銀兩、元寶、馬蹄銀等加以鎔鑄成足色庫寶，並收取一定的手工費。嘉慶十九年，粵海關即開始籌設官銀號。該年兩廣總督蔣攸銛上奏：「查藩運二庫各有官銀匠，開設銀號，傾熔交庫，獨粵海關向無官銀號。所以洋商每年應繳庫項一百數十萬兩之多，惟憑商人各自傾熔，漫無稽考，恐藉此影射多傾，以致蔽混，亦不可不防其漸。應請照藩運二庫之例，設立粵海關官銀號數家，以專責成，不使稍滋弊竇」。〔註7〕

---

〔註3〕 《福建省例》（上），臺灣大通書局，臺灣文獻史料叢刊第七輯，第1153～1155頁。

〔註4〕 清高宗敕撰：《清朝文獻通考》（卷15，錢幣三），第一冊，十通第九種，第4983頁。

〔註5〕 《大清會典》（雍正朝），卷52，文海出版社印行，近代中國史料叢刊三編，第3111頁。

〔註6〕 〔清〕梁廷枏著、袁鍾仁校：《粵海關志》，廣東人民出版社，2002年，第337頁。

〔註7〕 China, the Maritime Customs：Reports on the Haikwan Banking system and local

　　官銀號既是「自封投櫃」制度發展的要求，反過來，它又對前者產生衝擊。隨著五口通商開放和對外貿易規模的擴大，在沿海通商地區，自封投櫃這種農業社會的收稅方式已不適應商品經濟的要求，官銀號的功能從單純傾熔銀兩擴大到稅款的收發，甚至款項的借貸和匯兌，成為稅關必不可少的一個附設機構，稅款的收受方式，由櫃收轉化為號收，稅款由海關人員直接經手轉變為交給海關委託的一個專門機構來完成，這委實不是稅款收受制度的一大改進。但是，自封投櫃制度在一些內地榷關和沿海常關，直到清代後期仍在實行。從光緒五年七月十七日張家口三關開銷清單中，即有這樣的記錄：大關有櫃班官人六名，居庸關有櫃班官人四名。櫃班者，係接單收錢查口之人。而南、北單稅局，又各設當班官人四名，係輪流上夜、訪查、偷漏、查店、振貨兼管錢櫃。〔註8〕同治五年東海常關還曾就常關設置銀櫃和建造公所花費銀兩，在常稅項下暫借一事向戶部請示。〔註9〕可見，清代後期，內地常關和某些沿海常關，其稅款收受方式仍然與洋關存在差別。

　　海關官銀號最先在粵海關設立，普遍推廣於各海關則在鴉片戰爭之後。道光二十三年《中英五口通商章程‧海關稅則》「何時何銀輸稅一款」規定：英商進口，必須鈔稅全完，方准出口，海關應擇殷實鋪戶，設立銀號數處發給執照，註明准某號代納英商稅銀字樣，作為憑證，以便英商按期前往繳納，均准用洋錢輸徵，惟此等洋錢，色有不足，即應隨時隨地由該口英官及海關議定，某類洋錢應加納補水若干，公商妥辦。〔註10〕同年，蘇松太道就諭令華夷各商「赴銀號輸納稅銀」；〔註11〕李鴻章在「關稅留抵軍餉摺」中也稱「上海自道光二十三年開市通商，海關設立銀號」。〔註12〕可見那時江海關就已有官銀號之設。〔註13〕閩海關自咸豐十一年間按照新章開徵洋稅後，即在南臺、廈門兩口設立官銀號各二所，並在臺灣之滬尾、打狗口設立官銀號各一所，

currency at the treaty ports, Shanghai, 1879, p225.
〔註8〕 國家圖書館藏：《徵例稅務清冊》（抄本），清光緒年間，無頁碼。
〔註9〕 同治五年九月十九日崇厚奏，《錄副奏摺》，檔號：3-86-4874-9。
〔註10〕 王鐵崖：《中外舊約章彙編》（一），三聯書店，1957年，第41頁。
〔註11〕 王慶成：《稀見清世史料並考釋》，武漢出版社，1998年，第31、33頁。
〔註12〕 李鴻章：《關稅留抵軍餉摺》（同治二年五月三十日），《李鴻章全集》（1），奏稿，卷3，海南出版社，1997年，第140頁。
〔註13〕 馬士認為江海關官設收稅機關當在1852年；陳詩啟先生也認為江海關官銀號設置於是年，見陳詩啟：《中國近代海關史》，人民出版社2002年版，第474頁。此說應待商榷。

專司收解洋稅。〔註 14〕天津關設立官銀號的時間，當在咸豐十一年之前，該年關道崇厚奏：「起解部餉，須解足色庫寶。惟各商零星完納，勢難一律，現擬責成官銀號，按照天津關餉，傾成足色庫寶解部，每百兩由官給加傾鎔耗費一兩二錢，以重課款而免滋弊」。〔註 15〕

官銀號名曰官設，實際上性質較爲複雜，有的官銀號只是掛了一個官設的招牌，其實是由具有背景的商人承辦，如閩海關所設銀號，「均繫招舉殷實商民承兌」；〔註 16〕蕪湖洋關設立銀號也是由商人承辦；〔註 17〕江海關銀號也是照條約招商開設，隨時更換。〔註 18〕有的銀號則由南北票商所經營。如南幫票號中的阜康、源豐潤、義善源等，均充當浙海、閩海等關的銀號。這些銀號「或係遐邇知名營業甚廣之銀錢票號所分設，或係純粹之地方銀號，其中且有尋常商人承辦藉作穩利可圖之副業者，更有少數地方之銀號，實係本關監督所經營，又聞經理某埠稅款之銀號，爲是省巡撫之私產」。〔註 19〕承辦之人無須資本，亦不多費手續，但須賄通一體面紳商爲之保結而已。〔註 20〕《蘇屬財政說明書》云：「銀號名爲官設，實係商人承辦，兼有營業性質，甚爲危險」。〔註 21〕爲獲得這種特權，銀號必須先付出一筆相當大的「黑錢」。可見，儘管大多海關銀號實質上由民間金融業者所經營，但與海關監督和當地官員有千絲萬縷的聯繫。

光緒三年總稅務司赫德要求各關稅務司彙報一下各口銀號的情況，茲根據各關稅務司調查後反饋回來的信息，整理成下表：

---

〔註 14〕 同治六年三月十一日英桂片，《錄副奏摺》，檔號：3－86－4875－25。

〔註 15〕 崇厚咸豐十一年二月十二日奏，齊思和等編：《第二次鴉片戰爭》（五），上海人民出版社，1978 年，第 419 頁。

〔註 16〕 同治六年三月十一日英桂片，《錄副奏摺》，檔號：3－86－4875－25。

〔註 17〕 China, the Maritime Customs：Reports on the Haikwan Banking system and local currency at the treaty ports, Shanghai, 1879, p102.

〔註 18〕 China, the Maritime Customs：Reports on the Haikwan Banking system and local currency at the treaty ports, Shanghai, 1879, p111.

〔註 19〕 〔美〕魏爾特著、陶樂均譯：《民國以來關稅紀實》，商務印書館，1927 年，第 2 頁。

〔註 20〕 國家圖書館藏：《浙江清理財政局說明書》（刻本），上編歲入，第五款關稅，無頁碼。

〔註 21〕 江蘇省蘇屬清理財政局：《蘇屬財政說明書》（刻本），「關稅預算下編」，光緒三十三年，第 31 頁。

## 表 5.1：各關設立銀號情況表

| 海　關 | 銀　號 | 經營者背景 | 交稅貨幣 |
|---|---|---|---|
| 江海關 | 海關銀號 | 曹頌壎，商人出身，目前不經商，五品銜候選縣丞 | 紋銀，不用鈔或番銀 |
| 粵海關 | 高恒茂銀號 | 高洪利、高以霖父子，廣恒號老闆 | 馬蹄銀、洋元 |
| 潮海關 | 何守益記 | 何福蔭，南海縣人，捐四品銜，由丁價維代理經營 | 西班牙加羅林銀元，墨西哥鷹洋，香港元 |
| 瓊海關 | 海關銀號 | 高廣恒支店 | 番銀 |
| 北海關 | 海關銀號 | 高廣恒支店 | 番銀 |
| 閩海關 | 海關銀號 | 季炳，非官非商 | 墨西哥鷹洋 |
| 廈門關 | 久大銀號　悅來銀號 | 何松年，紹興人，無官階，由阜康號胡光鏞派遣 | |
| 淡水關 | 海關銀號 | 李彤恩，閩常關委員，兼收釐金等 | 番銀 |
| 打狗關 | 海關銀號 | 李彤恩委林軫主管，非官非商 | 番銀 |
| 浙海關 | 海關銀號 | 胡光墉，捐得候補道，布政使銜，經商，阜康票號老闆 | |
| 甌海關 | 海關銀號 | 胡光墉，同上 | 墨西哥鷹洋，不用紋銀 |
| 鎮江關 | 裕通銀號 | 章復秋，捐納所得試用縣丞，常關委員 | 紋銀，番銀 |
| 蕪湖關 | 同泰銀號 | 李振玉，候補道，源泰銀號老闆 | 紋銀，西班牙洋元、墨西哥鷹洋 |
| 九江關 | 同泰乾記銀號 | 董雲榜，候補知縣、木材商 | 紋銀，不用番銀 |
| 宜昌關 | 同豐銀號 | 何其義，安徽休寧商人，有官階 | 當地銀兩 |
| 江漢關 | 有成銀號 | 吳志清、董相僑，巡撫聘任，非官員 | 紋銀或番銀 |
| | 乾裕銀號 | 鄭詒伯、曹田波，常關委員，也是商人，為胡光鏞所聘 | |
| 津海關 | 恒豐官銀號 | 同治十三年後廣東商人鄭沛初 | 行平化寶銀或番銀 |
| | 裕豐銀號 | 光緒三年後廣東商人陳德光，買辦 | |

| 海　關 | 銀　號 | 經營者背景 | 交稅貨幣 |
|---|---|---|---|
| 山海關 | 永成利、廣慶發 | 本地商人，為監督所信任 | 紋銀、番銀、匯票 |
| 東海關 | 官銀號 | 由道臺維持，管理者都是道臺的朋友 | 曹平銀 |

資料來源：China, the Maritime Customs：Reports on the Haikwan Banking system and local currency at the treaty ports, Shanghai, 1879.

從上表可知，大抵各埠都設有官銀號多所，閩海關甚至有六處之多。〔註22〕從海關銀號經營者的背景來看，要麼本人就是官員，要麼就是具有官府背景的商人，可見，地方大吏和海關監督在銀號選擇中起著主導作用。「銀號之選擇，及其職員之管理，納稅所用之貨幣種類，多數銀號對於商人之額外需索，稅款存留銀號之久暫，及其滙解清廷之辦法，各關稅務司毫無置喙之地」，只有外商與海關當局就各種貨幣的兌換率發生爭執時，稅務司才可以中間人的身份居間調處。既然銀號為地方官員和監督一手控制，那麼，「監督對政府，既負保管稅款之重任，設彼所選用之稅號，周轉不靈，或且倒閉，則關監督本人，立蒙重大之損失。事實上，關監督不幸因銀號關係而傾家蕩產者，屢見不鮮」。〔註23〕如：光緒七年廣州高恒茂官銀號虧空數十萬，突然倒閉，該號向係經營解海關京餉，海關監督將該號合夥經營之家的房屋什物封閉。〔註24〕宣統二年寧波源豐銀號倒閉也被海關監督接管。〔註25〕當時的《申報》評論說：從前官款，止存庫中，迨軍興籌餉，始有股商代墊，先以市肆之銀充用，而後有款撥還。此端一開，官商漸成通財之勢；既軍務告竣，籌辦一切善後，亦以此法為常。甚至庫款常存商號，如遇支放，隨時提回者。近日市風壞極，殷實商家相率而倒，其數恒至百十萬。假令其全盛時，官憲不為深信，無有鉅款往來，則生意中人亦何必侈應酬、扯場面，起居闊綽，揮霍自豪，以馴致於外強中乾之勢哉？然則號商之倒，大半官款誤之也。始則上下相通，而終至上下同病，亦何為而不守「官自官、商自商」之分地歟？〔註26〕

〔註22〕同治六年三月十一日英桂片，《錄副奏摺》，檔號：3－86－4875－25。
〔註23〕〔美〕魏爾特著、陶樂均譯：《民國以來關稅紀實》，商務印書館，1927年，第1頁。
〔註24〕《申報》，光緒七年9月3日。
〔註25〕寧波海關志編纂委員會：《寧波海關志》，浙江科學技術出版社，2000年，第288頁。
〔註26〕《解餉不宜常由號商匯兌論》，《申報》1884年4月25日。

　　海關銀號之官商不分，還可以從其內部人員結構和費用開支構成中得以體現。以下是江海關的官銀號的人員結構和每月費用開支情況：

　　稽查委員 2 人，各月支薪水銀 60 兩，計 120 兩；

　　號商 1 人，各月支薪水、公費計 160 兩；

　　管理各項賬務 4 人，月修不等，共 120 兩；

　　辦理號收進出口洋藥並各項半稅船鈔司事 14 人，月修不等，共 328 兩；

　　管理收銀司事 4 人，月修不等，共 88 兩；

　　專管存票司事 3 人，各月修 20 兩，計 60 兩；

　　管庫司事 2 人，各月修 20 兩，計 40 兩；

　　上市司事 4 人，各月修 20 兩，計 80 兩；

　　管錢房司事 2 人，各月修 20 兩，計 40 兩；

　　通事 2 人，月修不等，共 64 兩；

　　銀匠 2 人，月給工食，共 16 兩；

　　爐夫 4 名，每名月給銀 6 兩，共 24 兩；

　　庫丁 6 名，每名月給銀 6 兩，共 36 兩；

　　跟役 4 名，各月給銀 3 兩 6 錢，共 14 兩 4 錢；

　　轎夫 6 名，各月給銀 3 兩 6 錢，共 21 兩 6 錢；

　　廚役 2 人，各月給銀 3 兩 6 錢，共 7 兩 2 錢；

　　水火夫 2 人，各月給銀 3 兩 6 錢，共 7 兩 2 錢；

　　茶爐 2 名，各月給銀 3 兩 6 錢，共 7 兩 2 錢；

　　把門 2 名，各月給銀 3 兩 6 錢，共 7 兩 2 錢；

　　聽差 2 名，各月給銀 3 兩 6 錢，共 7 兩 2 錢；

　　守護壯丁 40 名，各月給銀 3 兩 6 錢，共 144 兩；

　　房租連巡捕捐等項，約共月支銀 200 兩；

　　司事人等膳資，上下共 70 人，每人日支伙食銀 1 錢，三節酒席等項通年扯算支銀 250 兩；

　　油爐紙張筆墨印色，銀箱茶葉柴炭雜用等項，約共月支銀 190 兩；

　　置備器用什物及賓客往來酬應一切，約共月支銀 240 兩；

　　津貼關署辦公人等辛資飯食，約共月支銀 260 兩；

　　津貼關署心紅紙張照票單簿等項，月支銀 200 兩；

　　各項善舉捐款，約共月支銀 500 兩；

以上各款共月支銀 3240 兩，通年約用銀 38880 兩。

從其人員結構來看，我們無法將江海關官銀號視作一個純粹的商業組織，它承擔著部分海關業務，管理費用不菲。江海關地位重要，其官銀號的業務量相應也很大，其內部結構複雜可以理解；我們再看看地位相對不重要的淡水關。淡水關官銀號由福州將軍委員管理，併兼收釐金等稅，銀號成員只有 3～4 人，但每月須領取津貼 45 兩，由福州將軍支付，再加每年領取 1 千兩，爲銀號工夥雜費之需。〔註27〕海關官銀號儼然就是海關監督的一個附屬機構了。

除從海關支取固定的辦公費用外，海關銀號還有著其他穩定的收入來源。海關銀號的收益，主要來自以下幾個方面：補水；〔註28〕平餘，即由地方市平兌換成庫平所得的收益。如浙海關官銀號就此項每年可得 8000 兩收益；〔註29〕匯費及利息；火耗以及其他商業收入。當然還有大量不正當的收益。「銀號運用稅款，漫無限制，大抵得關監督之默許，銀號每將稅款放作短期借款，藉博重利，而其他不正當之利益，無一而足。例如各種貨幣和銀兩與關平銀之比價，銀號往往以高率課之商人，而另按相差頗巨之低率解交政府；又各關稅款因有重重開支未解交政府，而銀號計算滙水，則每以全額論；此外非法誅求，有課商人名不副實之傾熔費者，有藉口彌補員司俸給及單據紙張而強徵紙墨或官單費者，甚至權衡銀兩，擅用假砝碼，或利用其他之未設公估局，將納稅銀兩指爲成色不足」，〔註30〕凡此種種，迹近勒索。當然，有時也會碰到這種情況，由於某種指控，在銀號還沒有賺回本錢之前，這一特權已被取締了。〔註31〕宣統二年，借寧波源豐銀號倒閉之機，度支部試圖改變收稅事務由銀號經營的格局，轉而責成各地銀行經理其事，但有些海關如江漢關就是延宕不交〔註32〕，個中利害不難想見。

需要指出的是，海關銀號並不是關庫，它的職能只是代理海關收受關稅，

---

〔註27〕China, the Maritime Customs：Reports on the Haikwan Banking system and local currency at the treaty ports, Shanghai, 1879, p156.
〔註28〕同治六年三月十一日英桂片，《錄副奏摺》，檔號：3－86－4875－25。
〔註29〕濱下武志：《中國近代經濟史研究——清末海關財政と開港場市場圈》，汲古書院，1989 年，第 337 頁。
〔註30〕〔美〕魏爾特著、陶樂均譯：《民國以來關稅紀實》，商務印書館，1927 年，第 2 頁。
〔註31〕廣州市地方志編委會、廣州海關志編委會：《近代廣州口岸經濟社會概況——粵海關報告彙集》，暨南大學出版社，1995 年，第 890 頁。
〔註32〕聞達編：《大清銀行始末記》，北京：書目文獻出版社，1996 年，第 2670 頁。

而將所收到的碎銀傾熔成整銀以後，按一定期限解往關庫，是海關銀號只是暫存稅銀，其稅款流轉的程序爲：商人➡各口銀號➡關庫。由於海關並非只有大關一口，大關之下還有各口，關庫多設在大關，各關對各口銀號收銀、解銀情況都有具體的規定，如表 5.2 粤海關的情況。其他各關解庫的時間都有各自的規定，如永成銀號經收山海關稅，即是一日一報，一星期一提；江海關則是五日一提。〔註33〕稅銀存留銀號越長，可以爲銀號提供越多的流動資金，同時也爲銀號獲得較多的利息，因此，有的銀號會拖延稅款繳送關庫的時間。廈門關稅務司就曾表示過這樣的擔心。每年新茶上市時期，廈門關幾天下來，徵收半稅可達三五萬、七八萬不等，均存貯銀號。稅務司致函廈門關委員，要求飭令銀號每日徵收暫存半稅銀兩，收關後須當日交關庫存貯。倘有不測，關係非小，希飭銀號遵照辦理。〔註34〕

表 5.2：粤海關稅款徵存、解庫情況表

| 關　　口 | 平　　色 | 解庫情況 |
|---|---|---|
| 大關 | 所收徵稅、鈔耗，紋銀司平。其擔規雜項，或九成、九二色、九八平、司平不等。 | 日逐兌收儲庫。 |
| 總巡口、東炮臺口、西炮臺口、佛山口、黃埔口、虎門口、紫泥口、市橋口、鎮口口 | 所收擔規銀兩，係九成色、九八平。 | 每月除支工火外，折實司平紋銀，解貯大關。 |
| 江門口 | 徵收正稅、鈔耗，係紋銀，其擔規或九成色、九八平不等，係折實司平紋銀。 | 每月除支工火外，餘存銀兩，同掛號錢文，解貯大關。 |
| 澳門總口 | 徵收正稅、鈔耗，係十字番銀，庫平每兩補水八分。其擔規雜項，收十字番銀，九八六澳平。每月仍覈實庫平。 | 除支工火外，餘存銀兩，按季解貯大關。 |

〔註33〕聞達編：《大清銀行始末記》，北京：書目文獻出版社，1996 年，第 193～194頁。

〔註34〕China, the Maritime Customs：Reports on the Haikwan Banking system and local currency at the treaty ports, Shanghai, 1879, p179.

| 關　　　口 | 平　　色 | 解庫情況 |
|---|---|---|
| 烏坎總口 | 徵收正稅、鈔耗，係十字番銀，每兩補水七分。其擔規雜項，收十字番銀，係庫平。 | 每月除支工火外，餘存銀內，按季解貯大關。 |
| 神泉口 | 徵收正稅、鈔耗，係十字番銀，每兩補水七分。其擔規雜項，收十字番銀，係庫平。 | 每月除支工火外，餘存銀兩，按季由總口彙解大關。 |
| 甲子口、汕尾口、平海口、墩頭口、靖海口 | 所收銀色、平頭及支銷，與總口同。 | 余存銀兩，按季由總口彙解大關。 |
| 庵埠總口 | 徵收正稅、鈔耗、府擔，係紋銀司平。其本擔雜項，俱收番銀。 | 每月除支工火外，餘存銀兩，按季解貯大關。 |
| 潮陽口、澄海口、東隴口、黃岡口、北炮臺口 | 徵收正稅、鈔耗、府擔，係紋銀司平。其本擔雜項，俱收番銀。 | 每月除支工火外，餘存銀兩，按季由總口彙解大關。 |
| 府館口 | 徵收正稅、鈔耗、府擔，係紋銀司平。 | 每月除支工火外，餘存銀兩，按季由總口彙解大關。 |
| 梅菉總口 | 徵收正稅、鈔耗等項，俱收紋銀司平。其擔規、雜項，或紋銀，或九三，覈實紋銀不等。 | 每月除支工火外，餘存銀兩，按月解貯縣庫。俟年滿彙齊各子口稅銀，就近撥解兵餉。如有餘存，仍解大關。 |
| 芷芌口 | | 余存銀兩，按季由總口彙解。 |
| 暗鋪口、兩家灘口 | 所收銀兩俱係紋銀司平 | 每月除支工火外，餘存銀兩，按季由總口彙解。 |
| 陽江口 | 徵收稅、鈔耗、擔規等項，俱紋銀庫平。 | 每月除支工火外，餘存銀兩，按季由總口彙解。 |
| 海安總口 | 徵收正稅、鈔耗、擔規等項，一切俱收紋銀司平。 | 每月除支工火外，餘存銀兩，按月解貯縣庫，俟年滿彙齊各子口稅銀，就近撥兵餉，如有餘存，仍解大關。 |
| 雷州口、廉州口、欽州口 | 所收銀色平頭及支銷，與總口同。 | 餘存銀兩，按季由總口彙解。 |
| 赤坎口 | | 爲雷州所轄稽查港口，所有貨物仍歸雷州口輸稅冊報。 |

| 關　　口 | 平　　色 | 解庫情況 |
|---|---|---|
| 樂民口 | 爲雷州稽查小口，貨稅五錢以下者，許該口就近徵收。 | 仍彙入雷州口冊報。 |
| 海口總口 | 徵收正稅、鈔耗，係紋銀司平，其扭規雜項，或收紋銀九三色、九八平不等。 | 每月除支工火外，餘存銀兩，覈實紋銀司平，按月解貯縣庫，俟年滿彙齊各子口稅銀，就近撥解兵餉，如有餘存，仍解大關。 |
| 鋪前口 | 徵收正稅、鈔耗，係紋銀司平，其擔規雜項，或收紋銀，或九二色、九八平不等。 | 每月除支工火外，餘存銀兩，按季由總口彙解。 |
| 清瀾口、沙荖口、樂會口、萬州口、儋州門、北黎口、陵水口、崖州口 | 徵收正稅、鈔耗，係紋銀司平，其擔規雜項，俱收九二色司平。 | 每月除支工火外，餘存銀兩，按季由總口彙解。 |

資料來源：〔清〕梁廷枏著、袁鍾仁校：《粵海關志》，廣東人民出版社，2002 年，第 209～212 頁。

　　銀號所收稅銀，平色各異，而解給關庫時則是足色庫寶，同治三年，戶部奏准凡由銀號交庫者，均收足色銀兩，錠面鏨明某號字樣，倘有弊端，即照原數加十倍罰賠。〔註 35〕因此，對於銀號來說，在收、解稅款過程中，必須解決成色和平制的問題。

　　銀錠是按色和平綜合計值的貨幣。色，即銀的成色；平，即銀的稱重標準。先看成色。一般來說，純度爲 100％的爲純銀，純度爲 99.150％以上的爲足銀，純度爲 93.5374％以上的爲紋銀。所謂足色紋銀，其純度應在 93.5374％以上，純度不夠，即爲成色低潮，必須補水，即多繳納一定比例的銀兩，以彌補純度的不足。清代允許民間私鑄銀錠，因此寶銀的名稱、純度全不統一。據金國寶的統計，各省寶銀有數百種之多，「因地而生，隨俗而變，種類既繁，成色又各有區別」。同一銀錠，因爲成色之高下，價值亦不一致。爲收受方便，各地通用之寶雖多，但作爲某地區的成色標準寶銀，也就只有一二種而已。如天津的化寶，煙臺的二六寶，上海的九八規銀，鎮江的二七寶，杭州的二七寶，寧波的二九寶，蕪湖的二七寶，漢口的二四寶等。以上

〔註35〕趙爾巽：《清史稿》卷 121，中華書局，1976 年，第 3563～3564 頁。

各寶的純度，均與紋銀相較，若不及紋銀的標準，需加重補足，每百兩加水二兩四錢的，謂之二四寶；每百兩加水二兩五錢的，謂之二五寶，餘類推。〔註36〕

中英《五口通商章程：海關稅則》規定，外商進出口貨物，「准用洋錢輸徵，唯此等洋錢色有不足，即應隨時隨地由該口英官及海關議定，某類洋錢應加納補水若干，公商妥辦」。〔註37〕該條約規定外商納稅，用紋銀、用洋錢自便。但洋錢種類複雜，有墨西哥鷹洋，有西班牙洋元，還有來自美國、日本、香港等地的銀元。這些洋銀，成色不一，繳納關稅時需按照成色和時價加重補水。在粵海關，墨西哥新板番銀，係按 111.111 合足紋銀 100 兩輸稅，美國貿易洋銀，以 111.6 合足紋銀 100 兩徵收，日本新造洋銀 111.64 抵作紋銀 100 兩輸納。〔註38〕汕頭於咸豐九年設立洋關以後，所收稅餉例應交紋銀，而各商均交番銀，新關委員俞思益規定每百兩一律加補水 10 兩，各商允從。後議減至 8 兩 8 錢。同治五年，香港銀局新造洋銀經領事官會同粵海關監督和督撫委員傾鎔試驗，以香港新銀 111 兩 1 錢 1 分抵海關兩紋銀 100 兩，准其納稅通用。後來各商所交新銀居多，舊銀較少，並有新舊銀色攙雜不清，是以不分新舊，一律加收 11 兩 1 錢 1 分，引起汕頭萬年豐會館及行商會議抗稟。最後，經監督與銀號商定，舊銀徵 10 兩，新銀補 11 兩 1 錢 1 分，從同治九年九月初七日執行。〔註39〕福州地方紋銀較少，洋商納稅多交洋銀，洋銀時價早晚不同。同治五年之前，閩海關原議鷹洋番銀納稅，每百兩另交貼水番銀 6 兩。但由於市間紋銀價昂，所收 6 兩貼水不敷易換紋銀，同治五年六月定爲補水十兩。但如用紋銀完稅，則不需補水。〔註40〕在天津，洋商進出口稅銀以雜色銀兩折交上兌，經議：仿廣東例，令其傾溶交庫。因洋商不願傾溶，官銀號遂與洋商議定，每百兩加銀 5 兩以補平色。〔註41〕東海關，煙臺本地

〔註36〕 金國寶：《中國幣制問題》，商務印書館，1928 年，第 170 頁。

〔註37〕 王鐵崖：《中外舊約章彙編》（一），三聯書店，1957 年，第 41 頁。

〔註38〕 China, theMaritime Customs：Reports on the Haikwan Banking system and local currency at the treaty ports, Shanghai, 1879, p144.

〔註39〕 China, the Maritime Customs：Reports on the Haikwan Banking system and local currency at the treaty ports, Shanghai, 1879, p212～216.

〔註40〕 China, the Maritime Customs：Reports on the Haikwan Banking system and local currency at the treaty ports, Shanghai, 1879, p131.

〔註41〕 China, the Maritime Customs：Reports on the Haikwan Banking system and local currency at the treaty ports, Shanghai, 1879, p12.

廣泛使用的是一種叫作碎白銀的銀兩，交稅用漕平計算，100 海關兩＝106.40 漕平兩，但圍繞這一兌換率中外商人產生了很多爭執，同治八年，他們共同集會，雇傭了一個公估，來估評銀的價值，從光緒三年七月開始，補色從 6 兩 4 錢降到照 4 兩 4 錢辦理。〔註42〕

再看平制。晚清時期，各地銀兩的稱重標準不一，海關之間差異也很大，主要有庫平、關平、漕平和市平四種。

庫平係康熙年間制定，為納稅通用的銀兩重量標準，但清代各種庫平並不統一，不僅中央府庫與地方府庫所用之平大小不一，各省之藩庫平、道庫平、鹽庫平也不相同，就是中央府庫稅款收入與支出所用之平都不一致，某一個地區往往有好幾種平制。如北京地區，就有庫平、京公砝平、京平、市平，天津地區則有行平、公砝平、運庫平，杭州地區則有市庫平、司庫平，福州地區則有臺新議平、城新議平、洋平等。根據《馬關條約》規定，庫平 1 兩＝575.82grain，其他各地市平，與此庫平比較，有人有小，如廣東庫平最大為 583.3 grain，寧波庫平最小為 569.1 grain。〔註43〕關平為咸豐八年根據中英條約制定，為進出口稅出納之標準。據中日《馬關條約》所載，關平 1 兩＝581.47 grain，較庫平略大。漕平，是清政府徵收漕糧銀兩用平。各省自漕糧改徵漕銀，始有漕平之設，漕平多冠以地名，各地標準不一，普遍低於庫平。如上海漕平 1 兩＝565.697 grain。市平，為地方民間所通用之標準，名目繁多，不可窮究。如北京、上海、天津等地所用的公砝平，漢口等地所用的公估銀，錢業中通用的錢平，廣東地區所用的司碼平和上海地區流行的九八規銀等等。

錢糧銀兩稱重以庫平和漕平為準，但關稅出納多以關平、庫平計算。海關監督在解款時，還需根據款項性質的不同，確定解出的款項是用關平計算，還是以庫平計算，如同治十一年江漢關解李鴻章淮軍月餉，從四成洋稅項下解出的 2 萬兩，必須用庫平；而從六成洋稅項下動支的 3 萬兩，就需用關平計算。〔註44〕同樣，商民繳納關稅時，都要將自己手中的各色銀兩，折算成海關標準銀即關平銀，這裡就有一個各地通用銀與關平銀之間、關平與本地庫平之間、本地庫平之間的折算關係。

〔註42〕China, the Maritime Customs：Reports on the Haikwan Banking system and local currency at the treaty ports, Shanghai, 1879, p66.
〔註43〕金國寶：《中國幣制問題》，商務印書館，1928 年，第 172 頁。
〔註44〕同治十一年二月二十一日李瀚章片，《錄副奏摺》，檔號：3－86－4880（二）－23。

如下表 5.3：各地平制折算比例表

| 海　關 | 本地平名 | 本地寶名 | 本地通用銀折成關平銀的比例 | 關平兩兌成本地庫平兩的比例 | 本地通用銀換算成庫平兩的比例 |
|---|---|---|---|---|---|
| 粵海關 | 廣平銀 | | 1：0.932 | 1：1.018 | 1：0.949 |
| | 官錢莊用 | | 1：0.921 | 1：1.018 | 1：0.938 |
| 潮海關 | 市平銀 | | 1：0.897 | 1：1.018 | 1：0.914 |
| | 庫平銀 | | 1：0.863 | 1：1.018 | 1：0.879 |
| 瓊海關 | 瓊平銀 | | 1：0.879 | 1：1.018 | 1：0.895 |
| 江海關 | 申漕平 | 九八規銀 | 1：0.897 | 1：1.016 | 1：0.912 |
| 浙海關 | 江平銀 | | 1：0.945 | 1：1.016 | 1：0.960 |
| 閩海關 | 新議平 | | 1：0.879 | 1：1.011 | 1：0.887 |
| | 洋例平 | | 1：0.907 | 1：1.011 | 1：0.917 |
| 廈門關 | 市平銀 | | 1：0.990 | 1：1.011 | 1：1.001 |
| 江漢關 | 洋例平 | 二四寶九八兌 | 1：0.920 | 1：1.022 | 1：0.940 |
| 九江關 | 漕平銀 | 二四寶九八兌 | 1：0.950 | 1：1.013 | 1：0.962 |
| | 漕平銀 | 二四寶 | 1：0.958 | 1：1.013 | 1：0.971 |
| | 漕平銀 | 二五寶 | 1：0.960 | 1：1.013 | 1：0.973 |
| 蕪湖關 | 估平銀 | 二五寶 | 1：0.960 | 1：1.017 | 1：0.977 |
| | 估平銀 | 二七寶 | 1：0.964 | 1：1.017 | 1：0.980 |
| 津海關 | 津公砝平 | 二四寶 | 1：0.947 | 1：1.016 | 1：0.963 |
| | 津行平 | 化寶銀 | 1：0.952 | 1：1.016 | 1：0.968 |
| | 津錢平 | 化寶銀 | 1：0.945 | 1：1.016 | 1：0.960 |
| 梧州關 | 九九二平 | | 1：0.885 | 1：1.016 | 1：0.899 |
| 宜昌關 | 宜昌平 | 二四寶 | 1：0.912 | 1：1.022 | 1：0.932 |
| 山海關 | 營口平 | 錦寶銀 | 1：0.922 | 1：1.048 | 1：0.966 |
| 重慶關 | 渝錢平 | 票色銀 | 1：0.932 | 1：1.016 | 1：0.947 |
| | 九七平 | 票色銀 | 1：0.943 | 1：1.016 | 1：0.958 |
| 長沙關 | 長錢平 | 二四寶 | 1：0.937 | 1：1.024 | 1：0.959 |
| 東海關 | 煙漕平 | 一六寶 | 1：0.940 | 1：1.016 | 1：0.955 |
| | 洋例平 | 一六寶 | 1：0.958 | 1：1.016 | 1：0.974 |

| 海 關 | 本地平名 | 本地寶名 | 本地通用銀折成關平銀的比例 | 關平兩兌成本地庫平兩的比例 | 本地通用銀換算成庫平兩的比例 |
|---|---|---|---|---|---|
| 膠州關 | 膠州平 | | 1：0.952 | 1：1.016 | 1：0.968 |
| 思茅關 | | | 1：0.972 | 1：1.016 | 1：0.987 |
| 鎮江關 | 估平銀 | 二四寶 | 1：0.954 | 1：1.016 | 1：0.971 |
| | 估平銀 | 二七寶 | 1：0.960 | 1：1.016 | 1：0.976 |
| 金陵關 | 漕平銀 | 二七寶 | 1：0.955 | 1：1.016 | 1：0.971 |
| 蘇州關 | 漕平銀 | 二八寶 | 1：0.963 | 1：1.016 | 1：0.979 |
| 甌海關 | | | 1：0.971 | 1：1.016 | 1：0.987 |

資料來源：根據濱下武志：《中國近代經濟史研究：清末海關財政與通商口岸市場圈》，第 351～53 頁整理計算所得。

　　上表係濱下武志根據光緒五年海關出版的《銀號報告書》整理而得，所反映的是光緒三年各關銀號的各種銀兩兌換情況。民國時期，金國寶也根據清末度支部的資料，編製出《海關平與各口通用銀兩比較表》和《各口關平銀與庫平銀比較表》〔註 45〕，數據與上表有細微變化，說明各地市平、關平與庫平三者之間的比率也是不斷變動的。

## 第二節　庫儲環節的腐敗──以粵海關庫款侵蝕案為例

　　腐敗的根源無非有二：一制度不健全，產生監管漏洞，讓不法分子鑽了空子；二制度雖然健全，但執行不力，致使制度陷於空設。前者出於制度本身之弊，後者則弊在人事。清季粵海關的腐敗，儘管有「制度性」因素在內〔註46〕，但主要原因並不在於「制度供給」的不足，而更在於制度執行的不力。

　　海關為清代財政架構中一基層稅收單位，而關庫則為一關稅款的總彙之

〔註45〕金國寶：《中國幣制問題》，商務印書館，1928 年，第 177～184 頁。
〔註46〕湯象龍曾將粵海關監督制度稱為「分贓制」，認為粵海關腐敗的根源在於監督制度本身（湯象龍：《中國近代財政經濟史論文選》，西南財經大學出版社，1987 年，第 180 頁。）；但陳國棟通過對粵海關監督角色與功能的分析，認定監督只是皇帝控制海關財政資源的一項工具，在海關所搜括到的錢財中監督所得委實不多。（陳國棟：清代前期粵海關的利益分配，《史原》第十期，民國 69 年臺大歷史研究所，第 139～168 頁。）

處。《清會典事例》稱：「關稅庫，由部差者，有監督庫，專存關鈔，按例分四季解部；如係道府廳州縣等官經營者，則存經理之該員庫內，年終報解部庫查收」。〔註47〕粵海關監督是由內務府簡派，有專門存儲關稅的關庫。海關關庫設置在大關監督衙署，由監督主管，庫大使和庫書直接管理。

1. 庫大使。粵海關建立之初，由於款項不多，並無庫大使的專職，庫儲工作由庫書獨掌。庫書兼管賬目和實銀，委實有違財經規則。因此，乾隆五十一年粵督穆騰額奏：「查監督庫內，從前所存餉銀不過二、三十萬至四、五十萬亦不等。臣穆騰額自乾隆四十九年接任，遞年增至七、八十萬兩餘銀數，較昔年不啻加倍，而向例止設庫書二名經理其事，殊非慎重錢糧之道。應請照藩運兩司庫之例，添設庫大使一員，專司其事」。〔註48〕所謂專司其事，當指專管庫銀之事。穆騰額的奏請無疑得到了批准，因爲次年，粵盈庫及大使署就在監督署東街建立了。〔註 49〕此後，我們在《粵海關志》才看到庫大使的名錄。〔註 50〕《清史稿》職官志云：庫大使，隸布政使者正八品，運使、鹽法道、各道從九品，鹽茶道及各所俱未入流，掌主庫藏。〔註51〕據此推知，粵海關庫大使的品級當在從九品之上。再據粵東省例規定：布庫大使、關庫大使，其間或優瘠不同，或繁要難治，均應量才器用，酌量委用。〔註 52〕清制，官員由中央派遣者爲差，由地方委任者爲委。由上例「酌量委用」一詞可知關庫大使的挑選，一般由地方政府物色人選和委派，而不是由海關監督任命或聘請。按照廣東省的慣例，粵海關庫大使一缺的請補，應先由關庫大使按班補用，如無人，應比照對品試用布庫、運庫、鹽課、批驗所各大使一律按到省之先後借補。〔註53〕

---

〔註47〕 《清會典事例》（卷 183，戶部 32，庫藏），中華書局，1991 年，第 63 頁。

〔註48〕 〔清〕梁廷枏著、袁鍾仁校：《粵海關志》，廣東人民出版社，2002 年，第 117 頁。

〔註49〕 《廣東通志》（卷 43，職官志，〔清〕阮元等修，上海古籍出版社，1988 年）711 頁有粵盈庫大使爲乾隆二十五年設，顯然是五十二年之誤。

〔註50〕 《粵海關志》卷七「設官」一節云：「廣盈庫大使一員，乾隆五十一年裁」（〔清〕梁廷枏著、袁鍾仁校：《粵海關志》，廣東人民出版社，2002 年，第 117 頁）。廣盈庫爲鹽運使銀庫，粵盈庫才爲關庫。陳國棟先生認爲此處廣盈庫應爲粵盈庫之誤；但筆者據此進一步猜測，粵海關署既由鹽署舊院改建，那麼粵盈庫是否即是在廣盈庫的基礎上改建的？這一設想尚允論證。

〔註51〕 趙爾巽：《清史稿》（職官 3），中華書局，1976 年，第 3359 頁。

〔註52〕 《粵東省例新纂》（卷 1，吏例），藩署藏版，道光二十六年刻，第 13 頁。

〔註53〕 《申報》，1881 年 8 月 21 日。

2. 庫書。清代粵海關辦事部門，仿中央六部之制，實行分房辦理。粵海大關下設十房，即稿房、庫房、單房、冊房、算房、貢房、承發房、內號房、船房、柬房。其中庫房承辦收支餉項、并批照洋船開艙起貨手本各事。各房均設案書一名，庫房的案書即爲庫書。〔註 54〕從海關人事的內在聯繫來看，庫房似乎即是賬房，庫書也就是經管往來關庫賬目的賬房先生。在梁廷枏所繪粵海大關平面圖中，賬房設在大堂中西側，與銀庫隔一個後堂〔註 55〕，這種布局也表明，賬房與銀庫並不是一個部門。嘉慶十九年經三司議定，粵海關奉關各書分五班輪轉，每年訂有掣簽之舉，遞年九月爲期，先掣其先後名次，以四十四人掣四十四缺，四年餘即可輪差均遍。書吏役滿歸農，不得再次承充。〔註 56〕因此，庫書的崗位是每年輪換，其任職年限最多五年，期滿就不能再在海關任用職務。

從這種崗位安排上來看，庫書經管賬目，庫大使負責收放實銀，符合賬實分離的會計原則，並無弊端。弊端山在制度的執行上，庫大使與庫書業務間的互相稽覈關係，隨著清海關格局的變動而變得鬆弛下來。首先，清季海關庫大使的功能逐漸弱化。根據《南京條約》，五口通商後各海關普遍設立了銀號，作爲收納稅銀的機關。海關銀號雖名爲官銀號，實則招商承辦。銀號的設立，部分取代了關庫的功能。隨著晚清政府對海關財政資源汲取力度的加大，海關陷入入不敷出的解款困局，海關稅款隨收隨放，庫無存款，甚至由票商墊借，即使庫有存款，也放在銀號裏生息，庫大使成了一個多餘的閑缺。我們從庫大使經費中也可看出庫大使地位的沒落，庫大使歲支銀僅 96 兩，在平餘項下動支，僅與守庫千把總的待遇一樣，而大關書吏每名每年可支銀兩 480 兩，是庫大使的 5 倍。至清末各省清理財政時，我們在《廣東財政說明書》附列各口額支員司丁役薪工雜用表中不再見到關庫大使的名目，可能這一職位已被作爲冗員裁汰。〔註 57〕庫大使功能的削弱，爲庫書提供了上下其手的機會。庫書的身份爲書吏，是地方政府衙門的佐助人員之一。清制，「官有遷調而吏無變更」，官爲流官，因爲有迴避政策，一般地方官都由外籍官員

---

〔註 54〕王文達：《粵海關統轄口岸考》（刻本），國家圖書館藏，光緒六年，第 18 頁。
〔註 55〕〔清〕梁廷枏著、袁鍾仁校：《粵海關志》，廣東人民出版社，2002 年，第 61 頁。
〔註 56〕王文達：《粵海關統轄口岸考》（刻本），國家圖書館藏，光緒六年，第 17～19 頁。
〔註 57〕《廣東財政說明書》卷十三第六類，財政費。

擔任，地方官往往還沒有來得及熟悉地方政情，甚至連方言也沒聽懂，就被調遷別地或被晉升、黜職。如粵海關監督，就被兩年一換，即使留任也不會超過三屆。而書吏則一般是從地方招募，不隨官遷任。書吏熟悉地方風俗政情，與地方有著千絲萬縷的聯繫，這樣就形成一種特殊格局：不斷更替且缺乏經驗的地方官「領導」著一群久據其職、久操其事且老於世故的當地書吏。〔註58〕初來乍到的海關監督依賴書吏的社會關係和辦事經驗，可以很快打開工作局面，但另一方面，又爲海關書吏操縱關政打開了方便之門。

同治五年，閩浙總督左宗棠奏請粵海關收稅，應改監督徵收爲督撫籌辦，將有俾於籌餉大局。戶部要求兩廣總督、廣東巡撫妥議辦法。〔註59〕但廣東地方政府並沒有認眞回應。光緒元年，御史恭鏜也對粵海關家丁包辦稅務一事提出批評，認爲家丁總辦關稅，「其心惟在漁利，至服役數年，無不高軒駟馬，飽載而歸」。〔註60〕光緒十六年左庶子恩景指謫粵關稅廠單書周洪壽，勾串監督家丁李子明、王雲衢把持公事，勒索商民。〔註61〕光緒二十一年大學士徐桐指謫：「粵關之弊，全在書吏。向來銀不歸庫，故得以輾轉挪移，無從覺察，且監督每員重債而來，不能不與庫書通融挪墊，從此受其挾制，爲所欲爲，積弊相延，不可窮究」。自光緒十四年起至光緒二十一年止，除支解外，尚應存銀六十萬兩有奇，而現在實存只有十四萬八千餘兩，除庫書及各口書欠解稅銀十八萬九千餘兩外，尚有二十餘萬兩下落不明。〔註62〕御史鄧承修也認爲：關稅侵蝕之弊，十餘年來，日增月益，迨不可以數計。他舉例說柯玉棟，不過是閩海關一小小書吏，承充書吏不數年就家貲鉅萬。「至津海關，密邇京畿，其在人耳目，如饋遺過客供應上官，歲須數萬金，皆取償於此，則飽入私囊，重載而歸者可知。他如上海、登萊、蕪湖、漢口新關、九江、夔州、廣州、肇慶、梧州、歸綏道、山海關，凡有關稅者，無不侵蝕，多者十餘萬，少亦七八萬，綜而計之，數不下數百萬」。〔註63〕

其實，關稅侵蝕之弊，早在「聖明洞鑒之中」，光緒七年針對鄧承修的指

〔註58〕瞿同祖著，范忠信、晏鋒譯：《清代地方政府》，法律出版社，2003年，第63頁。

〔註59〕同治五年一月十一日戶部摺，《錄副奏摺》，檔號：3－86－4873－3。

〔註60〕光緒元年四月十九日恭鏜摺，《錄副奏摺》，檔號：03－128－6328－38。

〔註61〕光緒十六年十月二十日恩景摺，《錄副奏摺》，檔號：3－128－6374－2。

〔註62〕光緒二十一年十月大學士徐桐條陳，朱批73：第338～339頁。

〔註63〕清道人（鄧承修）：《語冰閣奏議》（卷二），民國七年印行，第23頁。

讁，閩海關監督穆圖善出來辯解，光緒皇帝就這樣批示：「各省海關，均有徵多報少之弊，豈閩海一關獨無之乎？若止就稅額論已不甚相懸矣。然侵吞偷漏，豈能詰此」。〔註64〕當然朱批也只是敲山震虎的警示一下，並未推出嚴厲的整頓措施，這一方面固與朝廷「意存寬大」，不願向這些家奴、親信動刀，另一方面，也與地方大員明哲保身，不願與皇帝的親信爲難而參與對海關監督的查處和揭發有關。

同治年間，粵海關爆出傅氏兄弟舞弊一案。先於同治六年，粵海關單廠書辦傅庚（一名傅四）、丁五被人揭發把持關務，營私舞弊。廣東當局成立了一個由藩司、臬司、運司和廣州府縣委員組成的審查班子，進行審理。據稱：傅、丁二人「堅不吐供」，搜查兩人家中也未發現匿稅分肥的證據。弔詭的是，在沒有指實犯罪證據的情況下，兩書吏願將所有家產變賣充公，以贖其罪，而廣東當局竟也同意了這一要求，將所得 6 萬兩銀解內務府廣儲司充公。最後，傅、丁兩人被斥革拿辦，押解回原籍。〔註65〕光緒四年，粵海關再起波瀾，關書王植在總督衙門前控告關書傅廉（一名傅七）罪惡八款，稱：傅廉原名傅廣，自其兄傅庚侵吞餉項被解回籍後，「多方鑽營，接管伊兄庫房事務，餉銀出入從中染指，其最著者光緒二三年間侵吞洋土常稅餉項三萬餘兩，雖將賬簿銷毀，惟承傾銀號有底本可憑。歷年勒索規費，刊入章程，毫無顧忌，慫恿監督擾害商民，無端受累者，指不勝屈」。該書復用傅廣名字，報捐道員三品銜花翎，分指福建，倒填年月，具呈告退，爲被人指出，卸罪之地，仍復把持關務，戀棧不休。種種兇橫，不獨監督受其鉗制，合省商民無不切齒。〔註66〕此案經廣東地方政府受理，拖到光緒七年才將審理結果上奏，結果裁定係爲一起誤案。更有原告王植主動撤訴，自首繫屬誤控，情願將案註銷。〔註67〕儘管該案疑點甚多，但原告撤訴，地方政府也就順勢敷衍結案。但從該案所牽涉的人員來看，有傅庚、傅廉、傅溶，繫屬同族兄弟，同居一關，各掌要職，不能不說明粵海關庫儲人事管理方面的缺陷。

光緒二十九年，以爲政猛嚴著稱的岑春煊督軍粵省。第二年，粵海關再次爆出庫款侵蝕大案，庫儲環節的積弊至此機兆大露。該案牽涉到周氏、潘

---

〔註64〕 朱批 71：第 821 頁。
〔註65〕 同治六年二月十三日瑞麟、蔣益澧奏，《錄副奏摺》，檔號：03－4875－010。
〔註66〕 光緒四年樓譽普片，《錄副奏摺》，檔號：3－128－6344－52。
〔註67〕 光緒七年二月二十一日兩廣總督張樹聲、廣東巡撫臣裕寬奏，《錄副奏摺》，檔號：3－128－6348－41。

氏、駱氏以及上面提到的傅氏等幾大家族，贓款約計總數不下二百六十萬兩。
〔註 68〕周氏家族的主犯即爲周啓慈、周榮曜兄弟，兩人曾先後擔任過粵海關
庫書，潘氏即潘彬，曾充粵海關冊書，及前充庫書傅溶之子傅少枚、傅廉之
子傅老九等，皆通同舞弊，各擁鉅資，庫房辦事人員駱子棠等均爲其爪牙。
案發後，周啓慈已經故去，其弟周榮曜得慶親王奕劻之援，正準備簡任出使
比國大臣，尚未出洋，侵蝕公帑一案即被揭發。周氏身爲庫書，積贓款數百
萬，與官紳往還，儼然世祿，納賄京官，廣通聲氣，事先得到風聲，案發後
即與妻子潛逃香港。〔註 69〕岑春煊即將周、潘、傅等家房屋物業一體查抄，
一面派員赴港將周榮曜設法查拿，這才發現周榮曜還在香港廣置產業不下百
十萬，皆由侵吞帑項而來，而已封各產變價抵還尚未及侵蝕公項之半。周榮
曜外逃後，贪緣運動，曾以其子周燾出名遣人赴廣州府具稟，情願報效三十
萬元，請將眷屬開釋，並將所居寶華房產報效充公。但日久遷延，始終沒有
完繳兌現。〔註 70〕儘管周榮曜被革去公職，永遠不准開復，但仍可有恃無恐，
甚至用贓款爲自己抵罪，與清政府討價還價，徇爲晚清法制之一大諷刺。

　　光緒三十年粵海關庫款侵蝕案的發生，深刻揭示了晚清海關在稅款管理
環節上所存在的巨大漏洞，從而暴露出其制度的嚴重缺陷，導致了海關制度
的一系列改革。光緒三十年九月，粵海關監督歸兩廣總督兼任。實行二百餘
年的監督欽派制度在粵海關被革除。當時廣督岑春煊正在廣西督師，一時未
能回來，由粵撫張人駿先行接管，認眞整頓。常洋各稅歷年徵收支解銀兩，
凡在本年十一月初四日以前，概由監督常恩自行清理，初四日之後由張人駿
截清數目專案造報，以清界限而免糾葛。所有省外沿海各稅口，都由巡撫遴
選廉幹之員，分往稽徵，並在省城設立關務處，派委提調坐辦。〔註 71〕下面
請看張人駿的奏摺：

　　　　（粵海關）向來經理稅務查驗船貨之人，有口書、有巡役、有
　　水手，各有缺底，合股朋充，世代相乘，視同置業。近年附近通商
　　口岸常關改由稅務司兼管，稍資整頓，而書役包辦之口，則仍係積
　　弊相沿。所收之項，除正稅外，有所謂擔頭錢、單票錢、船頭錢、

〔註 68〕《申報》，1905 年 12 月 4 日。
〔註 69〕岑春煊：《樂齋漫筆》，近代中國史料叢刊第 66 輯，文海出版社有限公司印行，
　　　　第 13 頁。
〔註 70〕《申報》，1906 年 10 月 25 日。
〔註 71〕朱批 74：第 575～576 頁。

手本錢、把港錢、查艙錢、規費錢各名目，或按正稅帶收，或按船
貨抽取，向係書役私收入己。有私給單票者，亦有並不給單票者，
款目碎繁，多寡不一。大抵書役包辦之弊，在於中飽濫支，水手查
驗之弊，在於留難索擾……臣接辦後，即將各口書役水手一律裁撤，
分派委員前往稽徵，易募巡丁，俾司查驗，均各優給薪水、工食，
責己潔己奉公。凡正額之外，各款有病於商者，悉予禁革；其沿襲
已久，商民相安者，一律化私為公，盡徵盡解，分別填給雜款聯票，
用資考覈；其支銷浮冒者，覈實刪除，務從撙節。〔註72〕

岑春煊回粵後，即奏調馮嘉錫、朱祖蔭兩人為該關提調，認真整頓。並對粵
海關奏銷制度進行改革，由原來的分案奏銷改為並案造報，避免庫書任意捏
造、少報多支的弊端。治理效果顯著，當年即徵收得 660 萬兩，奏明以 580
萬兩解部，留 80 萬兩充本省經費。〔註73〕

　　岑春煊等對粵海關的整頓，起了較好的示範效果。此前，閩海關也發生
候補道馬景融侵蝕鉅款案。戶部侍郎陳璧等就要求閩海關借鑒粵海關的辦
法，實力整頓。〔註74〕

# 第三節　經費管理

## 一、海關經費的雙重管理模式

　　清人沒有現代會計學上的成本概念，對費用的界定非常模糊。如對海關
經費的理解，即持廣義的認識，將傾熔火耗、解部飯食、參斤變價、解銀水
腳等都納入進去。為討論問題的方便，這裡所討論的海關經費只是狹義上的
概念，僅包括徵稅過程中發生的人力成本和物力消耗，我們將其分成兩部分，
即薪俸和辦公費用。

　　晚清海關經費管理，分屬兩個較為獨立的收支單元。洋員薪俸歸總稅務
司管理，「每月應支之銀，或衷多而益寡，或挹彼而注茲，餘銀或存或撥，一
憑該總稅務司酌度辦理」。〔註75〕辦公經費亦歸總稅務司統一掌管，其收支實

〔註72〕光緒三十一年二月初九日張人駿奏，朱批 74：第 614～615 頁。
〔註73〕岑春煊：《樂齋漫筆》，近代中國史料叢刊第 66 輯，文海出版社有限公司印行，
　　　　第 13 頁。
〔註74〕光緒三十三年五月十九日陳璧奏，《錄副奏摺》，檔號：3－129－6445－12。
〔註75〕《籌辦夷務始末》（同治朝）卷 16，續修四庫（419），第 193 頁。

數，外間無從確知；至於監督以下常關各員以及會同洋員巡緝、盤查、秤驗、登塡、覈算之華員及關署書役人等，則由監督發給薪俸，辦公經費亦歸監督籌支，稅務司亦不與聞。總之，海關經費常關與洋關有別，洋員與華員亦分開管理，大致情況是洋員較華員待遇爲優，稅務司經費亦較監督經費爲充裕，如江海關關道辦公之款每年統計銀八九萬兩，不及稅司經費四分之一。〔註76〕

### 1. 海關監督的經費管理

海關監督系統的經費管理制度非常複雜。茲分三個階段分別闡述。

五口通商之前，各海關經費一般在額外盈餘以及耗羨、陋規等雜項收入中來籌措，但各關的具體籌措細節又各不相同。海關雜項收入名目繁多，在粵海關，有規禮、火足、驗艙、開艙、押船、丈量、貼寫、放關、領牌、小包、分頭、擔頭、耗羨等項，在閩海關，有各種船例以及所謂單禮、尺禮、件錢、春彩年尾禮、花紅、緣金、乾水、館前禮、頭回禮等。〔註77〕粵海關舊例，海關監督的養廉銀、各口委員的津貼，以及經制書吏的例支工食，自額外盈餘中支取；庫大使津貼、守庫人員的工食，一般在平餘項下動支；其餘幫辦、清書及差役則向無工食，而是夥入其他辦公經費之中，於擔頭等各項陋規中支用。這種經費制度曾於乾隆九年得到皇帝的認可，一直奉行，是以海關一切公事得以從容措置。江海關經費，除監督養廉銀外，其他經制書吏、稿房、算手、家人、門子、伙夫等，均支有飯食銀和工食銀。這些經費也不在常稅正額裏開支，而是在耗羨、平餘等附加稅以及額外盈餘中支付。從雍正朝始，閩海關養廉、工食等費用，均從所徵附加稅「擔雜」項下開支。〔註78〕乾隆元年起，關差人役養贍之費及各官監督養廉，准於每年關稅之火耗銀內動支，定數撥給，如火耗不敷，則於正稅盈餘內湊撥，年底奏銷報部。〔註79〕除徵收正耗錢糧外，閩海關還有並封、平餘、漏稅罰科、書役截曠之

---

〔註76〕 光緒二十二年正月十五日遵旨嚴核關稅認定每年加解數目摺，《張之洞全集》（第二冊）奏議43，河北人民出版社，1998年，第1149～1152頁。

〔註77〕 《福建財政沿革利弊說明書》，《晚清民國財政史料輯刊》第十二冊，北京圖書館出版社，2007年，第35頁。

〔註78〕 黃國盛：《鴉片戰爭前的東南四省海關》，福建人民出版社，2000年，第76～78頁。

〔註79〕 道光二十四年閩海關添派監庫協領等員，月給工夥銀26兩，開始在正款項下報銷，後來監督覺得不妥，認爲「添設旗員，原係愼重庫帑，雖設官必須經費，究未便作正開銷，自應以歸平罰三款項下造報」（道光二十九年閏四月十九日裕瑞奏，第一歷史檔案館藏《宮中檔》，檔號：04－01－16－0159－049）。

項銀兩，留關犒賞並辦公、路費、零星等事之用，既無定額，亦不入奏銷，只是每年年滿將一切用存數目具摺奏報。這一制度於乾隆五年奏定實行。〔註80〕浙海關常稅徵收經費，例於徵收火耗並阡頭飯食項下開銷，如有不敷，准於常稅盈餘內動撥。〔註81〕

五口通商時期，經費管理有所變化，常稅和夷稅的經費管理並不一樣。徵收常稅的經費管理辦法，仍沿襲五口通商之前的做法，沒有大的變化。夷稅徵收所發生的經費如何開支，則成為當時海關面臨的一個現實問題。

道光二十三年欽差大臣耆英在通籌五關稅收解支禁革一摺中，對各關夷稅的徵收作出相關的一些規定，其中有關經費者三：其一、海關雜稅款目應行刪除，以歸簡易；其二、平餘備貢等款，應歸於額外盈餘項下開銷，以免無著；其三、各項浮費，應全行革除，以杜弊端。摺中並且強調，此後如敢再有需索情事，無論官弁兵役，俱照枉法贓參革治罪。〔註82〕當時沿海口岸通商局面漸開，貿易日益擴大，正是海關經費亟需擴張之時，而浮費既裁，新開夷稅經費將從何羅掘？清廷卻未為此作出統一的籌劃。因此，通商初期，沿海各關均遭遇到一場程度不等的「經費危機」。我們來看各海關是如何化解這場危機的。

粵海關：五口通商後，增設碼頭，添派員役，粵海關經費相應大大增加。據兩廣總督祁貢道光二十三年的匡算，粵海關添設卡所、書役人等所增經費年約 4 千餘兩；〔註83〕又據海關監督文豐道光二十四年的統計，丙午年份粵海關支銷夷稅辦公經費、養廉、工食及鎔銷折耗等銀，計 36151 兩。〔註84〕至咸豐年間，此項經費增至年約 6～7 萬兩。但新定稅則，已將舊時徵收的各

---

由此例，可見當時的海關監督對通關經費的認識。

〔註80〕道光二十五年六月二十日敬穆奏，《籌辦夷務始末補遺》（道光朝第四冊），第88頁。

〔註81〕乾隆年間浙海關獲得戶部的批准，可在正額項下年支各役工食 258 兩（乾隆五十七年十月十日浙江巡撫崧崧奏，《錄副奏摺》，檔號：03－0605－040）。到咸豐初年，這一額支仍得以保留。但在盈餘內支用經費的數目視各年情況均有不同。見《籌辦夷務始末補遺》（咸豐朝第一冊）第 137、260、376 頁黃宗漢等的奏片。

〔註82〕道光二十三年六月二十七日耆英等摺，《籌辦夷務始末》（道光朝第五冊），中華書局，1964 年，第 2677～2680 頁。

〔註83〕道光二十三年九月二十九日祁貢奏，《籌辦夷務始末補遺》（道光朝第三冊），第 859 頁。

〔註84〕道光二十四年正月二十九日文豐奏，《籌辦夷務始末補遺》（道光朝第三冊），第 974 頁。

項雜款併入了正稅，原取資於此項雜款的差役辦公經費和新增加的書吏工食失去來源。祁貢擔心：這些書役等承應辦公一切差務，逐日奔走，糊口無資，若不急爲籌畫，則該書役等既不肯枵腹從事，復啓藉端需索之弊，反爲夷人所藉口。遂與欽差大臣耆英商定：現在既然無別項雜款可籌，只能在額外盈餘內作正開除，以爲各書差津貼辦公之需。〔註85〕所謂「正開除」，即是在造報關稅奏銷冊時，直接將這些辦公經費列入四柱清冊的開除項下，作爲正式報銷的款項，也就是說，以前靠非正式渠道獲取的書差工食，現在可以作爲正式經費，在所收正項稅款中直接開銷扣除。〔註86〕五口通商以後，粵海關夷稅收入日益增加，但嘉慶年間制定的各項稅額仍沒有變化，這樣，額外盈餘甚至大於稅收定額，這些額外盈餘除應戶部要求撥用上解外，其餘支付監督養廉、書吏工食及其他公費等項，尚不成問題。

江海關：通商以後，外國來船漸多，夷稅較旺，新設盤驗所、卡房、巡船各經費及徵稅書役工食等項所需經費，相應也節節增加。而隨著道光二十三年粵海關耗羨等附加稅名目的取締，江海關新開徵的夷稅自然不再有附加稅等雜項名目，這些由於開辦夷稅所增出的經費面臨無法報銷的窘境。因此，道光二十四年江海關道宮慕久要求：夷稅經費暫在所收西洋各國稅鈔內支給，等將來制定稅額後，再參照粵海關例，歸入盈餘項下報銷，以歸覈實。〔註87〕但江海關稅額遲遲未定，而夷船進出愈多，江海關稅餉愈旺，不得不添雇清書幫辦。據蘇撫孫善寶道光二十四年的覈實，以上新增經費歲需銀 1977 餘兩。〔註88〕至道光二十九年，每年支銷增至 6570 兩；道光三十年，江海新關所添設的巡船人役經費，開始在夷船附搭內地商民貨稅項下開支。〔註89〕這種附搭在夷船的內地商民貨稅，連同一些無約國進出口貨物的貨稅，在江海

---

〔註85〕 道光二十三年九月二十九日祁貢等奏，《籌辦夷務始末補遺》（道光朝第三冊），第 860～862 頁。

〔註86〕 曾小萍曾將這種納入正式財政管理體制的經費體系稱爲正式經費，其他則稱爲非正式經費體系。參見（美）曾小萍著、董建中譯：《州縣官的銀兩——18世紀中國的合理化財政改革》，中國人民大學出版社，2005 年，第 44 頁。

〔註87〕 道光二十四年三月十九日孫善寶等奏，《籌辦夷務始末補遺》（道光朝第三冊），第 947～948 頁。

〔註88〕 道光二十四年三月十九日孫善寶等奏，《籌辦夷務始末補遺》（道光朝第三冊），第 946 頁

〔註89〕 太平天國歷史博物館編：《吳煦檔案選編》（六），江蘇人民出版社，1983 年，第 403～404 頁。

關統稱之爲零稅（即正稅外的零星之稅）。自咸豐三年後，新關所增經費視每月夷船進出之多寡，隨時於零稅內動支，並無定數。根據江督陸建瀛咸豐三年的奏報，僅內地商民附搭洋船貨物報稅，當時年可徵銀三萬兩左右。〔註90〕咸豐五年，趙德轍升任江海關道，曾將應支添設巡役各項經費，分別閒月旺月，酌定準數。但後來稅餉愈旺，公事愈繁，辦公人員愈多，這一準數往往被突破，不再適用，所需經費均在零稅項下隨收隨支。〔註91〕

閩海關：開埠通商後，添設夷船碼頭，增派丁役和書算，以及紙箚筆墨油燭雜費，均繫事所必須，而夷稅尙未定額，並無盈餘銀兩，此外也無擔雜、耗銀等其他可以支用的雜稅款項。夷稅開辦初期，經費的支出辦法是：福、廈兩口製造巡船、修復卡房，以及委員薪水等項，均由閩關監督敬穆自行捐給。其他支出，自二十三年九月十一日廈門開關、二十四年九月二十二日福州開關起，統至二十五年正月二十五日止所有添派書役工飯雜費應支銀數，共計 885 餘兩，均繫在夷船稅鈔內先行支給。海關監督希望：此項經費，俟夷稅定額後，應按年在盈餘項下支銷。〔註92〕但夷稅稅額遲遲未定，清廷對閩海關夷稅的經費支取辦法即只能加以默許。咸豐六年，在林浦、陽歧兩處添設驗卡、增設巡船巡役，新造哨口器具，委員薪水等，共用過銀 10700 餘兩，均在閩海關夷稅稅鈔項下開支，歸於該年奏銷入冊造報。

浙海關：開埠通商後，原大關書役及原設旁口書巡，均有應辦本口稅務，不得不酌量加增夷稅的徵稅人員。開辦初期浙海關夷稅所發生的一切經費，除委員薪水，或由道捐給，或由各委員自備外，其他如房租、紙箚、雜用，並丁役書巡飯食等項，以及新設盤驗所，置備巡船等費，暫於徵存西洋各國稅鈔內照數支給。據道光二十四年關道梁寶常的報告，房租、紙箚雜用並丁役書巡飯食等項，歲需銀 1950 兩，新設盤驗所，置備巡船等費，自開市起至道光二十四年正月二十五日，花去銀 978 兩，已由關道隨時給發應用。與閩海關一樣，浙海關道也指望：將來夷稅如定有盈餘，即將歲需經費歸入盈餘項下報銷，以歸覈實。〔註93〕

〔註90〕咸豐二年十月十一日陸建瀛等奏，《籌辦夷務始末補遺》（咸豐朝第一冊），第130頁。

〔註91〕太平天國歷史博物館編：《吳煦檔案選編》（六），第 404～405 頁。

〔註92〕道光二十五年十一月二十二日敬穆奏，《籌辦夷務始末補遺》（道光朝第四冊），第 136～137 頁。

〔註93〕道光二十四年十二月二十六日梁寶常奏，《籌辦夷務始末補遺》（道光朝第三

　　稅務司制度確立後，海關經費管理制度又有新的變化，形成總稅務司與海關監督兩套經費管理系統。稅務司及外籍人員的薪俸，均由總稅務司署核定給發，而在洋關會同巡緝及盤查秤驗、登塡覈算諸事，仍由中方關署書役人等經理，這些人的辦公經費也必須按月如數支給。咸豐十一年江海關零稅併入正稅，關道吳煦即要求在所收夷稅正稅中每兩酌提五分作爲海關經費。〔註94〕同治二年，浙海關也要求援照江海關例，在所收洋稅中酌提五分經費，在正稅中作正開銷。〔註95〕天津關准在徵收現銀項下每兩准銷八分，係按比例提取；粵海關原定在船鈔項下動支，如有不敷，在子口稅項下撥補。但粵省船鈔所餘無幾，又無子口稅一項。因此，粵海關監督要求仿照天津海關成案，在進出口洋稅項下每兩坐扣銀八分，爲支銷經費之用。〔註96〕江漢關經戶部議定只能扣銀六分。〔註97〕其他海關有「按八分留支者，有按五分留支者，有按一分零留支者，並無一定」。〔註98〕基本上遵循「按稅課之盈絀，坐扣經費之多寡」〔註99〕的原則。

　　除以上來源之外，海關監督的經費來源，還有三成罰沒款，以及一些外銷款項。外銷款項出自正稅外隨徵平餘及商船添裝零星雜貨等項之補稅，爲數不菲，凡監督常年辦公、賠解、短徵及各口書吏飯食、犒賞一切雜支，悉於茲挹注。〔註100〕外銷款項成爲晚清所有財政機關公開的秘密，用現代術語來講，即是財政小金庫，其支放全由監督處理，戶部並不與聞。如江海關光緒二十九年分外銷款項的新收有：1. 收藥釐項下庫申規銀 8440 兩；2. 收籌防捐項下庫申規銀 141207 餘兩；3. 收碼頭捐規銀 32101 兩；4. 收洋商承繳地價規銀 15327 餘兩。而開除項就有放英法會審公廨薪費等銀 11840 兩，放洋務提調兩員薪費銀 2600 兩，放撥補碼頭捐內防疫經費不敷銀 3657 餘兩，放

冊），第 125〜126 頁。

〔註94〕太平天國歷史博物館編：《吳煦檔案選編》（六），第 405 頁。

〔註95〕同治二年三月十四日左宗棠奏，《籌辦夷務始末補遺》（同治朝第一冊），第 473 頁。

〔註96〕同治二年八月十九日晏端書奏，蔣廷黻輯：《籌辦夷務始末補遺》（同治朝）（第一冊），北京大學出版社，1988 年，第 606〜612 頁。

〔註97〕同治三年五月二十三日官文奏，蔣廷黻輯：《籌辦夷務始末補遺》（同治朝）（第二冊），第 246 頁。

〔註98〕光緒十一年七月初一日穆圖善奏，朱批 71：第 930 頁。

〔註99〕蔣廷黻輯：《籌辦夷務始末補遺》（同治朝）（第一冊），北京大學出版社，1988 年，第 179〜186 頁。

〔註100〕國家圖書館藏：《浙江清理財政局說明書》（刻本），上編歲入，第五款關稅，無頁碼。

英法文翻譯四員薪水銀 4160 兩等等，大致以薪費和辦公經費支出為多。外銷款項也有年內不敷支用的，如江海關光緒二十八年分就有不敷銀 8440 餘兩，在二十九年分外銷款內撥還。〔註 101〕外銷款項的支出也是多元化的，在江海關「外銷之項，如中西書院花紅獎賞及西人醫院經費津貼以及華太報效息銀，地方一應善舉，皆出其中，未必盡歸私用」。〔註 102〕

表 5.4：江海關飯食、工食分配表　　　　　　（單位：人／月；金額：兩）

| 人員 | 經制書吏 | 稿房 | 貼寫、算手、寫單手 | 家人 | 門子、皂吏、快手、更夫、轎傘夫、鋪兵 | 大關十八口岸巡舍 | 巡舍家人 | 提艙手、走差、巡船舵工、更夫、飯夫 |
|---|---|---|---|---|---|---|---|---|
| 飯食銀 | 1.8 | 1.8 | 1.8 | | | 1.8 | 1.8 | 0.9 |
| 工食銀 | 8.0 | 4.0 | 1.5 | 0.8 | 0.6 | 2.0 | | 0.6 |

資料來源：〔清〕應寶時修，俞樾纂：《上海縣志》，同治十一年刊本，成文出版社影印，第 184 頁。未含海關監督養廉銀月 50 兩。

　　光緒二十七年，常關分解成五十里內、外兩部分。五十里內為稅司兼辦，原來所謂盈餘者悉行銷滅，歸入正稅。〔註 103〕稅司和監督各提一成作為辦公經費，五十里外各口，則按收數照一成支給關道，以資辦公之用。〔註 104〕

表 5.5：清末江海關道支付的五十里外常關經費表　　　　（單位：兩）

| 項　目 | 支　款 | 項　目 | 支　款 |
|---|---|---|---|
| 管關養廉 | 650 | 巡查盤查 | 700 |
| 書役工食 | 1560 | 漁汛添差經費 | 40 |
| 各口員役工食 | 7580 | 合　計 | 10530 |

資料來源：江蘇省蘇屬清理財政局：《蘇屬財政說明書》（刻本），光緒三十三年，第 29 頁。

〔註 101〕《錄副奏摺》，檔號：3－129－6426－7。
〔註 102〕遵旨嚴核關稅認定每年加解數目摺（光緒二十二年正月十五日），《張之洞全集》（第二冊），河北人民出版社，1998 年，第 1149～1152 頁。
〔註 103〕國家圖書館藏：《浙江清理財政局說明書》（刻本），上編歲入，第五款關稅，無頁碼。
〔註 104〕國家圖書館藏：《浙江清理財政局說明書》（刻本），下編歲出，第一款，無頁碼。

## 2. 稅務司系統的經費管理

稅務司制度成立伊始，其經費的申請由總稅務司將「各項人等名數及應給銀兩」開具清單，呈報總理衙門，由通商大臣及各關監督覈實，是否勻協，如無可刪減，即照議支給。〔註105〕因此監督對其似乎有一定的監察權。同治元年總稅務司第 1 號通令云：經費細賬，每季結束後三日內隨收支清摺呈報總稅務司署，只另呈海關監督副本一份，以供參考，但無須海關監督簽轉。〔註106〕這就將監督排除在稅務司經費管理系統之外。各關監督只按規定的額度上解江海關道，轉付總稅務司，再由總稅務司勻派。爲免周折，也可就近轉交本關稅務司。〔註107〕如江海關「歲給稅務司經費三十餘萬兩。均歸稅務司自行支銷，關道向不過問」。〔註108〕

總稅務司爲嚴格經費管理，強化對各級稅務司的經費控制，要求各海關均設置收支賬冊，使其有案可稽。各稅務司系統的賬冊設置，有一個從簡單到複雜、從直觀到規範的轉化過程。海關最早的記賬形式，只是列出各類職員工資、房租、文具、海關緝私雜項和特別費用等項下的辦公支出細賬，對罰沒之款的分配進行詳細的記錄，包括沒收貨物的金額、罰款金額、付給舉報者的賞錢，給職員的酬金，繳給監督的總額，上季度結轉餘額和本季度餘額也要上報。〔註109〕同治五年辦公支出開始分類記賬，先有 A、B、C 賬戶，後又有 D、N、L、P 等賬戶。海關記賬的最終體系，是由中國海關駐倫敦辦事處金登幹在英國財政部公共會計委員的指點和幫助下設計的。這個體系適應海關當時所謂新財政制度的要求。〔註110〕

總稅務司的賬戶體系，稱爲 ABCD 賬或元亨利貞賬。

A 種經費賬（元賬）：按清政府法令撥於海關稅務部門辦公所用的海關經

---

〔註105〕同治元年九月二十七日勞崇光奏，蔣廷黻輯：《籌辦夷務始末補遺》（同治朝）（第一冊），北京大學出版社，1988 年，第 250～252 頁。

〔註106〕1862 年 5 月 12 日通令第 1 號，《通令選編》（第一卷），中國海關出版社，2003年，第 9 頁。

〔註107〕1899 年 6 月 5 日通令 899 號，《通令選編》（第一卷），中國海關出版社，2003年，第 435 頁。

〔註108〕光緒二十二年正月十五日遵旨嚴核關稅認定每年加解數目摺，《張之洞全集》（第二冊）奏議43，第 1149～1152 頁。

〔註109〕〔美〕魏爾特著，陳敉才、陸琢成譯：《赫德與中國海關》（上），廈門大學出版社，1997 年，第 378 頁。

〔註110〕〔美〕魏爾特著，陳敉才、陸琢成譯：《赫德與中國海關》（上），廈門大學出版社，1997 年，第 379 頁。

費，具體收入欄目有二：直接收自海關監督；由總稅務司從 A 種經費基金結餘補充撥款。支出欄目有 9：薪俸、盤運費、房租、房產費、船隻費、巡岸費、平時辦公費、特項支出、彙結總稅務司 A 種經費賬的款項。

　　B 種經費賬（亨賬）：罰款和沒收收入。入款有三：罰款；罰沒變價；總稅務司補發之項。支款有：緝私經費；提歸總理衙門三成；提歸監督三成；應提總稅務司四成；匯兌費、其他。

　　C 種經費賬（利賬）：按清政府法令撥與海關海務部門辦公所用的船鈔收入。

　　D 種經費賬（貞賬）：其他來源的雜項費用和專款。入款有：奉總理衙門飭撥之款、華商船牌費、華商船關照費、引水賬各銀兩、招工賬各銀兩、責納專單費等，支款有：奉總理衙門飭撥銀兩之支款，華商牌照費歸總理衙門三分之一，華商牌照費、關照費歸監督三分之一五成等。

　　此外，隨著海關職能的增加和業務範圍的擴大，又陸續增加其他項目，如：

　　N 種經費賬：為常關收入的十分之一，供收稅開支之用。此款即五十里內常關一成經費。

　　L 種經費賬：收自釐金局的款項，供償付清光緒二十四年四釐半金公債之用。

　　P 種經費賬：釐金經費賬，為 L 種經費賬內收入之一成，供收稅開支用〔註 111〕。

　　為健全財務管理制度，對於有關公帑收支，總稅務司於同治九年二月頒佈賬目收支十項禁令，內容如下：

1. 未獲總稅務司書面批准，不得有任何開支或支付任何款項。
2. 所有下屬按規定表式上報稅務司批准或決定前，不得擅自支付或購置物品。
3. 如所報價格不合理，不准訂購任何物品或預定任何工程項目。如有必要，應招標或簽訂合同，以防採購或承辦之部門從折扣傭金中得利。
4. 不准預支薪俸與工餉，所有支付數額務必全數登入每月工餉單

内。

5. 不准從本關專款中爲其他海關支付費用，亦不得爲其他海關預支款項。

6. 呈送之明細表未經總稅務司批准前，不得擅自處理任何旅差費賬單。

7. 所有偶然或額外來源之所得款項，諸如變賣關產或庫存陳舊物品所得，均不得移做其他公務用途，應一律記入賬戶 D 之額外收入項内。

8. 不准超過 1870 年第 1 號通令中規定之時間留存每月結餘。

9. 每月支出不准超過每月收入。如因特殊原因預計月支出將有所超出，其超出部分須由總稅務司署補撥專款，因之必須儘早將詳情專呈總稅務司。

10. 海關每月之經費、船鈔、罰沒款、另賬款等，除各該賬項下經批准之當月開支項目外，不得移做其他費用開支。〔註112〕

後來這些規定都歸入總稅務司印發的《新關理賬誠程》和《續理賬誠程》兩書之中。爲嚴肅財務紀律，規範財務活動，總稅務司還特設稽查賬目文案稅務司一名，專門審覈各關會計賬目。該稅務司每年不定時巡視各關，就地審查各關的賬目。審查的内容包括：各關有沒有未經批准的開支，賬簿是否一直記到現在，結餘是否按照報告依次存貯。〔註113〕

總稅務司賬戶體系的設置及一些財務制度，歷來爲研究者所稱道，認爲這是把西方先進的管理理念和科學管理的方法引入中國海關。誠然，較中國傳統的常關經費管理程序而言，稅務司系統的經費管理制度，具有科學性、嚴密性、規範性，在一定程度上保證了關務的廉潔和行政高效，與當時的常關賄賂公行、侵吞中飽形成顯明的對比。但稅務司系統的賬戶體系，以現代會計術語來講，只是一種單式簿記法，與後來的複式簿記法相比，缺陷是明顯的。單式簿記只記載現金收付及各種往來賬戶，而不涉及財產的增減與損益，也不能像複式簿記那樣定期或不定期根據賬戶記錄的結果進行試算平衡，以檢查賬戶記錄的正確性。從赫德以後的歷任總稅務司，均株守赫德的

---

〔註112〕1870 年 3 月 1 日海關總稅務司署第 2 號通令，《通令選編》（第一卷），中國海關出版社，2003 年，第 96 頁。

〔註113〕陳詩啓：《中國近代海關史》，人民出版社，2002 年，第 166 頁。

成法，沿用這種記賬方法達七十年，仍不思改變，對此民國時人頗有訾議。李權時曾評論：海關制度，仿十九世紀之英國，雖略含科學意味，然與近代最新式之科學管理方法，較之已大相徑庭。例如中國各大公司、商店以及政府機關，無不採用最新的複式簿記制度，獨外人管理之海關，仍沿用陳舊的單式簿記制度，是以海關所有財產狀況、開支狀況，非特局外人不知其詳，即財政部方面，亦尚未得詳細正確的報告。〔註114〕

各關稅司經費等款，均繫照額照章支給，似亦無弊可言。惟向來稅務司與監督各自為政，稅務司經費究竟如何支用，監督無從覰悉。儘管稅務司系統廉潔自律，但作為中央政府和海關監督來說，每年僅上海一關罰沒與船鈔兩項就達六十餘萬兩，「似此鉅款，豈可置之不問」！〔註115〕

## 二、稅務司薪俸與辦公經費的來源

### 1. 稅務司薪俸

在漢文文獻中，一般將海關職員薪俸稱為稅務司經費。開始，江海關邀外國人幫辦稅務，所需一切經費，均繫支銷零稅，並不奏咨。〔註116〕洋稅自外國人幫辦著有成效後，清政府認為應厚給辛俸，以酬其勞。所需經費自應明定章程，分別支給，以示鼓勵。

稅務司經費一般由各海關監督按照諭旨批准的數目，從關稅項下或洋藥釐金項下提撥，按月提解到總稅務司賬戶，由總稅務司統籌安排，各關應分配經費多少，各職員薪水如何確定，都由總稅務司一手決定，監督不得與聞。但為減少不必要的解款麻煩，總稅務司在安排各關稅務司經費時，盡量做到由所在關提供。如所在關所分攤的稅務司經費數額不足以支付該關稅務司經費，則不足部分才有總稅務司加以調劑。如同治年間鎮江關稅務司經費，每月支2600兩。鎮江關自行承擔一半，另一半則由江海關按月撥給。〔註117〕

第一結至第四結，只有江海、粵海、潮海、浙海、閩海、津海六關設立稅務司，是年共用經費銀28萬兩；第五結至八結，長江三口、廈門添設稅司，

〔註114〕李權時：《中國關稅問題》（下），商務印書館，1937年，第467頁。

〔註115〕江蘇省蘇屬清理財政局：《蘇屬財政說明書》（刻本），光緒三十三年，第34頁。

〔註116〕1859年11月9日吳煦為答粵海關部問海關各事上何桂清稟（底稿），《吳煦檔案選編》（第六輯），江蘇人民出版社，1983年，第344頁。

〔註117〕同治六年二月二十七日郭柏蔭片，《錄副奏摺》，檔號：3-86-4875-22。

該年共用經費 44 萬兩；〔註 118〕咸豐十一年五月，赫德所呈遞清單內開列各口稅務司正稅費用一款，每年大約需要經費 57 萬餘兩，同治元年海關實支經費即達 72 萬餘兩。但一些關的稅務司經費仍有不足的情況發生。如同治年間牛莊關稅務司薪俸，即在各關餘銀內酌撥，且每有向鹽督借支之事。鎭江關關稅所收無多，除撥解外，自 18 結起經費不敷抵支，在船鈔項下支用，又借支揚關鹽稅，後又挪用揚關洋藥稅。〔註 119〕同治六年赫德又申稱：山海、東海、臺灣、淡水四關原有經費不敷，各增 2500 兩，自 28 結起施行。〔註 120〕光緒元年赫德以總稅務司第 15 號通令知照各關，爲扶持海關，自 1876（光緒二）年 1 月 1 日起，此項經費增爲 1098200 兩。〔註 121〕光緒十四年由於實行鴉片稅釐並徵，並增設九龍、拱北兩關，海關經費猛增至 1738200 兩事，其中由海關關稅撥付 1408200 兩，由洋藥釐金撥付 330000 兩。〔註 122〕光緒十九年，增添蒙自、龍州、重慶三關經費，並補助朝鮮漢城、仁川、釜山、元山之海關人員，總數爲年關平銀 120000 兩，自該年 7 月 1 日（第 132 結）起由粤海關按月提撥關平銀 3000 兩，其他江海、蕪湖、九江、江漢、東海、津海、山海等關按月提撥關平銀 1000 兩。至此，海關年經費增至每歲共銀 1858200 兩。〔註 123〕

　　光緒二十二年海關經費增撥關平銀 181800 兩，由於割讓臺灣，去除淡水和臺南二關年經費 7200 兩，計海關經費總額增至 1968000 兩。增撥之數自第 145 結，即該年 10 月 1 日起在下列各關按月提撥：山海關 1000 兩；重慶關 3000 兩；宜昌關 1500 兩；江海關 2150 兩；浙海關、鎭江關各 2000 兩；甌海關、瓊海關、北海關各 500 兩；蒙自關 2000 兩。〔註 124〕合計月撥 15150 兩，全年 181800 兩。

〔註 118〕《籌辦夷務始末》（同治朝）卷 16，續修四庫（419），第 193 頁。

〔註 119〕同治六年二月二十七日郭柏蔭片，《錄副奏摺》，檔號：3－86－4875－22。

〔註 120〕同治六年三月八日總理衙門片，《錄副奏摺》，檔號：3－86－4875－24。

〔註 121〕1875 年 12 月 8 日海關總稅務司署通令第 15 號，《通令選編》（第一卷），中國海關出版社，2003 年，第 196 頁。

〔註 122〕1888 年 5 月 21 日海關總稅務司署通令第 419 號，《通令選編》（第一卷），第 308 頁。

〔註 123〕1893 年 8 月 2 日海關總稅務司署通令第 604 號，《通令選編》（第一卷），第 337 頁。

〔註 124〕1896 年 11 月 17 日海關總稅務司署通令第 750 號，《通令選編》（第一卷），第 373 頁。

　　但各省對 750 號通令中各關分攤的海關經費方案並不滿意，總理衙門於 1897（光緒二十三）年 3 月 31 日做了調整，最終結果如下表。

表 5.6：1897 年 3 月最終確定之各海關經費撥款一覽表（單位：關平銀）

| 關　名 | 諭旨批准年撥款 | | 關　名 | 諭旨批准年撥款 | |
|---|---|---|---|---|---|
| | 由關稅收入撥付 | 由洋藥釐金撥付 | | 由關稅收入撥付 | 由洋藥釐金撥付 |
| 山海關 | 72000 | | 江海關 | 384000 | |
| 津海關 | 60000 | 12000 | 浙海關 | 96000 | 12000 |
| 東海關【1】 | 60000 | | 閩海關 | 156000 | 48000 |
| 重慶關 | 36000 | | 廈門關 | 72000 | 48000 |
| 宜昌關 | 30000 | | 潮海關 | 72000 | 48000 |
| 江漢關 | 180000 | 12000 | 粵海關 | 216000 | 120000 |
| 九江關 | 96000 | 12000 | 瓊海關 | 6000 | |
| 蕪湖關 | 60000 | 6000 | 北海關 | 6000 | |
| 鎮江關 | 48000 | | 總　數 | 1650000 | 318000 |

資料來源：根據《舊中國海關總稅務司署通令選編：1861～1910 年》，第一卷，北京：中國海關出版社，2003 年，第 338～339、373、383～384 頁內容計算而成。【1】《通令選編》（第一卷），第 338 頁，東海關每月由洋藥釐金撥付項下列 1000 兩有誤，應刪去。

　　由於十九世紀九十年代，國際金價屢漲，白銀市場相對貶值，而海關洋員的薪俸都是以白銀給發的，因此總稅務司遂向總理衙門請求增加薪俸，經總理衙門與戶部轉奏聖覽，答應以銀兩加倍付給。〔註125〕結果內班洋員之薪俸加倍付給，外班洋員之薪俸加三分之二，從 1898（光緒二十四）年 7 月 1 日開始執行，計每年增加 1200000 兩。增撥之款先決定由江海一關撥給，但江海關道電稱，江海一關難以支持，要求和各關勻攤這筆費用。經戶部與有關衙門共同商酌，將稅務司加增經費銀 120 萬兩分派十三個海關，具體分攤額為：

〔註125〕1898 年 6 月 18 日海關總稅務司署通令第 833 號，《通令選編》（第一卷），中國海關出版社，2003 年，第 401～404 頁。

表 5.7：各口應付之增補經費數額　　　　　　　　　（單位：兩）

| 關　名 | 年　繳 | 月　繳 | 關　名 | 年　繳 | 月　繳 |
|---|---|---|---|---|---|
| 江海關 | 700000 | 58333 | 九江關 | 30000 | 2500 |
| 粵海關 | 80000 | 6666 | 蕪湖關 | 20000 | 1666 |
| 閩海關 | 80000 | 6666 | 宜昌關 | 20000 | 1666 |
| 江漢關 | 80000 | 6666 | 重慶關 | 20000 | 1666 |
| 津海關 | 70000 | 5833 | 東海關 | 20000 | 1666 |
| 浙海關 | 30000 | 2500 | 山海關 | 20000 | 1666 |
| 鎮江關 | 30000 | 2500 | 總數 | 1200000 | 100000 |

資料來源：《舊中國海關總稅務司署通令選編：1861～1910 年》，第一卷，中國海關出版社，2003 年，第 436 頁。已去尾數。

　　至此，總稅務司年掌握三百餘萬兩海關經費。赫德先將這些海關經費存於與自己私交甚厚的英國麗如銀行，麗如銀行根據其資金來源和用途的不同，爲海關開有 C、D、G、Z 等多種賬戶。光緒十年五月當赫德風聞麗如銀行即將倒閉的消息後，立即通知遠在倫敦的金登幹，要求「對一切需要索賠的提出索賠，追回我們的公家存款，這筆款的數額大約爲在上海六萬兩，在香港十七萬銀元，在倫敦一萬磅」。〔註 126〕其後，中國海關的經費開支轉歸英國滙豐銀行辦理。總稅務司手中握有如此鉅額可以自由支配的流動資金，通過經費控制，提高了其對各海關稅務司的掌控能力，加強了其在海關中的獨裁地位。

　　稅務司經費由同治元年的 72 萬兩增至光緒二十四年的 300 餘萬兩以上，增加了四倍多，增速可謂快矣。其主要原因除國際市場銀價跌落的原因外，還與海關不斷增多、規模不斷擴大、人員不斷增加、海關業務不斷擴張有關。至於稅務司經費的增長是否有助於徵稅效率的提高，可以通過下表 5.8 來觀察。

表 5.8：稅務司經費與稅收比較表

| 年　代 | 稅收總額 | 稅務司經費總額 | 經費占稅收比例% |
|---|---|---|---|
| 1862 | 7559870 | 720000 | 9.52 |
| 1866 | 8906692 | 748200 | 8.40 |
| 1876 | 12572216 | 1098200 | 8.74 |
| 1888 | 23094267 | 1738200 | 7.53 |

〔註 126〕陳霞飛主編：《中國海關密檔》（第三冊），中華書局，1990 年，第 536 頁。

| 1893 | 22066185 | 1858200 | 8.42 |
| 1896 | 22040654 | 1968000 | 8.93 |
| 1898 | 21828055 | 3168000 | 14.51 |

資料來源：根據湯象龍《中國近代海關稅收和分配統計》（中華書局，1992年，63～75頁）、《舊中國海關總稅務司署通令選編：1861～1910年》編輯而成。

可以看出，稅務司經費的提高與海關稅收並沒有明顯的正相關關係，相反，經費占稅收比例卻遞年提高，這意味著徵稅成本的增加和徵管效能的降低。這一點，汪敬虞早已論及。〔註127〕

## 2. 七成船鈔

除稅務司薪俸主要來自各關攤派款外，稅務司系統的辦公經費主要來自七成船鈔和四成罰沒兩款。

清季海關對船隻的徵課，在常關稱爲船料，在洋關稱爲船鈔。稅務司制度確立之初，稅務司並無保管船鈔的職責，所收船鈔必須與正稅一起，在海關監督所設銀號繳納，由監督收領。《通商章程善後條約》第十款把海關辦理海務、以船鈔提供助航設備經費兩事，以條約形式強制規定下來，但並未明確規定總稅務司有直接經管船鈔款項的權力。

同治元年七月開始，船鈔的三成作爲京師同文館經費，另外七成留作海關辦公之用，事實上七成船鈔仍掌握在海關監督手裏。同文館三成船鈔之銀，本來是由各海關監督按解送關稅的辦法，直接派員押送到總理衙門交割，但由於其他方面的考慮（可能是彙解經費問題），從同治二年八月開始，這項解款業務被撥交給各關稅務司，並由他們「以最爲省儉辦法」彙交總稅務司。〔註128〕但這一政策僅實行半年即告結束，同治元年十二月以後，三成船鈔仍由監督自行委員按結批解，不必再交總稅務司彙繳，如銀數不多，可以附便搭解〔註129〕。是稅務司與船鈔仍無關涉。

同治三年十二月，經總理衙門覈准，海關稅務司可以於各季末向本口岸海關監督申請撥發本季度所收之一成船鈔。撥到後，如未接到其他處理辦法

---

〔註127〕汪敬虞：《赫德與近代中西關係》，人民出版社，1987年，第302頁。

〔註128〕1863年8月22日海關總稅務司署通令第21號，《通令選編》（第一卷），中國海關出版社，2003年，第26頁。

〔註129〕蔣廷黻編：《籌辦夷務始末補遺》（同治朝）（第二冊），北京大學出版社，1988年，第345頁。

之指令，應以最省儉辦法彙交香港或上海之麗如銀行（The Oriental Bank Corporation），存入總稅務司 C 賬戶之貸方，由總稅務司本人酌奪，用於改善港口之用。〔註 130〕船鈔收入的十分之一交由總稅務司充作關務改良之用，這一項舉動實在是海關海務處的張本〔註 131〕，稅務司開始直接經管、支配一成船鈔。但其餘六成存儲各關，仍為監督所控制。按照條約，六成船鈔應為各口分設浮椿、號船、塔表、望樓等項的專用經費，但監督往往挪作別用，如閩海關京餉難以湊足，便在船鈔項下動撥；〔註 132〕有的海關將員役薪水也在船鈔項下報銷，有的海關因另有經費可支，乾脆將船鈔併入正稅一併報解戶部，真正用於改良助航設備的少之又少。洋人對此頗有怨言，認為「中國沒有對條約國家守信」；「中國全然不顧外國航船的利益」，擬慫恿各國駐京公使出頭，向總理衙門辯論，要求將此項船鈔悉數交與一個專門委員會收辦。〔註 133〕總稅務司乘機向英國公使遞送了一份船鈔使用方面的備忘錄。英國公使阿禮國認為：把全部船鈔及其使用置於一個委員會的管理之下，就等於將海務工作從英國人擔任的總稅務司手中拿出去。因此要求英國外務部促成把此項工程和海關行政結合在一起。為保得海關對船鈔的保管權，總理衙門也認為：與其交給領事致使中國不能過問，不如逕交總稅務司，中國尚可稽察。因此，奏准除同文館所提三成照舊提用外，其餘七成，從同治五年第三十一結起，交由總稅務司收領，按照條約規定，為建造塔樓等項之費。〔註 134〕由於英國公使的暗中相助和總理衙門的同意，七成船鈔的管理權從監督手裏轉交到總稅務司手中。

七成船鈔既歸總稅務司收領，赫德的目光又集中到下一個目標。光緒三年二月赫德申稱：「近來華商所購洋式船隻日增，若不接濟燈塔等件經費，統歸無著，請將華商船鈔與洋船一律照撥七成」。總理衙門咨行南北洋大臣，轉飭各關監督，遵照辦理，於該年二月十八日起，又按月將輪船招商局等華商船鈔七成

〔註 130〕1865 年 1 月 6 日海關總稅務司署通令第 1 號，《通令選編》（第一卷），中國海關出版社，2003 年，第 35 頁。

〔註 131〕〔美〕萊特著；姚曾廙譯：《中國關稅沿革史》，北京：三聯書店，1958 年，第 200 頁。

〔註 132〕蔣廷黻輯：《籌辦夷務始末補遺》（同治朝）（第二冊），北京大學出版社，1988 年，第 193 頁。

〔註 133〕赫德關於船鈔應用問題備忘錄，陳詩啓：《中國近代海關史》，人民出版社，2002 年，第 137 頁。

〔註 134〕陳詩啓：《中國近代海關史》，人民出版社，2002 年，第 137 頁。

發交各關稅務司代收，收轉總稅務司 C 賬戶，供建設海岸燈塔之用。〔註135〕

### 3. 四成罰沒

所謂罰沒，是指海關在徵稅過程中，對一些走私品的沒收、違禁品的罰扣，偷稅、漏稅的充公所產生的變價收入。如下貨物或貿易行爲海關可處以罰沒：未完稅商品；無准單起貨、移泊；有准單，但所起之貨與報單不符；私載官鹽、火藥、食米等違禁物品；有准單起貨候驗無放行單自將貨船開去碼頭；假報單；瞞報、少報，與報單不符，或以多報少、以重報輕；無關護照與領事牌照；總單沒有之貨；進口未領開艙單，於半途私自開艙下貨，等。〔註136〕

對於這種罰沒收入，同治三年之前，歸監督及稅務司留存本關，以供辦公之用，但監督與稅務司之間如何分配，則未有明確的規定。同治三年，總理衙門據總稅務司赫德的要求，此種罰款應分別提解，從 15 結起，除應支付線人的酬金與租船等緝私的必要開支外，餘下這樣分配：三成上交海關監督轉解戶部；三成上交海關監督；四成稅務司留存，藉以辦公。同治四年奏明：「此項罰款，原無一定，且多出自商人，本非正項可比，多寡有無亦難預計，擬留備各項雜用及一切不時之需，仍按年將收支銀數入奏，免其造冊報部。」〔註137〕即罰沒款如何開支，中央不必與聞，由海關自主支銷。

關於四成罰款的管理，總稅務司是這樣規定的：稅務司手頭的四成罰沒款項不論出於何種目的，非經總稅務司書面批准不得動用。每季末之餘額，除非另有指令，應滙至上海或香港麗如銀行本總稅務司罰沒專項賬之 B 賬戶。〔註138〕各海關稅務司於每季結束時，還須向總稅務司遞呈罰沒季報。每期季報末尾應含六項內容，即：罰款及沒收貨物總金額；緝私費用；扣除開支後可分配金額；三成上交海關監督轉呈北京；三成上交海關監督；四成稅務司留存。〔註139〕其中第 4 和第 5 項內提及之三成上交款和第 6 項內之四成留存款，皆係按扣除支付線人及租船等必要開支後計算。

---

〔註135〕1877 年 5 月 4 日海關總稅務司署通令第 25 號，《通令選編》（第一卷），中國
　　　　海關出版社，2003 年，第 217 頁。

〔註136〕北京大學圖書館藏：《總理各國事務衙門清檔·各關罰款》，抄本，無頁碼。

〔註137〕光緒十三年二月二十一日總理衙門片，朱批 72，第 38 頁

〔註138〕1865 年 1 月 6 日海關總稅務司署通令第 3 號，《通令選編》（第一卷），中國
　　　　海關出版社，第 37 頁。

〔註139〕1864 年 3 月 17 日海關總稅務司署通令第 5 號，《通令選編》（第一卷），中國
　　　　海關出版社，第 27 頁。

## 第四節　稅款保管權的易手

稅務司魏爾特曾這樣回顧：辛亥鼎革以前，總稅務司並無直接管理關稅之職責。海關及五十里內常關，應收稅鈔，所有徵收存放滙解等事，俱由海關道或海關監督主之，總稅務司僅委派各關稅務司，將應收稅鈔數目，依照稅則，切實估計，令商人赴官銀號如數完納；一面將估計之稅額，據實列賬呈報政府，一面將商人繳到之官銀號所具收條，轉交本關監督。各關監督對政府負責報關及支配稅務司所具報經徵之稅款，凡事悉依政府命令辦理。〔註 140〕根據魏爾特的陳述，似乎稅務司與海關稅款絕無關聯，對稅款的支配更是毫無置喙餘地。情況是否這樣呢？根據第三節對海關經費的探討，我們已經知道，稅務司能夠自由支配包括洋員薪酬、辦公經費、船鈔、罰沒等款在內的鉅額款項，只是這些款項被納入海關經費的名目之下。稅務司插手海關稅款的保管，有一個漸進過程，保管稅務司經費，應該說這是稅務司管理海關稅款的序曲；稅務司借鴉片稅釐並徵之機，開始獲得九龍、拱北兩關稅款的暫時保管權，這是稅務司插手海關稅款管理的第二階段；到宣統三年清廷覆滅之際，海關稅款最終爲稅務司所攘奪，這是稅務司插手海關稅款的第三階段。

光緒十三年，總稅務司開始在港澳兩地實行鴉片稅釐並徵，先在九龍等地「設立新關，以便發買洋藥稅單」，商人一次性完清稅釐後，得有收稅單據，即可前往內陸各處，概不徵稅。〔註 141〕所有稅釐都在當地洋藥官棧的銀號裏完納，由稅務司派員徵收。因稅司住香港英界，附近沒有關庫，稅銀只能就近繳交設在香港的滙豐銀行，然後按期（一般爲一年）分撥於督撫和海關監督〔註142〕，總稅務司在該銀行有一個叫做 M 的賬號。這樣稅司就有了直接經管稅款的機會。稅務司被授權可按海關辦公需要而提取款項。同樣，拱北海關亦將徵收的鴉片稅釐、百貨常關稅、釐金和經費，存入澳門的寶行成記銀號裏。銀號簽發收據後，由交款人將收據送回海關總務課高級幫辦保存〔註143〕。此銀號乃由香港上海滙豐銀行授權代表該行收取稅款的銀號。海關每月

---

〔註140〕〔美〕魏爾特著、陶樂均譯：《民國以來關稅紀實》，商務印書館，1927 年，第 1 頁。

〔註141〕中國近代經濟史資料叢刊編輯委員會主編：《中國海關與中葡里斯本草約》，中華書局，1983 年，第 8 頁。

〔註142〕王彥威、王希隱：《清季外交史料》卷 70，文海出版社印行，近代中國史料叢刊三編（13），第 1320 頁。

〔註143〕拱北海關編：《拱北海關志》，1997 年，第 121 頁。

和寶行銀號結賬一次，即將銀行的數字和拱北關的記錄作一次比較，所收到的全部稅款分別記入總稅務司的四個賬號內（它們是 OM、GM、LM、和 FM），並記入一本由寶行銀號保存的轉讓賬簿中。該行賬號是根據稅務司的授權，並以稅務司個人的風險設立的。這筆存款沒有拱北關稅務司的授權，不得提取或者動用。寶行銀號在下月的前兩日，將上月的款項滙往香港滙豐銀行，分別滙入總稅務司的各類賬目。〔註 144〕寶行銀號按協議規定，可以收取 3‰的手續費和 1.25‰的滙費。〔註 145〕1890（光緒十六）年 1 月，九龍和拱北海關存在滙豐銀行的當月款項，大約有四十萬兩銀子的結存〔註 146〕，構成該行一筆可觀的流動資金。而按先例，這些款項應當月保管於粵海關監督屬下的關庫。至此可見，九、拱兩關的稅款保管權已部分的轉移到外籍稅務司之手，滙豐銀行開始承擔海關關庫的某些職能。

　　宣統三年辛亥革命爆發，南方各省紛紛改旗易幟，而北方各省仍爲清廷所控制，南北對峙的政治局面形成。是繼續服務於滿清王朝，還是傚力於新生的革命政權，海關面臨何去何從的抉擇。總稅務司安格聯面對撲朔迷離的政治迷局，相時度勢，宣佈海關「中立」。後來，魏爾特對海關採取「中立」立場的背景做了陳述：大革命之代價本巨，況各省革命領袖中，尤以投機政客居多數，彼等一旦得志，欲其不乘機謀攫本省關稅，以逐其政治上之野心，或達其他項目的，殆爲不可能之事。果也，黨人中竟有要求稅務司將稅款交出，並強其服從地方命令，勿再向北京請示者，而有時甚至以武力爲恫嚇之具。其時清廷所派之各關監督，明哲保身，早已聞風遠颺，而各關稅務司遂不得不獨當折衝之任矣。〔註 147〕顯然，魏爾特所云，只是一面之詞，海關「中立」，既不明確脫離北京政府的管轄，又不開罪於新生政權，首鼠兩端，超然於政治紛爭之上，而置中國前途、利益於不顧，他所眞正維護的是債權國利益。

　　海關「中立」的重要舉措是接管海關稅款，按照總稅務司安格聯的話說，「海關產生了新的義務和加倍的責任。在各口方面，這種職責就是要收受和計算稅款的現金。在總稅務司署方面，則是總稅務司必須負責審覈各口稅收

---

〔註 144〕拱北海關志編輯委員會編：《拱北關史料集》，第 410 頁。

〔註 145〕拱北海關志編輯委員會編：《拱北關史料集》，第 394 頁。

〔註 146〕陳霞飛主編：《中國海關密檔》（第五冊），中華書局，1990 年，第 166～167頁。

〔註 147〕〔美〕魏爾特著、陶樂均譯：《民國以來關稅紀實》，商務印書館，1927 年，第 5 頁。

並將賬目轉報中國政府，與此相關聯的是經理債款和賠款事宜，以供備中國
一切以海關稅收爲擔保的對外債務的支付，以及一切以常關稅收和未抵押的
海關稅收餘款爲擔保的庚子賠款的支付」。因爲，中國債賠兩款的償付，都被
分解到各個省份由各省承擔，雖然在此之前，沒有一個債權人有抱怨應付款
項不准期支付的情形，各外國收款銀行從未就「政府對於擔保稅款的支配提
出過任何問題」，但是，「當各省開始脫離中央政府的時候，事情就立刻擺明：
一向憑以償付外債的制度勢必陷於瓦解，因此爲求保存抵押作爲外債和賠款
擔保品之用的稅款的每一分錢而把這筆稅款從省當局的管理下轉移出來，已
經是刻不容緩的事了」。因此「每一個海關稅務司便都直覺地以總稅務司的名
義接管了海關銀號和稅款」。〔註148〕1911（宣統三）年11月19日海關總稅務
司署機要通令第1號要求身處已不再效忠北京之各口岸稅務司於11月30日電
告11月之稅款總收入，並分別列出洋關、常關及船鈔收入之數字。〔註149〕
對於已經獨立的通商口岸的海關，總稅務司爲統轄關稅收入，以滿足債務清
償之需，作出如下處理：設有外國銀行之口岸各稅務司，以總稅務司名義在
外國銀行內開設三個賬戶，即：海關總稅務司洋關稅款賬戶、海關總稅務司
常關稅款賬戶、海關總稅務司船鈔賬戶。將所徵稅款存入如上賬號，並按季
申報稅款收入。在未設有外國銀行並由當地政府主管一切之口岸，稅務司應
遵照指令取得關稅收入，將其滙入總稅務司在上海或廣州滙豐銀行所開設之
賬戶。具體規定如下：湖南口岸長沙與岳州，及漢口以上之長江口岸，重慶、
宜昌與沙市將款滙至漢口；下游口岸九江、蕪湖、南京、鎮江、蘇州、杭州、
寧波與溫州，將款滙至上海；三都澳口岸滙至福州；其餘所有南方口岸除另
作其他安排並經批准外，均滙至廣州。1月20日，確定各口岸稅務司在滙豐
銀行開立稅款與船鈔賬戶。〔註150〕總稅務司在未經清中央政府同意的前提
下，先斬後奏，自行竊奪南方各口岸的海關稅款，進而以此要挾清政府，要
求將此制度推廣到仍處清政府控制的北方口岸各海關。

　　應該說，海關接管南方各關稅款，與英國駐華公使朱爾典的支持和慫恿

---

〔註148〕〔美〕馬士著、張彙文等譯：《中華帝國對外關係史》，上海書店出版社，2000
　　　　年，第427～429頁。
〔註149〕1911年11月19日海關總稅務司署機要通令第1號，《通令選編》（第二卷），
　　　　中國海關出版社，第18頁。
〔註150〕1911年11月20日海關總稅務司署通令第1858號，《通令選編》（第二卷），
　　　　中國海關出版社，第17頁。

是分不開的。隨著中國革命運動的發展，朱爾典密切關注到「如何處理各關所收的稅款，以便保持稅款完整，償付關稅擔保的外債」，他擔心，「一旦某通商口岸脫離清政府而落到革命黨的手裏，所收稅款就聽任革命黨支配，稅款就有被革命政府移作軍用或應付其他迫切需要的嚴重危險」，因此，當湖南革命政權成立後，朱爾典即「電令長沙領事同稅務司合作，幫助稅務司設法商定將稅款以總稅務司或領事團名義暫時保管」。與此同時，漢口稅務司在「停泊江面的大批外國軍艦的支持」下，也同當地的革命黨人進行了交涉，「終於商定將所徵稅款以總稅務司名義存入滙豐銀行，以後落入革命黨手中的口岸，也都照這樣辦了」。〔註151〕

海關「中立」立場得到新舊政權的認可。1911（宣統三）年12月2日，總稅務司爲此上條陳四條於清廷。內容爲：

　　　　一、凡口岸收入稅銀事宜，未經總稅務司接管者，如哈爾濱、琿春、山海、安東、大東溝等關，應轉行各該監督，即將所有稅銀，交由該關稅務司，轉寄上海滙豐銀行，存於總稅務司徵稅項下，備付洋款。以後各該關續收稅銀，即照經亂各關，一體由稅務司管理。所有大連、膠海兩關徵收稅項，除膠海關進口稅應津貼德國租界之款外，一律由總稅務司解滬，備付洋款。

　　　　一、所有九龍、拱北兩關徵收之稅釐，向來均繫解交兩廣督憲查收。自西曆本年（1911）十月起，亦應一併歸總稅務司解滬，備付洋款。

　　　　一、應請各國駐京大臣選派外國銀行委員會，商定何項洋款應行儘先付還，暨預備各項付款定制，並接受總稅務司按照定制隨時所應交之關稅。

　　　　一、應請由所選派之外國銀行委員會，將中國各項借款，安排暫緩歸本；俟所收稅款積有成數，再行歸還。在此暫時間內，按期照數只付利銀。〔註152〕

岌岌可危的清政府接閱條陳後，爲取得西方列強的支持，也出於不讓革命黨

---

〔註151〕中國近代經濟史資料叢刊編輯委員會主編：《中國海關與辛亥革命》，中華書局，1964年，第340頁。

〔註152〕〔美〕魏爾特著、陶樂均譯：《民國以來關稅紀實》，商務印書館，1927年，7 頁；中國近代經濟史資料叢刊編輯委員會主編：《中國海關與辛亥革命》，北京：中華書局，1964年，第345～346頁。

人獲得關稅稅款的考慮，立即將第一條覈准，同時由外務部以全國關稅業已統交總稅務司接管、以備撥付洋債及賠款等語，通告公使國。1911（宣統三）年 12 月 6 日稅務處箚行總稅務司：

> 前准領銜英朱使請將全國稅項由總稅務司統轄，以待撥付洋債、賠款等因，當經本部片行度支部核覆，……繫屬暫時權宜之計，應行照辦，……相應箚行總稅務司遵照辦理可也。〔註 153〕

據此，12 月 11 日，總稅務司指令各關稅務司，在可供利用之外國銀行中以總稅務司名義開設所需之賬戶，將每筆款項均滙入總稅務司稅款收入賬戶中，若無合理理由，任何匯款不得遲於每季之最後一天解入銀行。〔註 154〕

各債權國對總稅務司的四項條陳反映積極。各國公使團對稅款由總稅務司接管一事立予贊成，但對原案中存款交於滙豐一節意見有所保留，有的公使認爲稅款應交由原有之庚子賠款各關係國銀行委員會儲存。但總稅務司認爲關稅擔保有一定的優先次序，與光緒二十六年以前的外債有關的，只有英、德、法、俄四國，關稅應首先抵押給這四個國家，其次才輪到光緒二十七年在條約上簽字各國，因此，由庚子賠款銀行委員會全權處理海關稅款是不恰當的。朱爾典也建議另指定一個特別委員會，確保償付光緒二十六年以前的外債，如果有餘款，再交給庚子賠款銀行委員會。〔註 155〕公使團將總稅務司意見發交上海各有關銀行覈議。11 月 23 日上海各外國銀行經理開會，通過如下六條決議：

> 1. 此項委員會須由關於庚子以前以關稅作抵尚未付清之各洋債銀行，與關於和約賠款之各國銀行之總董組織成立。該委員會應決定各洋債內何款應行儘先付還，並編列一先後次序，以使滬關稅司遵照辦理。
>
> 2. 關係尤重之各銀行，即滙豐、德華、道勝三家，應作爲上海存管海關稅項之處。
>
> 3. 應請總稅務司承認，先將海關所有淨存稅項，開單交與所派之委員會，屆中國政府復能償還洋賠款之時爲止。

---

〔註 153〕1911 年 12 月 11 日海關總稅務司署通令第 1865 號，《通令選編》（第二卷），中國海關出版社，第 22 頁。

〔註 154〕1911 年 12 月 11 日海關總稅務司署通令第 1865 號，《通令選編》（第二卷），第 22 頁。

〔註 155〕中國近代經濟史資料叢刊編輯委員會主編：《中國海關與辛亥革命》，北京：中華書局，1964 年，第 342 頁。

　　4. 應請總稅務司籌備由各收稅處所，將淨存稅項，每星期滙交上海一次之辦法。

　　5. 應請總稅務司將上海所積淨存稅項，竭力籌維，於每星期均分收存滙豐、德華、道勝三行，以作歸還該項洋債及賠款之用。上海稅務司應由此項存款內按照第一條委員會決定之先後，准其屆期提撥付還。

　　6. 倘至民國元年年底，情形尚未平復，屆時必須清算下餘若干，可作付還賠款之用。此項清單須交外交團酌覈如何分撥。

1912（民國元）年 1 月 3 日，各國政府批准公文到齊，公使團再次開會，會議的記錄抄本被送往中國外務部，外務部只是在前次會議六項決議之外，續加了無足輕重的兩條，湊爲八條。後加兩條內容爲：

　　7. 該委員會每三個月將關稅如何撥付之處，由駐滬各國領事報告各國大臣。

　　8. 此項辦法，如有應行更改之時，得以斟酌損益。〔註 156〕

八條決議一經中國外務部同意，公使團即向上海發出指示，組成一個新的銀行委員會，實施新擬的辦法。至此，中國海關歲入，除各關本身經費及其他經稅務司特准撥用之款項外，全部歸入滙豐、道勝、德華三銀行保管。關稅分配的程序是：全部收入，先由稅務司直接解往滙豐銀行，記入總稅務司賬戶儲存，再分爲三份，每月按九、十六、二十三、晦日四期結交，滙豐、道勝各三分之一，爲四種債款之用，即光緒二十一年俄法洋款，光緒二十二年英德洋款、光緒二十四年續借英德洋款及常關稅收不足時由洋關彌補庚子賠款之差額；另外三分之一交德華銀行，負責經理德、奧兩國所得賠款的償付。〔註 157〕民國六年德華銀行因中國對德宣戰停業，該行承管的一份稅款，爲滙豐所兼併；又同年俄國革命發生，九年中俄絕交，道勝銀行也失去代表俄國國家的資格，蘇聯政府成立後，宣佈放棄沙俄時期的在華一切權益，道勝銀行承管的一份稅款也相應中止，營業遠不如前，滙豐銀行遂成一行獨大之勢。〔註 158〕

　　民元以後，國民政府曾試圖收回關稅保管權，民國二年，財政部通令各

〔註 156〕〔美〕魏爾特著、陶樂均譯：《民國以來關稅紀實》，商務印書館，1927 年，第 8～9 頁。

〔註 157〕李權時：《中國關稅問題》（下），商務印書館，1936 年，第 433 頁。

〔註 158〕陳向元：《中國關稅史》，京華印書局，1927 年，第 167 頁。

海關監督，關稅收入委託各港口之中國銀行分行收存，若在中國銀行尚未設有分行之處所，則交由中國銀行在當地特設之「派出機構」收存。這一計劃遭到總稅務司的百般阻擾，安格聯曾密令各關稅務司進行抵制，佯稱一向贊同將中央政府資金集中於中央政府銀行之手，但認爲目前即直接對海關監督頒發通令尚爲時過早，因其未曾考慮各口岸現係由稅務司而非海關監督控制與負責關稅收入，因此不擬將收入稅款交存所謂之「派出機構」。並密令各口稅務司不能對現行安排擅做任何改變。〔註 159〕

　　稅務司褫奪海關稅款保管權後，「完成了對中國關稅從征收權到保管權的全面控制」，相應的，晚清海關作爲一個以海關監督爲核心的統一財政實體就此瓦解。海關監督的地位更顯尷尬，監督由稅務司的上司或同僚變爲稅務司排擠的對象。1912 年 1 月 11 日海關總稅務司署機要通令第 3 號稱：爲對其（指海關稅款）安全保管及正確使用，以向中國債權人負責，監督所需經費應詳細說明使用用途及其提出之先例或有當局之支持，才可提取。〔註 160〕這樣海關監督經費反過來受到總稅務司的限制。同年 11 月 13 日稅務處箚行總稅務司：五十里外之常關，歸監督專管，所收稅款由監督徑解中央；五十里內之常關，應照案歸稅務司兼管，所收稅項暫與新關一律備撥洋債賠款，其一切用人辦事仍照舊會同監督辦理。新常兩關徵收稅項按日分報監督查覈。〔註 161〕儘管如此，監督已失去關稅保管權，所謂監督、查覈也就徒有虛名了。

　　關稅存入外國銀行，連不在債賠擔保範圍在內的稅款甚至關餘也被囊括進去。中國金融市場遂爲外人所控制，對中國財政金融造成極其不利影響，經受此種影響的民國時人尤感痛切。賈士毅認爲，關稅存入外國銀行，外國銀行資金益富，利益益增，而反顧我國，則公私咸受其害；〔註 162〕馬寅初認爲，以我國人民所納之稅款，交英國私立銀行之庫藏，於保障外債固屬有益，於市場金融則受累已多。彼得坐擁鉅資，藉以執吾國金融界之牛耳，吾則自甘喧賓奪主，驟失自由運用之權利；〔註 163〕李權時更是注意到，巨大關款存

〔註 159〕1913 年 5 月 24 日海關總稅務司安格聯署機密第 7 號通令，《通令選編》（第二卷），中國海關出版社，2003 年，第 59 頁。

〔註 160〕1912 年 1 月 11 日海關總稅務司署機要通令第 3 號，《通令選編》（第二卷），第 26 頁。

〔註 161〕1912 年 10 月 11 日海關總稅務司署通令第 1942 號，《通令選編》（第二卷），第 38 頁。

〔註 162〕賈士毅：《關稅與國權》，商務印書館，1929 年，第 499 頁。

〔註 163〕馬寅初：《中國關稅問題》，商務印書館，民國二十二年，第 28 頁。

儲外國銀行，金融緊迫時不能收調劑之效，而且還助長外國銀行之勢力，間接壓迫本國銀行之發達。〔註164〕

　　應該說以上所歸納的，僅局限於財政、金融方面的影響，就關稅保管權的喪失對中國對外貿易及工商業的發展影響一層，仍未論及。

---

〔註164〕李權時：《中國關稅問題》，商務印書館，1937年，第436頁。

# 第六章　國省之間：晚清海關的財政角色

## 第一節　晚清海關與中央財政

### 一、清季稅賦結構的變化與經費擴張

#### 1. 稅賦結構的變化

清代前期，中央財政收入主要依靠田賦、鹽課、關稅和雜賦四大稅源，其中田賦收入爲絕對大宗，往往占歲入的百分之七十以上。自咸豐以後，清代稅賦結構發生了顯著變化，以籌集軍費來鎮壓太平軍爲初衷的釐金制在全國逐漸推廣，中國沿海各洋關經外籍稅務司的整飭，也迸發出活力，關稅、釐金收入漸增，到光緒十三年關釐兩項收入已達三千五百餘萬兩，超過田賦收入，這不僅使清政府的稅收總量迅速增長，稅收主體也由傳統的農業稅轉向以徵商爲主的工商稅。

由於清代沒有健全的財政統計制度，歷年財政收支的具體數目付之闕如，這爲後人研究這段時期的財政狀況設置了諸多障礙，研究者只能根據散見於文獻中的零散數據，作一些以點及面的蠡測。關於清代前期財政收入的規模，何本方曾作過研究，結果如下表 6.1 所列：

表 6.1：清代前期稅收結構表

| 年　代 | 地　丁 | | 鹽　課 | | 關　稅 | | 雜　賦 | | 總　額 |
|---|---|---|---|---|---|---|---|---|---|
| | 數額 | % | 數額 | % | 數額 | % | 數額 | % | |
| 順治九年 | 2126 | 87 | 212 | 9 | 100 | 4 | | | 2438 |
| 康熙二十四年 | 2727 | 87 | 276 | 9 | 120 | 4 | | | 3132 |
| 雍正三年 | 3007 | 84 | 443 | 12 | 135 | 4 | | | 3585 |
| 乾隆十八年 | 2938 | 72 | 701 | 17 | 430 | 11 | | | 4069 |
| 乾隆三十一年 | 2991 | 62 | 574 | 12 | 540 | 11 | 749 | 15 | 4854 |
| 嘉慶十七年 | 2953 | 74 | 579 | 14 | 481 | 12 | | | 4013 |
| 道光十九年 | 2943 | 71 | 747 | 18 | 435 | 11 | | | 4125 |

資料來源：何本方：《清代戶部諸關初探》，《南開大學學報》，1984 年第 3 期。單位：萬兩。

　　但該表的精確性還有待考證。如地丁一項，與梁方仲的統計出入較大。地丁又稱田賦，是地稅和丁銀的合稱，清前期田賦一部分徵銀或錢，一部分徵實物糧，而漕糧從性質上說也是田賦的一部分。因此，地丁一項，應是地丁銀、糧和漕糧的合計。康熙二十四年地丁收入，梁書為銀 2445 餘萬兩，糧 433 餘萬石，而何表僅為銀 2727 餘萬兩；乾隆十八年，梁書數為銀 2961 餘萬兩，糧 840 萬石，而何表僅為 2938 餘萬兩，顯然，何表未計入實物稅在內。鹽課一項，何表也與彭澤益的統計結果不一。除乾隆十八年的數據基本吻合外，其他年份如康熙二十四年，彭的統計為 388 餘萬兩，嘉慶十七年為 747 餘萬兩，而何表則分別為 276、579 餘萬兩，差距較大。雜賦一項，據彭澤益的統計，康熙二十四年為 67.3 萬兩、乾隆十八年為 104.9 萬兩，嘉慶十七年為 111.7 萬兩，而何表以上三年的數字均空出，未予統計，不知何因。另外，何表對漕糧、耗羨、捐輸等項財政收入均未計入，由此得出的結論可能就有一定的偏誤。[註1] 本書選取官方統計較為完整的乾隆三十一年的數據，進行分析，將實物稅也折合進來，藉以與何表進行對照。其稅收結構如下表：

〔註 1〕　梁、彭二先生的數據分別見梁方仲：《中國歷代戶口、田地、田賦統計》，上海人民出版社，1980 年，第 391～394 頁，彭澤益：《清代財政管理體制與財政收支》，《中國社會科學院研究生院學報》，1990 年第 2 期。

表6.2：乾隆三十一年財政收入結構表

| 項目 | 合計 | 地丁 | 鹽課 | 關稅 | 雜賦 | 耗羨 | 捐輸 |
|------|------|------|------|------|------|------|------|
| 數額 | 55526861 | 36857761 | 5745000 | 5415000 | 1009100 | 3000000 | 3000000 |
| % | 100 | 66.4 | 10.3 | 9.8 | 2.7 | 5.4 | 5.4 |

　　表中地丁項包括地丁銀 29917761 兩，屯賦銀 784902 銀，以及田賦徵糧 8317700 石。這裡需將實物糧折合成銀。據周志初的研究，乾隆朝米價每石平均爲 1.48 兩，按出米率 50%計算，則糧每石合銀 0.74 兩。〔註2〕按這一比率，將田賦徵糧折合成銀爲 6155098 兩，這樣乾隆三十一年地丁即爲 29917761＋6155098＋784902＝36857761 兩。

　　需要指出的是，耗羨一項，學術界又有爭議，王業健認爲乾隆三十一年的耗羨數目遠非以上統計的 300 萬兩，而實際數應相當於正額稅收的四分之一〔註3〕，即 1300 餘萬兩，比以上統計要多出一千萬兩。這樣，以上統計所顯示的稅收結構又大爲改觀。但不管怎樣，結合以上各位專家研究的成果來看，鴉片戰爭之前，清財政收入中以田賦爲大宗，關稅在其中的份額不大，約占 10%左右。這反映了農業社會財政結構的特徵。

　　五口通商以後，開放口岸增多，國內外貿易關稅增加。考察這段時期的財政狀況，研究者多參考王慶雲《石渠餘紀》一書，該書載有道光二十一、二十二、二十五、二十九年直省歲入總數表，現列示如下表：

表6.3：道光年間歲入結構表

| 年　　代 | 總　　額 | 地丁雜稅 | | 鹽　　課 | | 關　　稅 | |
|------|------|------|------|------|------|------|------|
| | | 數額 | % | 數額 | % | 數額 | % |
| 道光二十一年 | 38597750 | 29431765 | 76.3 | 4958290 | 12.8 | 4207695 | 10.9 |
| 道光二十二年 | 38688022 | 29575722 | 76.5 | 4981845 | 12.9 | 4130455 | 10.6 |
| 道光二十五年 | 40799409 | 30213800 | 74.1 | 5074164 | 12.4 | 5511445 | 13.5 |
| 道光二十九年 | 42504049 | 32813304 | 77.2 | 4985871 | 11.7 | 4704874 | 11.1 |

資料來源：〔清〕王慶雲：《石渠餘紀》卷3，北京古籍出版社，1985 年，第 39 頁；卷 5，第 38 頁，卷 6，8 頁。《清朝續文獻通考》（卷 66，國用考四，第 8225 頁）轉載道光二十九年關稅數爲 4704814 爲誤。

---

〔註 2〕　周志初：《晚清財政經濟研究》，齊魯書社，2002 年，第 46 頁。
〔註 3〕　周志初：《晚清財政經濟研究》，齊魯書社，2002 年，第 23 頁。

　　由上表可知，五口通商時期，財政收入結構並沒有多大的變化，基本上沿襲通商之前的趨勢發展。關稅在財政收入中的份額略有提升，但增幅很小。

　　從道光三十年到光緒十一年之間的三十多年時間中，目前尚未發現有完整系統的財政收入記錄。光緒十一～光緒二十年，我們可以參考劉岳雲的統計，他將這段時期的財政收入分爲常例、新增和無關歲額三大類，其中常例包括地丁、雜賦、租息、糧折、耗羨、鹽課、常稅七項，新增分爲釐金、洋稅兩項，無關歲額分爲續完、節扣、捐繳三項。〔註4〕劉岳雲的統計結果收錄於《清朝續文獻通考》，現根據文獻通考以及周育民的歸納結果，將其歸爲五項，如下表所示：

表6.4：清代後期稅入結構表

| 年份 | 田賦 | % | 鹽課 | % | 釐金 | % | 關稅 | % | 雜項 | % | 總額 |
|---|---|---|---|---|---|---|---|---|---|---|---|
| 1885 | 32356768 | 42.0 | 7394228 | 10.0 | 14249947 | 18.5 | 15936873 | 20.2 | 7148645 | 9.3 | 77086561 |
| 1886 | 32625133 | 40.2 | 6735315 | 8.3 | 15693386 | 19.4 | 17002518 | 21.0 | 9033447 | 11.1 | 81089899 |
| 1887 | 32792627 | 39.0 | 6997760 | 8.3 | 16747201 | 19.9 | 21977627 | 26.0 | 5702179 | 6.8 | 84217494 |
| 1888 | 33224347 | 37.8 | 7507128 | 8.6 | 15564778 | 17.7 | 20463594 | 23.3 | 11032971 | 12.6 | 87792918 |
| 1889 | 32082832 | 39.7 | 7716272 | 10.0 | 14930465 | 18.5 | 19370144 | 23.5 | 6662236 | 8.3 | 80762049 |
| 1890 | 33736023 | 38.9 | 7427615 | 8.6 | 15324508 | 17.7 | 19351042 | 22.2 | 10968371 | 12.6 | 86807659 |
| 1891 | 33586552 | 37.5 | 7172430 | 8.0 | 16326821 | 18.2 | 20765190 | 23.1 | 11833865 | 13.2 | 89684958 |
| 1892 | 33280339 | 39.5 | 7403340 | 8.8 | 15315643 | 18.2 | 20146308 | 23.8 | 8218808 | 9.7 | 84364538 |
| 1893 | 33267852 | 40.0 | 7679828 | 9.2 | 14277304 | 17.2 | 19645553 | 23.7 | 8239646 | 9.9 | 83110101 |
| 1894 | 32669049 | 40.0 | 6737469 | 8.3 | 14216015 | 17.5 | 13447155 | 17.0 | 13963816 | 17.2 | 81033604 |

資料來源：《清朝續文獻通考》卷66，國用考四，第8227～8228頁；周育民：《晚清財政與社會變遷》，上海人民出版社，2000年，第239頁。

　　但劉岳雲的統計也不精確，如洋稅一項，與稅務司所報差距非常大，「不堪可憑，但觀大略而已」。〔註5〕英人哲美森曾對光緒十九年的中國歲入做了一番估計，其關稅一項，似較劉氏爲確，不煩摘錄如下表：

---

〔註4〕　〔清〕劉錦藻：《清朝續文獻通考》，卷66，國用考四，十通第十本，第8227頁。
〔註5〕　〔清〕劉錦藻：《清朝續文獻通考》卷66，國用考四，第8228頁。

表 6.5：光緒十九年清歲入結構表　　　　　　　　（單位：萬兩）

| 項目 | 地丁 | 漕米折價 | 鹽課鹽釐 | 百貨釐 | 洋關稅 | 常關稅 | 土藥稅釐 | 雜稅 | 合計 |
|------|------|----------|----------|--------|--------|--------|----------|------|------|
| 數額 | 2508.8 | 656.2 | 1365.9 | 1295.2 | 2198.9 | 100 | 222.9 | 555 | 8897.9 |
| % | 28.2 | 7.4 | 15.4 | 14.6 | 24.7 | 1.1 | 2.5 | 6.1 | 100 |

資料來源：〔英〕哲美森編、上海廣學會譯：《中國度支考》，圖書集成局版，光緒二十三年，第 20～25 頁。

　　兩表相較，雖有差別，但大致能反映這樣一個事實：海關稅所佔清季財政份額將近四分之一左右，雖仍不及地丁，但差距已經不大，如果將關稅和釐金、土藥稅釐合併計，則遠遠大於地丁，因此，可以說，晚清財政重心已發生轉型，由過去的依靠地丁等農業稅轉化為依靠工商業稅為主，財政狀況已接近近代形態。

　　甲午以後，賠款甚巨，清廷加大搜括力度，財政收入格局大變。有西人巴卡盡力勾稽，略得大概，情況如下表：

表 6.6：清後期歲入結構表一

| 項目 | 丁漕 | 鹽課鹽釐 | 百貨釐金 | 洋關 | 常關 | 土藥 | 其他 | 合計 |
|------|------|----------|----------|------|------|------|------|------|
| 數額 | 33934000 | 13050000 | 12160000 | 22052000 | 4230000 | 2830000 | 20072000 | 108328000 |
| % | 31.33 | 12.05 | 11.23 | 20.36 | 3.90 | 2.61 | 18.52 | 100 |

資料來源：《清朝續文獻通考》卷 68，國用 6，第 8248 頁。原文合計為 101567000，應誤。其他項包括雜稅、蘆課、租課租息、田房契當稅、捐納、茶釐等。

　　庚子以後，賠款壓力進一步加劇，清廷搜括力度更強，有總稅務司赫德的估計，如下表：

表 6.7：清後期歲入結構表二

| 項目 | 地丁錢糧 | 漕折 | 鹽課鹽釐 | 常關稅 | 釐金 | 洋關稅 | 合計 |
|------|----------|------|----------|--------|------|--------|------|
| 數額 | 2650 | 310 | 1350 | 270 | 1600 | 2380 | 8820 |
| % | 30.0 | 3.5 | 15.3 | 3.1 | 18.1 | 27.0 | 100 |

資料來源：中國近代經濟史資料叢刊編輯委員會主編：《中國海關與義和團運動》，中華書局，1983 年，第 64～65 頁。（單位：萬兩）

以上各表，雖然統計未必精確，但我們可以看出，海關稅收在晚清財政中的地位及其變動趨勢。

### 2. 經費擴張

清代前期，國家財政常例支出大約有二十餘項，其支出規模以康熙中期爲例，如下表所列：

表 6.8：康熙中期清歲出結構表

| 歲出項目 | 銀數（兩） | % |
|---|---|---|
| 京城官員俸銀、雜項銀等 | 2453772 | 8.4 |
| 京城、盛京八旗餉銀 | 5348821 | 18.3 |
| 各省八旗、綠營餉銀 | 13642496 | 46.7 |
| 各省存留俸工、驛站、河工等銀 | 7761875 | 26.6 |
| 合　　計 | 29206964 | 100 |

資料來源：陳鋒：《清代財政支出政策與支出結構的變動》，《江漢論壇》，2000 年第 5 期。

以上數字係陳鋒根據劉獻廷《廣陽雜記》所載數字歸納而得。需要指出的是，劉氏的統計只是各直省的出款情況，而不包括京城的支款。要全面匡算清代前期的財政支出規模，不僅要包括各省出款，而且也要包括京城出款。陳鋒根據《清朝文獻通考》所載乾隆三十年京城的支款爲 21 款，合計 961 萬餘兩，再結合《聖武記》、《清史稿》等書和彭澤益、吳慧等人的研究成果，得出乾隆三十一年歲出銀數明細表如下：

表 6.9：乾隆三十一年歲出結構表

| 歲出項目 | 銀數（兩） | 歲出項目 | 銀數（兩） |
|---|---|---|---|
| 京城兵餉 | 6033045 | 文職養廉銀 | 3473000 |
| 盛京等地官兵俸餉 | 1500000 | 武職養廉銀 | 800000 |
| 京城王公百官俸銀 | 938700 | 八旗添設養育兵銀 | 422000 |
| 外藩王公俸銀 | 128000 | 滿漢兵賞恤銀 | 300000 |
| 內務府、工部、太常侍、光祿寺、理藩院備用銀 | 565000 | 恩賞旗兵錢糧銀 | 380000 |

| 歲出項目 | 銀數（兩） | 歲出項目 | 銀數（兩） |
|---|---|---|---|
| 寶泉、寶源局工料銀 | 107671 | 更造漕船料銀 | 120000 |
| 在京各衙門胥役工食錢糧銀 | 83330 | 河工歲修銀 | 3800000 |
| 內務府、上駟院、奉宸苑等芻牧銀 | 83560 | 各省留支驛站、祭祀、官俸役食等銀 | 6000000 |
| 京城其他雜項支出銀 | 177211 | 織造銀 | 140050 |
| 各省滿漢兵餉銀 | 17037100 | 採辦顏料、木、銅、布等銀 | 121014 |

資料來源：陳鋒：《清代財政支出政策與支出結構的變動》，《江漢論壇》2000 年第 5 期。

　　以上應被視爲較爲完整全面的數字，但京城出款一項仍難周詳，據其他資料來推測，乾隆三十年京城支款爲 961 萬餘兩可能偏小，因爲乾隆七年戶部左侍郎梁詩正的奏摺時已稱：「京中各項支銷，合計須一千二百萬」，乾隆中期京城需款按理也應在 1200 萬兩左右，必有一些歲出未能悉數列出，歲出之款當超過上表所列。〔註6〕

　　鴉片戰爭以後，王慶雲對直省歲出作了一番統計，歷年數目爲下表所示：

表 6.10：道光年間歲出表

| 年　代 | 數　目 | 年　代 | 數　目 | 年　代 | 數　目 |
|---|---|---|---|---|---|
| 道光二十一年 | 3734 | 道光二十五年 | 3881 | 道光二十七年 | 3558 |
| 道光二十二年 | 3714 | 道光二十六年 | 3629 | 道光二十八年 | 3589 |

資料來源：《清朝續文獻通考》卷 67 國用考 5，第 8232 頁。（單位：萬兩）

　　王氏只統計到各直省，而「京師內外支銷各有典司，不相侵越」，因此未能反映整體規模。但就直省歲出論之，已較乾隆年間直省歲出規模有所擴大。

　　光緒年間，財政支出規模已經「迥非乾隆年間可比」，支出結構與支出總數都有較大的變化。劉岳雲《光緒會計考》一書，將其各項支出項目分爲陵寢供應、交進銀兩、祭祀、儀憲、俸食、科場、餉乾、驛站、廩膳、

〔註 6〕梁詩正的奏摺轉引陳鋒：《清代財政支出政策與支出結構的變動》，《江漢論壇》，2000 年第 5 期。

賞恤、修繕、河工、採辦、辦漕、織造、公廉、雜支等十七項常例開支；以勇餉、關局費、洋款等項為新增開支；另外還有補支、預支兩項其他開支。支出規模每年都在七千二百萬左右，光緒十七年甚至達到 89355234 兩〔註7〕。然劉書數字與《清史稿》所載有一定的出入，主要是餉乾一項差異達 700 餘萬兩，還有許多項目劉書沒有具體說明，如清政府籌建海軍的軍費、購置洋槍洋炮的經費、創辦近代企業的經費、宮廷的額外開支等，當年究竟支出多少，是否都已列入財政統計範圍，地方政府的實際收支情況如何都不清楚。

英國駐上海領事館官員哲美森曾據中日甲午戰爭前三年有關財政收支的京外奏報，對當時中國的財政收支狀況作了詳細的考察，這為我們瞭解清末財政狀況提供了參考。以下即是哲美森關於光緒十九年中國財政收支數的估計。

表 6.11：光緒十九年中國歲入出表　　　　　　　（單位：萬兩）

| 歲出項目 | 數　額 | 歲出項目 | 數　額 |
|---|---|---|---|
| 京餉旗兵餉及內務府經費 | 1947.8 | 南洋海軍及閩廣水師經費 | 500 |
| 北洋海軍經費 | 500 | 炮臺槍炮練軍經費 | 800 |
| 東三省、甘肅、新疆邊防經費 | 669.8 | 雲南、貴州、廣西協餉 | 165.5 |
| 洋債本利 | 250 | 築造鐵路存款 | 50 |
| 黃河工程及海塘工程 | 150 | 各關經費 | 247.8 |
| 各直省地方經費及兵餉等【1】 | 3617 | 合　計 | 8897.9 |

資料來源：哲美森編、林樂知譯：《中國度支考》，光緒二十三年上海廣學會鉛印本，第 20、25 頁。【1】各直省地方經費續通考為 3622 萬兩，略有出入。

哲美森的數字較劉岳雲的數字略大，可能是前面包括各項洋務支出的費用，如海軍經費、練軍經費和鐵路經費的緣故。

甲午以後，內外多故，財政大壞，經費劇增，但歲出狀況無由確知，有西人巴卡經過統計，得出京餉、各省行政費、關局經費、各項餉需經費合計

_____

〔註7〕劉錦藻：《清朝續文獻通考》卷 67，國用考 5，第 8233 頁。

101566600 兩。〔註8〕庚子以後，赫德曾對光緒二十六年清財政支出情況作了一個估計，情況如下表：

**表 6.12：光緒二十六年清歲出結構表**　　　　　　　　　　（單位：萬兩）

| 歲出項目 | 數　額 | 歲出項目 | 數　額 | 歲出項目 | 數　額 |
|---|---|---|---|---|---|
| 各省行政費 | 2000 | 海關經費 | 360 | 債款開支 | 2400 |
| 陸軍 | 3000 | 出使經費 | 100 | 京餉、旗餉、宮廷經費 | 1248 |
| 海軍 | 500 | 河道工程 | 94 | | |
| 準備金 | 330 | 鐵路 | 80 | 合　計 | 10112 |

資料來源：中國近代經濟史資料叢刊編輯委員會主編：《中國海關與義和團運動》，中華書局，1983 年，第 65 頁。

　　宣統三年決議試辦歲入歲出總預算案，度支部對全國歲出進行預算，雖為預算，但大致也能反映財政規模：國家行政經費，資政院覆覈之數為 260745079。地方行政經費為 37703362 兩有奇，合計 298448441兩。〔註9〕

　　從以上情況可以看出，有清一代，財政支出規模呈加速度增長態勢，愈到清末，增長速度愈快。按照日本學者松井義夫的統計，宣統三年比順治九年經費擴展了近十九倍。〔註10〕且不論該統計的精確度如何，但一個大概的輪廓我們是可以看得見的。當然，經費擴張，一方面意味著政府的鋪張浪費，揮霍錢財，另一方面也表現出政府事權的擴大。這些事權，有的是政府必須承擔的，有的則是被動加上的。經費擴展對清政府靜態財政體製造成強大衝擊，最終使其不得不突破成規，另尋財政出路。清政府開始試圖彌補這種財政體制的缺陷，通過一些體制內的修補，如捐納、報效等，後來不得不放棄「永不加賦」的祖訓，推廣新的稅種，如釐金、鴉片稅釐、印花稅等，竭盡羅掘之能事。由此，有學者將晚清以降中國這種應對一切意外事變採取的非常財政手段稱為「重疊的非常時財政」。〔註11〕

---

〔註 8〕劉錦藻：《清朝續文獻通考》卷 68，國用 6，第 8248 頁。
〔註 9〕《清朝續文獻通考》卷 68，國用 6，第 8246 頁。
〔註 10〕松井義夫：《清朝經費の研究》，滿鐵經濟調查會，經調資料第 66 編，1935年，第 71 頁。
〔註 11〕崔敬伯：《戰時財政與中國》，國立北平研究院經濟研究會 1936 年印行，第 2頁。

## 二、常、洋兩稅與中央財政

欲要明瞭近代海關與晚清財政的關係，一本重要的文獻資料必須參考，那就是湯象龍所編著《中國近代海關稅收和分配統計》一書。湯先生竭五十五年精力，根據中國第一歷史檔案館（原故宮文獻館）所藏清代軍機處檔案中各海關監督從咸豐十一年至宣統二年五十餘年中六千餘件奏銷冊（四柱清冊），利用統計方法，進行系統整理，製成表格，撰成此書。該書除緒論外，共有118個統計表組成，其中全國統計歷年稅收和分配綜合統計表46個，全國各海關歷年稅收和分配分別統計表 72 個。正如羅爾綱在其序中稱：「著者在發掘和利用清代檔案進行研究工作規模之大，在我國史學界是僅有的，也是最早的。至於著者運用統計方法整理大量財政經濟檔案更是我國史學界的第一人」。〔註12〕

根據湯先生的統計資料，我們進行一些必要的彙總歸納，可對晚清海關（洋稅）稅款收支情況做一些統計分析。

### 1. 晚清海關的稅收構成情況

**表 6.13：清後期海關洋稅稅收結構表**

| 累計年代 | 稅收總計 | 進出口正稅 | 復進口半稅 | 內地子口半稅 | 船鈔 | 洋藥稅釐 | 土藥稅釐 | 其他 |
|---|---|---|---|---|---|---|---|---|
| 1861〜1910 | 923303971 | 594206997 | 50211459 | 39428289 | 23285698 | 199837925 | 15599724 | 733879 |
| % | 100 | 64.34 | 5.44 | 4.27 | 2.52 | 21.66 | 1.69 | 0.08 |

資料來源：根據湯象龍編著：《中國近代海關稅收和分配統計：1861〜1910》，北京：中華書局，1992 年，第 63〜68 頁數據整理。

根據上表，我們可以看出晚清海關的稅種構成及其在海關稅收中的地位，甚至可以推斷出某一稅種對晚清財政的影響程度，如洋藥稅釐，是晚清海關除進出口正稅之外的第二大稅種，約占關稅收入的 22%，而根據上一節我們對海關與財政關係的分析，姑以海關稅占晚清財政份額 25%爲率，則可推算洋藥稅對晚清財政約有 5%的貢獻率，影響甚巨。

---

〔註12〕湯象龍編著：《中國近代海關稅收和分配統計：1861〜1910》，北京：中華書局，1992 年，第 2 頁。

## 2. 海關稅款的去向

### 表 6.14：清後期海關洋稅支出結構表

| 累計年代 | 支出合計 | 國　　　用 | | | | |
|---|---|---|---|---|---|---|
| | | 合計 | 解部 | 解撥餉項 | 償付賠款 | 解還外債 |
| 1861～1910 | 910590749 | 694717188 | 120553723 | 279114331 | 51089403 | 112043313 |
| % | 100 | 76.28 | 13.24 | 30.65 | 5.61 | 12.30 |
| 部　　　分 | | | | 省用合計 | 關用合計 | |
| 解還內債 | 皇室經費 | 中央政費 | 其他國用 | | | |
| 4945100 | 44352980 | 71548055 | 11070283 | 72260204 | 127593615 | |
| 0.54 | 4.87 | 7.86 | 1.22 | 7.94 | 14.01 | |

資料來源：根據湯象龍編著：《中國近代海關稅收和分配統計：1861～1910》，北京：
中華書局，1992 年，第 128～144 頁數據整理。

　　上表將海關稅款的使用分為國用、省用和關用三大項目，其中國有約占
去 4／5，而省用最少，約為 8%，可見海關稅款主要彌補國庫，為中央所用，
而對地方軍政、民政事業，則只是兼顧。就國用而言，海關稅款則對「解撥
餉項」頗為專顧，約占海關出項的 1／3，其次為償款和解部二項，也約占海
關稅款支出總額的 1／3。總而言之，海關洋稅，主要流向一些諸如洋務、債
務等晚清時期才出現的新增財政項目之上。

　　各海關稅款收入情況如下表：

### 表 6.15：清後期各海關稅收構成表

| 累計年代 | 合計 | 江海關 | 粵海關 | 鎮江關 | 蕪湖關 | 閩海關 | 九江關 |
|---|---|---|---|---|---|---|---|
| 1861～1910 | 923303971 | 287236996 | 159284233 | 26134583 | 17297444 | 114731698 | 37057912 |
| % | 100 | 31.11 | 17.25 | 2.83 | 1.87 | 12.43 | 4.01 |
| 金陵關 | 沙市關 | 宜昌關 | 重慶關 | 杭州關 | 浙海關 | 甌海關 | 蘇州關 |
| 2103302 | 163965 | 13375439 | 8432474 | 8021707 | 37634255 | 1331089 | 1102918 |
| 0.23 | 0.02 | 1.45 | 0.91 | 0.87 | 4.08 | 0.14 | 0.12 |
| 梧州關 | 南寧關 | 鎮南關 | 蒙自關 | 思茅關 | 騰越關 | 東海關 | 津海關 |
| 5424667 | 241765 | 111465 | 3256996 | 99035 | 372327 | 19799011 | 44943018 |
| 0.59 | 0.03 | 0.01 | 0.40 | 0.01 | 0.04 | 2.14 | 4.87 |

| 長沙關 | 岳州關 | 臺灣關 | 牛莊關 | 秦皇島關 | 安東關 | 哈爾濱關 | 江漢關 |
|---|---|---|---|---|---|---|---|
| 964319 | 433763 | 15408915 | 20027311 | 1448575 | 626955 | 1490858 | 94746976 |
| 0.10 | 0.05 | 1.67 | 2.17 | 0.16 | 0.07 | 0.11 | 10.26 |

資料來源：根據湯象龍編著：《中國近代海關稅收和分配統計：1861～1910》，北京：中華書局，1992年，第69～78頁數據整理。

上表所列示的是晚清各海關歷年洋稅收入總額及其份額，本書所重點考察的江、浙、閩、粵四關歷年稅額，要占海關稅收的64.87%，因此地位最爲重要。如再將海關稅在全國財政的地位聯繫在一起考慮，我們可以窺見各重要海關對晚清中央財政的支持力度。

儘管湯書爲我們分析海關與晚清財政關係提供了許多便利，但百密難免一疏，湯書的一些缺陷也是我們在利用資料時不能不加以注意者。

### 1. 一些統計數據的瑕疵

筆者根據檔案，和湯書數字作了若干年份的對校，發現有不相吻合之處，不知何因。如：湯書咸豐十一年即檔案中的咸豐十年八月十七日至十一年八月二十六日粵海關稅收總計中漏列了洋藥稅75664兩（其中進出口正稅相符）；同治元年即檔案中的咸豐十一年八月二十七日至同治元年閏八月初七日粵海關洋藥稅，湯書爲214340兩，檔案爲207095兩；同治二年即檔案中的同治元年閏八月初八日至二年八月十八日粵海關稅收總計，湯書爲1415318兩，檔案爲1101710兩（其中洋藥稅數吻合）。〔註13〕再如洋稅撥補常稅問題，閩海關與浙海關都有發生。閩海關，湯書的統計是開始於同治三年，止於光緒七年，每年25000，最後幾年減少。〔註14〕但筆者從檔案中發現，閩海關在咸豐四年開始就有撥補數字，〔註15〕至光緒十年才停止。再如浙海關，湯書的統計始自咸豐十一年，止於光緒十三年，每年20000〔註16〕，但筆者的統計則始於咸豐十一年，止於光緒九年（光緒九年）（見附表五、六）。

〔註13〕同治三年十二月二十四日毓清片，蔣廷黻輯：《籌辦夷務始末補遺》（同治朝）（第一冊），北京大學出版社，1988年，第471～473頁；湯象龍編著：《中國近代海關稅收和分配統計：1861～1910》，北京：中華書局，1992年，第442頁。

〔註14〕湯象龍編著：《中國近代海關稅收和分配統計：1861～1910》，北京：中華書局，1992年，第428頁。

〔註15〕北京大學圖書館藏：《各關常稅實徵短徵銀兩數目》（光緒七年抄本），無頁碼。

〔註16〕湯象龍編著：《中國近代海關稅收和分配統計：1861～1910》，第395～400頁。

2. 統計口徑。湯書詳細列出各海關關稅收入、支出明細情況，有利於進行收支方面的對照。雖然，從五十年累計的結果來看，總稅收仍然大於總支出，但由於清政府的苛取，事實上，海關在一些年份都有赤字，甚至虧空很大，已在前文論及。如何彌補虧空呢，只能在其他方面尋求對策，其中常稅撥補是一個途徑，因此這部分常稅稅款，也被納入到洋稅支銷中去，也就是說，在海關稅款的支出中，很難分別哪些項目出自洋稅，那些項目出自常稅。這樣就出現這種情況，湯書中的海關稅收入基本來自洋關，而支出則不完全都出自洋關，有一小部分則來自於常稅，這樣，收入與支出在性質上不能完全匹配。

3. 統計估算。由於晚清財政紀律的不嚴整，監督奏報不及時，或漏報、拒報、甚至造假舞弊，人為造成奏銷清冊的不全，或數據前後矛盾，紕漏很多；再加上故宮文獻的多次遷移，近代海關檔案破損、殘缺情況嚴重，因此為後人的整理設置了諸多障礙，有的年份的資料不可能找到，又沒有別的文獻可以補正，為求數據的連續性和完整性，只能憑整理者的經驗，加以估計。湯先生在整理本書過程中，遇到這樣的情況當是很多，有的地方也是根據多種資料加以估計，如粵海關光緒十六～二十年洋稅缺報數以及光緒二十九～三十年洋藥稅、洋藥釐金數，即根據稅務司關稅統計換算補入，光緒三十～宣統二年閩海關缺稅收分配報告，其支出數字大部分項目按戶部定額列入，少數是根據支出占個年稅收比例情況估計補缺的。〔註17〕筆者認為，研究過程中，本著嚴謹的態度和科學的方法，估計未嘗不是解決問題的辦法，但整理原始文獻則不宜估計。儘管湯先生所作估計的依據大多為稅務司上報資料，數據可靠，但前已論及，稅務司數據和監督數據在咸同之際一度存在卯期和結期結算期限的不同，兩者數據不具有可換性。

4. 統計範圍。湯先生所作的統計，雖採自各海關監督的奏銷清冊，但數據僅僅限於洋關的資料，而沒有將常稅包括進去（不過包括招商局輪船所納的關稅，文中稱為「華商稅」）。因此不能反映當時中國對外貿易的全貌，更不能簡單的將其作為考察中國沿海貿易狀況的基礎數據。如湯書中洋藥釐金一項，開始記錄於光緒十三年，顯然光緒十三年之前徵自於常關或釐局的數據沒有反映；土藥稅和土藥釐金，則主要來自蒙自、重慶、宜昌幾個不多的內地海關的數據，仍屬於內地常關徵收的大部分土藥稅釐沒有包括進來，也不能反映整個

---

〔註17〕湯象龍編著：《中國近代海關稅收和分配統計：1861～1910》，北京：中華書局，1992年，第435、448、449頁。

中國的土藥徵稅情況。據湯書，晚清時期歷年土藥稅釐的稅收總額爲 15599724 兩，在各稅種中的地位極微，僅占稅收總額的 1.69％，約爲洋藥稅釐的 1／12，但眞實情況據清度支部的保守統計，僅光緒三十四年一年即達 2800 餘萬兩。〔註18〕因此如以此數來進行分析，結論無異於南轅北轍。如要得出完整的中國近代沿海貿易的數據，湯書至少還有兩大項尚待納入：A. 中國商民的海外帆船貿易關稅與貿易值，B. 中國商民的埠際帆船貿易關稅與貿易值。

那麼怎樣來考量近代常關與中央財政的關係呢？在這裡，筆者根據自己所搜集到的檔案資料，整理出江浙閩粵四關自道光二十二至宣統三年的常稅數字，至於其他海關或內地常關，由於精力有限，未及整理。另外，道光二十二至咸豐十年代的洋稅數據，不見於湯書，本書也只將以上四關的資料列出，編成幾個表格（見附表一～六），以和湯先生的數據相銜接。當然，有的數字沒有找到，或原檔已不存在，或原檔已被後來的整理者錯插別處，或由於本人搜檢不細緻，有所遺漏，錯誤之處想必也多，只能留待以後的重新檢視。但即便是以上四關的資料，也僅是整理出各關歷年稅收總數而已，至於各關常稅的構成、支解和流向，則仍付之闕如，沒有來得及統計，只能有待於將來的努力。這裡，筆者僅根據幾個年份的海關奏銷清冊，對某些海關的常稅支銷情況進行年度分析，以期以點及面，大致反映整體情況，如下表：

表 6.16：清後期主要海關關稅收支結構表

| 海關 | 年份 | 收入 | 支解情況 | | | | | |
|---|---|---|---|---|---|---|---|---|
| | | | 撥還上屆 | 解京 | 皇室經費 | 關局經費 | 地方經費 | 彙入洋稅 |
| 粵海關 | 光緒二年分【1】 | 514312 | | 75092 | | 358490 | | 80730 |
| 粵海關 | 光緒二十六年分【2】 | 228301 | | 77354 | 40000 | 23405 | | 87542 |
| 江海關 | 光緒二十六年分【3】 | 111514 | 83756 | 39639 | | 7162 | 40000 | ～59043 |

資料來源：【1】朱批71：第 568 頁，原清冊爲：光緒二年分（光緒元年二月二十六日起至二年二月二十五日止）通共徵銀 168994，支銷通關經費及熔銷折耗等

〔註18〕 《大公報》，1909 年 4 月 3 日。

銀 24225，動支報解水腳銀 5230，部飯食銀 3939，正雜盈餘、水腳平餘等
十五兩加平共銀 2814，解部新增盈餘銀 60000 兩，十五兩加平銀 900 兩，
部飯食銀 1740，解員盤費銀 469，尚存正雜盈餘銀 69677 兩，廉州府屬北
海關口共徵貨稅銀 23001，除支銷經費等銀 9870 兩，應存銀 13131 兩，又
汲水門等處共徵洋藥正稅銀 322317 兩，共支銷經費等銀 324395 兩，尚不
數銀 2078 兩。正雜盈餘銀合計 80730 兩，撥歸洋稅項下湊並不數撥解。【2】
光緒己巳年六月初七日粵海關監督常恩奏，《諭摺彙存》，北京擷華書局，
民國年間鉛印本，第 6～7 頁，稅收總數與包括北海口貨稅，東隴、黃崗二
口商稅，故與同期錄副數據略有差別。原清冊為：光緒二十六年分（二十
四年五月二十六日至二十五年五月二十五日），各口通共徵銀 206301
兩，廉州府屬北海關口共徵貨稅銀 22000 兩，除支銷通關經費及熔銷折耗
等銀 23405 兩，動支報解水腳銀 6607，部飯食銀 4976，正雜盈餘、水腳平
餘等十五兩加平共銀 2633，頤和園常年經費銀 30000，添撥經費銀 10000，
戶部新增盈餘銀 60000，十五兩加平 929，飯食銀 1740，解員盤費 469，正
雜盈餘銀歸入洋稅項下 87542 兩。【3】《錄副奏摺》，檔號：3－129－6430
－32，原清冊為：再看江海關常稅光緒二十五年二月一日至二十六年正月
底一屆期滿止共收稅鈔銀 111514 兩，內除撥還上屆墊放銀 83756 兩外，實
存銀 27758 兩。一解蘇藩司彙解固本京餉銀 22100 兩，一放提右營俸餉銀
16620 兩，一解江南籌防局奉撥陸軍鐵路學堂經費銀 4 萬兩，一解部飯等
銀 919 兩，一給領支養廉、役食經費等銀 7162 兩，共支解銀 86801 兩，實
在－59043 兩，係在續收關稅項下提付，歸入下屆造報。

## 表 6.17：宣統元年各省應解京餉（各項經費）中海關稅所佔比例表

（單位：庫平兩）

| 省份 | 應解京餉總額 | 其中應解關稅 | 關稅占總額比例% |
|---|---|---|---|
| 直隸 | 2833043 | 原撥京餉 400000 萬兩內津海洋稅 60000，津海常稅 40000<br>津海關解農工商部經常經費 30000<br>津海關解稅務處經常款 30000<br>津海關解陸軍部經費 52971<br>津海關解內閣收本房款 100<br>津海關解庶吉士幫俸 40 兩（光緒 26 年後並未解過。）<br>津海關解給事中衙門飯銀 600<br>津海關解阿爾泰經費 30000<br>關稅 45733<br>加平飯食內津海關稅單徵費 6140<br>計：300984 | 10.6 |

| 省份 | 應解京餉總額 | 其中應解關稅 | 關稅占總額比例% |
|---|---|---|---|
| 奉天 | 1305498 | 山海關洋稅解原續撥籌備餉需 40000<br>山海關解東省加餉 18038<br>山海關解農工商部經費 10000<br>秦皇島關洋稅解內務府另籌經費 20000<br>山海關解給事中衙門飯銀 720<br>關稅 328354<br>計：417112 | 32.0 |
| 吉林 | 236251 | 0 | |
| 黑龍江 | 13440 | 0 | |
| 山東 | 3706771 | 東海關常洋稅解原續撥京餉 30000<br>膠海關解民政部款 40000<br>東海關解內閣款 200<br>東海關解庶吉士幫俸 26 兩<br>指撥膠海關崇陵工程款 250000<br>計：320226 | 8.6 |
| 河南 | 1020762 | 0 | |
| 江蘇 | 7678327 | 鎮江關洋稅解原續撥京餉 160000<br>江海關常洋稅解原續撥京餉 280000<br>揚州關常稅解原續撥京餉 30000<br>江海關代徵贛關絲稅解原續撥京餉 20000<br>江海關六成洋稅解原續撥備餉 200000<br>江海關六成洋稅解原續撥邊防經費 100000<br>江海等關解專使經費 100000<br>江海關解東省加餉 100000<br>江海、鎮海兩關解農工商部經常經費 22000<br>鎮江關解稅務處經費 5000<br>江海關額撥陸軍部武衛軍餉 259968<br>江南海關解內閣收本房 100<br>江海等關解給事中衙門飯銀 4164<br>關稅 226683<br>江海等關指撥崇陵工程 400000<br>計：1907915 | 24.8 |

| 省份 | 應解京餉總額 | 其中應解關稅 | 關稅占總額比例% |
|---|---|---|---|
| 安徽 | 1365474 | 蕪湖等關常洋稅解 130000<br>蕪湖關解農工商部經常經費 1000<br>蕪湖關常稅解內務府另籌經費 60000<br>蕪湖關解稅務處經常經費 5000<br>蕪湖關解內閣收本房 100<br>蕪湖關解內閣款 200<br>蕪湖等關解庶吉士幫俸 80<br>蕪湖關稅 2115<br>蕪湖關承擔減平 920<br>指撥崇陵工程款蕪湖關 4915<br>計：204330 | 15.0 |
| 江西 | 2210493 | 九江關常洋兩稅解原續撥京餉 200000<br>九江關解農工商部經常經費 2000<br>九江關常稅解內務府原撥另籌經費 150000<br>九江關解內閣手本房款 100 | 16.4 |
| 江西 | 2210493 | 九江關解內閣款 200<br>九江關解庶吉士幫俸 70<br>九江關解給事中飯食銀 720<br>九江關負擔減平銀 454<br>九江關解加平飯食 10082<br>計：363626 | |
| 湖南 | 1218821 | 0 | |
| 湖北 | 2651083 | 江漢關洋稅解原續撥京餉 150000<br>江漢關四成洋稅解原續撥籌備餉需 120000<br>江漢關六成洋稅解原續撥籌備餉需 200000<br>江漢關六成洋稅解原續撥邊防經費 100000<br>江漢關解到專使經費 100000<br>江漢關解東省加餉 100000<br>江漢關解農工商部經常經費 10000 | 32.5 |

| 省份 | 應解京餉總額 | 其中應解關稅 | 關稅占總額比例% |
|---|---|---|---|
| | | 宜昌關解農工商部經常經費 2000<br>宜昌關洋稅解內務府另籌經費 20000<br>江漢關解稅務處經常款 5000<br>江漢關籌解關費 5000<br>江漢關指撥崇陵工程款 50000<br>計：862000 | |
| 福建 | 1950592 | 閩海關洋稅解原續撥京餉 210000<br>閩海關四成洋稅解原續撥籌備餉需 120000<br>閩海關六成洋稅解原續撥邊防經費 100000<br>閩海關常稅解內務府原撥另籌經費 120000<br>閩海關洋稅解內務府原撥另籌經費 50000<br>閩海關解頤和園經常款 10000<br>閩海關解內閣收本房款 100<br>閩海關解內閣款 200<br>閩海關解庶吉士幫俸銀 50<br>閩海關解給事中衙門飯食銀 240 | 36.6 |
| 福建 | 1950592 | 閩海關負擔減平銀 2234<br>閩海關銅斤水腳銀等雜款 23691<br>閩海關加平飯銀 77710<br>計：714225 | |
| 浙江 | 2580329 | 浙海關常洋兩稅解續撥京餉 80000<br>杭州關洋稅解原撥籌備餉需 20000<br>浙海等關解農工商部經常經費 4500<br>浙海關洋稅解內務府原撥另籌經費 10000<br>杭州關洋稅解內務府原撥另籌經費 10000<br>浙海等關解給事中衙門飯食銀 780<br>杭州關指撥崇陵工程款 100000<br>浙海關加平飯食 2640<br>計：227920 | 8.8 |

| 省份 | 應解京餉總額 | 其中應解關稅 | 關稅占總額比例% |
|---|---|---|---|
| 廣東 | 3472991 | 粵海關洋稅解原續撥京餉 160000<br>粵海關四成洋稅解原續撥籌備餉需 120000<br>粵海關六成洋稅解原續撥籌備餉需 200000<br>粵海關六成洋稅解原續撥邊防經費 120000<br>粵海關解農工商部經常經費 10000<br>粵海關洋稅解內務府原撥另籌經費 20000<br>粵海關解頤和園經常款 40000<br>粵海關解稅務處經常款 20000<br>粵海關解內閣收本房款 100<br>粵海關解內閣款 200<br>粵海關解庶吉士幫俸銀 40<br>粵海關解給事中飯食銀 240<br>粵海關負擔減平 50008<br>粵海關金價 160000<br>粵海關指撥崇陵工程 100000<br>粵海關加平飯食 7040<br>計：1007628 | 29.0 |
| 廣西 | 360611 | 梧州關解農工商部經常經費 1000<br>梧州關解給事中衙門飯銀 1542<br>合計：2542 | 0.7 |
| 山西 | 1482670 | 0 | |
| 陝西 | 484229 | 0 | |
| 四川 | 2219683 | 重慶洋關解原續撥京餉 120000<br>重慶關解農工商部經常經費 3000<br>重慶關解稅務處經常經費 5000<br>重慶關指撥崇陵工程款 50000<br>計：178000 | 8.0 |
| 雲南 | 238518 | 0 | |
| 貴州 | 75054 | 0 | |

| 省份 | 應解京餉總額 | 其中應解關稅 | 關稅占總額比例% |
|------|------------|------------|--------------|
| 甘肅 | 146176 | 0 | |
| 新疆 | 115693 | 0 | |
| 合計 | 37366518 | 6506508 | 17.4 |

資料來源：清度支部編：《宣統元年各省應解京洋賠各款剔除由鹽關項下撥解數目應解總數表暨分省清單》，民國財政部印刷局印行，發行年代不詳。已去尾數。各省「專使經費」等部分款項有在海關稅款支解的，但該書並未說明款源，本書也未妄自計入海關數額中。

## 三、海關與洋賠各款

　　晚清財政在收支結構上發生深刻變化，其中一個顯著的變化是開始出現賠款和對外借款。賠款係由對外戰爭失敗所致，如兩次鴉片戰爭賠款、庚子賠款等；對外借款無外乎幾種因素：一是因賠款所生，如四國借款；一系平息內亂而生，如西征借款；一系由洋務、國防、工程等新政而生，如海防借款、援臺規越借款、鄭工借款等。賠款與借款，雖然性質各異，但大都形成外債，最終需動用國家財政資金來償還，都屬於財政償款。晚清償款的擔保和攤還，有很大部分落實到海關頭上。考察海關與洋賠各款的關係，可以從另一方面探究海關與晚清中央財政之關聯。

### 1. 海關與外債擔保

　　外債的擔保問題是「債權國家」最爲關注的事情。在西方國家眼中，清政府是沒有償債「信用」的，而由西方人控制的新式海關擔保或直接償付外債，等於「債權人」自己來經營償債基金﹝註 19﹞，較爲可靠，正如林樂知所言：「西人治之故西人信之」。﹝註 20﹞但這裡必須注意，儘管擔保和償還兩者之間有一定的聯繫，在債務人沒有能力履行償還義務時，擔保行爲就有可能轉化爲償還行爲，但擔保畢竟不能等同於償還。

　　清季關稅擔保有如下特點：

　　（1）重複擔保，即同一稅源爲多項賠款或借款擔保，這裡就存在一個優先清償權的問題，即當原定償付方式發生困難不能履行償還義務時，在關稅

---

﹝註 19﹞　彭雨新：《清代海關制度》，湖北人民出版社，1956 年，第 59 頁。
﹝註 20﹞　林樂知：《中國度支考跋》，載哲美森著《中國度支考》，第 2 頁。

項下以外債擔保的先後次序依次償付，即先擔保的先償付，這是債權國之間
爲保證各自的利益所體現的一種「默契」。

（2）切實擔保，即債權方在中方不能履約時，爲切實獲得債款的償付，
可以直接收取關稅。如滙豐洋行借款合同中，規定由滙豐銀行指定中國某幾
處海關分擔債款，如債票不能屆期付息還本，「大清政府准允該銀行前往各通
商口岸徵收稅款。」

（3）雙重債票的發行。一種是「海關債票」即「關票」，一種是「金鎊
債票」。前者爲整數，由總理衙門和戶部發行，經總稅務司簽名，債權人收執，
保證優先擔保權利；後者爲零數，由承擔抵押的各海關發行，經各關監督和
所在地督撫蓋印，稅務司簽押，交由經理募債的外國銀行轉交購債人，如「金
鎊債票」到期未得還本付息，可由持票人在各通商口岸抵完稅款。〔註21〕

海關與晚清外債之間的財政聯繫，研究者大多參考湯象龍所撰「民國以
前關稅擔保之外債」一文。〔註22〕該文中，湯先生將晚清時期所發生的由海
關關稅擔保的外債羅列一表，給我們一個清晰、詳細的認識。但有些海關擔
保的外債，並不是在海關稅款項下償還，而有些外債則無須擔保，直接由海
關即時償還。本書在湯先生研究的基礎上，進行增益補充，力求較爲全面、
完整地反映晚清時期海關與外債、賠款的擔保償還關係。

**表 6.18：晚清海關關稅擔保、攤還外債一覽表**

| 年代 | 經手單位 | 借款名目 | 借款數額 | 償還期限 | 擔保品 | 海關攤還情況 |
|---|---|---|---|---|---|---|
| 咸豐三年 | 上海道臺 | 上海洋商借款【1】 | 13000 元 | 5 年 | 無擔保 | 江海關全額攤還 |
| 咸豐八年 | 兩廣總督 | 美商旗昌洋行借款 | 32000 兩 | 6 個月 | 無擔保 | 粵海關全額攤還 |
| 咸豐十一年 | 江蘇巡撫 | 江蘇洋商貸款 | 300000 兩 | 1 年 | 江海關 | 江海關全額攤還 |
| 同治元年 | 福建巡撫 | 福建洋商借款 | 504840 兩（含息） | 1 年 | 閩海關 | 粵海關分攤200000 兩，閩海關分攤504880 兩【2】 |

〔註21〕彭雨新：《清代海關制度》，湖北人民出版社，1956 年，第 62 頁。
〔註22〕湯象龍：《中國近代財政經濟史論文選》，西南財經大學出版社，1987 年，第
144～147 頁。

| 年代 | 經手單位 | 借款名目 | 借款數額 | 償還期限 | 擔保品 | 海關攤還情況 |
|---|---|---|---|---|---|---|
| 同治元年 | 江海關道 | 江蘇洋商借款 | 254055 兩（含息） | 1 年 | 無擔保 | 江海關全額攤還 |
| 同治三年 | 福建巡撫 | 福建洋商借款 | 150000 兩 | 1 年 | 無擔保 | 閩海關洋藥稅和船鈔項下動撥 |
| 同治三年 | 江蘇巡撫 | 江蘇洋商借款 | 80990 兩 | 1 年 | 無擔保 | 江海關全額攤還 |
| 同治五年 | 廣東省 | 廣東旗昌洋行借款 | 320000 兩 | 40 個月 | 粵海關稅 | 粵海關四成洋稅項下撥還 |
| 同治六年 | 陝甘總督 | 西征借款 | 1200000 兩 | 6 個月 | 閩海關 24 萬兩 粵海關 24 萬兩 浙海關 42 萬兩 江海關 18 萬兩 江漢關 12 萬兩 | 江漢關攤還 120000 兩 |
| 同治七年 | 陝甘總督 | 第二次西征借款 | 1000000 兩 | 10 個月 | 江海關 15 萬兩 浙海關 35 萬兩 閩海關 20 萬兩 粵海關 20 萬兩 江漢關 10 萬兩 | 江漢關攤還 100000 兩 |
| 同治十三年 | 福建海防大臣 | 福建臺防借款 | 2000000 兩 | 10 年 | 通商各關關稅 | 閩海關歷年攤還 448000 兩 |
| 光緒元年 | 陝甘總督 | 第三次西征借款 | 3000000 兩 | 3 年 6 期 | 粵海、江海、浙海關稅 | 以江蘇、廣東、浙江協甘項下作抵劃撥 |
| 光緒三年 | 陝甘總督 | 第四次西征借款 | 5000000 兩 | 7 年 14 期 | 浙海、粵海、江海、江漢關稅 | 在各省協甘項下攤還本利各銀 |
| 光緒四年 | 陝甘總督 | 第五次西征借款 | 1750000 兩 | 6 年 12 期 | 閩海、粵海、江海、江漢關稅 | 閩海關歷年攤還 10 萬餘兩，其他在各省應協西征餉下劃撥 |
| 光緒九年 | 兩廣總督 | 廣東第一次海防借款 | 1000000 兩 | 10 年 | 粵海關稅 | 「粵借粵還，不累各省各關」。 |
| 光緒十年 | 兩廣總督 | 廣東第二次海防借款 | 1000000 兩 | 10 年 | 粵海關稅 | |
| 光緒十年 | 兩廣總督 | 廣東第三次海防借款 | 1000000 兩 | 10 年 | 粵海關稅 | |
| 光緒十一年 | 兩廣總督 | 廣東第四次海防借款 | 505000 鎊，合 2012500 兩 | 10 年 | 粵海關稅 | |
| 光緒十年 | 兩廣總督 | 寶源借款 | 1000000 兩 | 3 年 | 粵海關稅 | 原定有關各省攤還，後粵省獨還。 |

| 年代 | 經手單位 | 借款名目 | 借款數額 | 償還期限 | 擔保品 | 海關攤還情況 |
|---|---|---|---|---|---|---|
| 光緒十年 | 戶部 | 神機營借款 | 21968 兩【3】 | 10 年 40 期 | 江漢關稅 | 江漢關攤還 2591000； |
| 光緒十年 | 戶部 | 神機營續借款 | 5040000 兩【4】 | 10 年 40 期 | | 鎮江關 560000； 蕪湖關 172136； 九江關 500000； 江漢關 1557936； 浙海關 990889； 東海關 690726； 津海關 263290 兩。 計 7325977 兩 |
| 光緒十一年 | 兩江總督 | 福建海防借款【5】 | 1000000 鎊， 合 3589781 庫平兩 | 10 年 20 期 | | 江海關攤還 1270347； 浙海關 777510； 閩海關 2492283； 臺灣關 709238； 東海關 112960； 合計 5362338 兩 |
| 光緒十二年 | 兩廣總督 | 援臺規越滙豐借款 | 750000 鎊 | 10 年【6】 | 粵海關稅 | 各省攤還，粵海關只付息銀 |
| 光緒十二年 | 兩廣總督 | 南海工程借款 | 300000 兩 700000 兩 | 10 年 30 年【7】 | 粵海關稅 | 不以關稅攤還 |
| 光緒十三年 | 直隸總督 | 三海工程借款 | 5000000 馬克， 合 980000 庫平兩 | 15 年 30 期 | 無擔保 | 津海關攤還 15000 兩， 牛莊關歷年 75000 兩， 東海關 100000 兩。 息銀由江海關代撥。 |
| 光緒十四年 | 北洋大臣 | 第一次鄭工借款 | 行平足銀 1000000 兩，合庫平 968805 兩 | 1 年 | 關稅擔保 | 各關洋藥釐金勻撥： 江海、鎮海 351600 兩； 粵海 258000 兩； 閩海 33000 兩； 江漢、宜昌 2100 兩； 蕪湖 270000 兩 九江 103000 兩。 |
| 光緒十四年 | 北洋大臣 | 第二次鄭工借款 | 1000000 兩 | 5 年 | 關稅擔保 | 江海、粵海洋藥釐金項下攤撥 |
| 光緒十九年 | 廣東省 | 廣東怡和借款 | 1000000 兩 | 11 年 | 粵海關稅 | 粵海關攤還， 計 963155 兩。 |
| 光緒二十年 | 總理衙門 | 滙豐銀款 | 10000000 兩 | 20 年 40 期 | 通商各關關稅 | 粵海關洋藥稅釐項下歷年攤還： 1098861 兩 |

| 年代 | 經手單位 | 借款名目 | 借款數額 | 償還期限 | 擔保品 | 海關攤還情況 |
|---|---|---|---|---|---|---|
| 光緒二十一年 | 總理衙門 | 滙豐鎊款 | 3000000 鎊，合庫平 18653700 兩 | 20 年 40 期 | 通商各關關稅 | 江海關攤還 290000；鎮江關 45000；蕪湖關 90000；閩海關 950000；粵海關約 8475000 兩。 |
| 光緒二十一年 | 兩江總督 | 克薩鎊款 | 1000000 鎊，合庫平 6217900 | 20 年 | 通商各關關稅 | 江海關攤還 660000；江漢關 280000；蒙自關 1872 兩。 |
| 光緒二十一年 | 兩江總督 | 瑞記鎊款 | 1000000 鎊，合庫平 6217900 | 20 年 | 通商各關關稅 | 鎮江關攤還 220000；蘇州關 431260；金陵關 180000；蕪湖關 566000；九江關 530000；江海關 2250000；梧州關 320000 兩。 |
| 光緒二十一年 | 總理衙門 | 俄法借款 | 4 億法郎合庫平兩 98968000 | 36 年 72 期 | 通商各關關稅 | 江海關攤還 17300000；浙海關 6279000；閩海關 6120000；粵海關 16453971；鎮江關 3547000；蕪湖關 7072500；九江關 2072996；江漢關 7504000；宜昌關 3752000；重慶關 1560000；杭州關 705000；甌海關 542713；蒙自關 616000；東海關 1486375；津海關 5161000；牛莊關 907375 兩。 |
| 光緒二十二年 | 總理衙門 | 英德借款 | 16000000 鎊，合庫平兩 97622400 | 36 年，一年 12 期 | 通商各關關稅 | |
| 光緒二十四年 | 總理衙門 | 英德續借款 | 16000000 鎊，合庫平 112776000 兩 | 45 年 | 通商各關關稅、蘇州等七處釐金 | |
| 光緒二十八年 | | 庚子賠款【4】 | 4.5 億兩 | 39 年 | 海關稅餘款、常關稅、鹽稅 | 各關歷年攤還數目見表 4.2 |
| 光緒三十一年 | 閩浙總督 | 福建船政借款 | 300000 兩 | 3 年 | 閩海之涵江、銅山、泉州三處常關稅作抵。 | 以銅元餘利償還。 |

資料來源：湯象龍：《中國近代財政經濟史論文選》，西南財經大學出版社，1987 年，第 144～147 頁；中國人民銀行參事室編著：《中國清代外債史資料》；《清季外交史料》卷 51、54、55、115；《張文襄公全集》電奏一，電牘 24；《李文忠公全集》，奏稿卷 59。說明：此表只反映與海關有關聯之外債，

並非清代外債全貌。借款數額一項，無特別注明者均不含息銀。無特殊注明，文中的金額單位兩均爲庫平兩。各關歷年攤還數目統計截止宣統三年。【1】一般認爲，該筆借款是晚清政府第一筆外債，但也有不同的意見。參見李承烈、鄧孔昭：《中國近代外債的起始時間》，《中國社會經濟史研究》，1983 年第 2 期）【2】同治元年福建巡撫徐宗幹向英法各洋商借銀 40 萬兩，「議在閩省海關稅項暨洋藥釐稅項下分期扣還。」《中國清代外債史資料》，第 18 頁。【3】湯書沒有此項。【4】湯書作 5000000兩，疑爲廣平銀。而《中國清代外債史料》，第 139 頁表除 50400000 一款外，又有 5000000 一款，疑重複。【5】《中國清代外債史資料》，第 138頁表還有旗昌、滙豐借款 4000000 兩一款，疑與此款重複。【6】湯書作9 年。【7】《廣東財政説明書》卷 10 作 31 年。【8】庚子賠款應視爲由賠款轉化而來的外債。

　　通過此表，我們可以看出：甲午戰爭前，晚清政府所借外債共 57 筆（《中國清代外債史資料》統計爲 61 筆），而與海關發生擔保、攤還關係的爲 28 筆；甲午戰爭到庚子賠款之間晚清政府所借外債爲 14 筆，而與海關發生擔保、攤還關係的爲 7 筆；庚子以後到晚清覆亡，所借外債爲 111 筆，而與海關發生擔保、攤還關係的僅爲 2 筆。英德續借款、特別是庚子賠款以後，海關已是抵無可抵，只有地方政府以常關作抵的零星之舉，海關稅已失去抵償債務的信譽基礎。

　　但是我們也應該看出，某些借款與海關雖無直接的擔保或償還關係，但卻存在間接的償還關係。最爲典型的就是英德續借款。英德續借款，因關稅所餘無多，不敷撥借，總理衙門決定將蘇州、松滬、九江、浙東等處貨釐，宜昌及鄂岸鹽釐，仿照廣東六廠辦法，交付總稅務司赫德代徵，每年交銀五百萬兩，抵償借款，以取信於外商，使他國不致於有藉口。〔註23〕但各省「京、協各餉，以及本處防餉等項，向取給於釐金者，勢必驟形短絀」，因此，各省所短釐金五百萬兩，又由戶部指款撥補，「在協解省份，固當不分畛域，勉籌協濟；在受協省份，尤當力爲其難。凡向來應解京餉等項，仍照常撥解，不得藉口出入不敷，任意截留，致有貽誤。」撥補釐金方案涉及到海關者有：蘇州新關洋藥稅釐銀 5 萬兩撥補蘇州貨釐；江海關洋藥稅釐 14.9 萬兩，廣西梧州新關洋稅銀 8 萬兩撥補松滬貨釐；九江關稅 4.4 萬兩撥補九江貨釐；杭、寧兩關洋藥稅釐 20 萬兩，甌海關洋稅 2 萬兩，梧州稅銀 2 萬兩撥補浙東貨釐；

〔註23〕　《清季外交史料》卷 129，文海出版社印行，近代中國史料叢刊三編（15），第 2240 頁。

宜昌關洋稅 6 萬兩，江漢關洋稅 10 萬兩撥補宜昌鹽釐；九江關常稅 1.2 萬兩，宜昌關洋稅 3.1 萬兩，揚州關常稅 3 萬兩，鳳陽關常稅 1.2 萬兩，重慶關稅銀 8 萬兩撥補鄂岸鹽釐等。〔註24〕

由上可知，彌補 500 萬兩釐金的空缺與外債發生間接關係者，有洋藥稅釐 39.9 萬兩，洋稅 43.5 萬兩，常稅 5.4 萬兩，合計 88.8 萬兩，占英德續借款的 17.76％。

### 2. 海關與四國借款的償還

甲午之後的三次大借款，債權國分別是英法俄德四國，故又稱四國借款，總額三億兩。歷年各關償還總數，上表已經列出，但只是一個總的數字。至於在三項賠款中，各海關每年的償還額度、所佔所處該省的償還比例，特別是上表所未列示的一些常關償還的數字，則在下表中列示：

**表 6.19：英德洋款各省分攤情況表**　　　　　　　　（單位：庫平兩）

| 省別 | 該省分攤總額 | 其中關稅分擔 | 關稅所佔比例％ |
|---|---|---|---|
| 直隸 | 515000 | 山海關稅 37500【1】<br>津海關稅 225000<br>江海關劃抵 162500<br>合計：425000 | 82.52 |
| 奉天 | 18750 | 大連關稅 18750 | 100 |
| 山東 | 285000 | 東海關稅 62500 | 21.93 |
| 河南 | 267500 | 0 | 0 |
| 江蘇 | 1458750 | 鎮江關稅 160000<br>江海關稅 750000<br>合計 910000 | 62.38 |
| 安徽 | 502500 | 蕪湖關稅 290000 | 57.71 |
| 江西 | 500000 | 九江關稅 325000 | 65 |
| 湖南 | 175000 | 0 | 0 |
| 湖北 | 835000 | 江漢關稅 300000<br>宜昌關稅 150000<br>合計：450000 | 53.89 |

〔註24〕中國人民銀行參事室編著：《中國清代外債史資料》，中國金融出版社，1991年，第 217～219 頁。

| 省別 | 該省分攤總額 | 其中關稅分擔 | 關稅所佔比例％ |
|---|---|---|---|
| 福建 | 525000 | 閩海關稅 300000 | 57.14 |
| 浙江 | 685000 | 浙海關稅 300000 | 43.86 |
| 廣東 | 1465000 | 粵海關 650000<br>本省關稅長征 240000【2】<br>合計 890000 | 60.75 |
| 廣西 | 10000 | 0 | 0 |
| 山西 | 242500 | 0 | 0 |
| 陝西 | 150000 | 0 | 0 |
| 四川 | 650000 | 重慶關稅 100000 | 15.38 |
| 合計 | 8285000 | 4071250 | 49.14 |

資料來源：清度支部編：《宣統元年各省應解京洋賠各款別除由鹽關項下撥解數目應解總數表暨分省清單》，民國財政部印刷局印行，發行年代不詳。【1】本項湯象龍：《中國近代財政經濟史論文選》一書第 167 頁作 75000，未審孰是。【2】本項湯象龍：《中國近代財政經濟史論文選》一書第 170 頁作闔姓捐輸，應誤。因科舉已於光緒三十一年停止，故亦無闔姓一款。該無著之款經粵督岑春煊奏准，於三十二年起在關稅長征項下撥解。見《廣東財政說明書》卷 10，第 21～22 頁。

### 表 6.20：俄法洋款各省分攤情況表　　　　　　　　（單位：庫平兩）

| 省別 | 該省分攤總額 | 其中關稅分擔 | 關稅所佔比例％ |
|---|---|---|---|
| 直隸 | 365000 | 山海關稅 25000【1】<br>津海關稅 150000<br>江海關劃抵 110000<br>合計 285000 | 78.08 |
| 奉天 | 12500 | 大連關稅 12500 | 100 |
| 山東 | 197500 | 東海關稅 37500 | 18.99 |
| 河南 | 205000 | 0 | 0 |
| 江蘇 | 1007500 | 鎮江關稅 115000<br>江海關稅 500000<br>合計 615000 | 61.04 |
| 安徽 | 325000 | 蕪湖關稅 185000 | 56.92 |
| 江西 | 350000 | 九江關稅 225000 | 64.29 |

| 省別 | 該省分攤總額 | 其中關稅分擔 | 關稅所佔比例％ |
|------|------|------|------|
| 湖南 | 125000 | 0 | 0 |
| 湖北 | 620000 | 宜昌關稅 100000<br>江漢關稅 200000<br>合計 300000 | 48.39 |
| 福建 | 375000 | 閩海關稅 200000 | 53.33 |
| 浙江 | 560000 | 浙海關稅 200000<br>甌海關稅 50000<br>合計 250000 | 44.64 |
| 廣東 | 1090000 | 粵海關稅 450000<br>本省關稅長征 240000【2】<br>合計 690000 | 75.21 |
| 廣西 | 87500 | 0 | 0 |
| 山西 | 180000 | 0 | 0 |
| 陝西 | 125000 | 0 | 0 |
| 四川 | 450000 | 重慶關稅 50000 | 11.11 |
| 雲南 | 50000 | 蒙自關稅 50000 | 100 |
| 合計 | 6125000 | 2900000 | 47.35 |

資料來源：清度支部編：《宣統元年各省應解京洋賠各款剔除由鹽關項下撥解數目應解總數表暨分省清單》，民國財政部印刷局印行，發行年代不詳。【1】湯象龍：《中國近代財政經濟史論文選》一書第 164 頁作 50000，未審孰是。【2】本項湯象龍：《中國近代財政經濟史論文選》一書第 170 頁作闈姓捐輸，因科舉於光緒三十一年停止，即無闈姓一款，經粵督岑春煊奏准，於該無著之款三十二年起在關稅長征項下撥解。見《廣東財政說明書》卷 10，第 21～22 頁。

## 表 6.21：續英德洋款各省分攤情況表 　　　　　　（單位：庫平兩）

| 省別 | 該省分攤總額 | 其中海關稅分擔 | 關稅所佔比例％ |
|------|------|------|------|
| 直隸 | 100000 | 0 | 0 |
| 河南 | 174100 | 0 | 0 |
| 江蘇 | 2132500 | 江海關洋藥稅 149000<br>蘇屬新關百貨稅 50000<br>合計 199000 | 9.33 |

| 省別 | 該省分攤總額 | 其中海關稅分擔 | 關稅所佔比例％ |
|------|------------|--------------|--------------|
| 安徽 | 267000 | 0 | 0 |
| 江西 | 164000 | 九江關稅 44000<br>鄂岸代徵截留九江關稅 14000<br>合計 58000 | 35 |
| 湖南 | 3400 | 0 | 0 |
| 湖北 | 840000 | 常稅 14000<br>江漢關稅 100000<br>江漢關出口土貨增收 235000<br>合計 349000 | 41.55 |
| 福建 | 60000 | 閩海關協廿新餉減撥 10000 | 16.67 |
| 浙江 | 823000 | 杭寧兩關洋藥稅釐 200000<br>甌海關洋藥稅釐 20000<br>合計 220000 | 26.73 |
| 廣東 | 160000 | 0 | 0 |
| 廣西 | 120000 | 梧州關稅 100000 | 83.33 |
| 陝西 | 20000 | 0 | 0 |
| 四川 | 70000 | 重慶關稅 10000 | 14.29 |
| 貴州 | 6000 | 0 | 0 |
| 新疆 | 60000 | 0 | 0 |
| 合計 | 4946000 | 946000 | 19.13 |

資料來源：清度支部編：《宣統元年各省應解京洋賠各款剔除由鹽關項下撥解數目應解總數表暨分省清單》，民國財政部印刷局印行，發行年代不詳。

### 3. 海關與庚子賠款

　　庚子賠款，總數以關平銀計 4.5 億兩，加上利息，達到 9.82 億兩，三十九年還清，每年約在二千萬兩以上。但庚子賠款並不是每年平均歸還，而是以分階段漸增方法分配。每年賠款應付數目，按如下辦法計算：

表 6.22：庚子賠款本息支付表

| 年　　　限 | 每年應付本息關平銀 | 各期應付本息總數關平銀 |
|---|---|---|
| 光緒二十八年至宣統二年 | 18829500 兩 | 169465500 兩 |
| 宣統三年至民國三年 | 19899300 兩 | 79597200 兩 |
| 民國四年 | 23283300 兩 | 23283300 兩 |
| 民國五年至民國二十年 | 24483800 兩 | 391740800 兩 |
| 民國二十一年至二十九年 | 35350150 兩 | 318151350 兩 |
| 光緒二十八年至民國二十九年合計 | | 982238150 兩 |

資料來源：魏爾特：《關稅紀實》（全一冊），海關總稅務司公署統計科印行，中華民國二十五年，第 340 頁。

　　但是，正如總稅務司赫德所云，「開列此表之意，並非示中國每年定須此數」。〔註25〕原因是，庚子賠款總數 4.5 億兩，雖以關平計算，實以金鎊覈計，即這 4.5 億兩，是「按光緒二十七年四月初一日折兌行情算出。若彼時付銀，則可以四百五十兆了結，因不能一舉付債，是以各國即以賠款之金數作爲中國借款」。〔註26〕儘管理由很牽強，但清政府還是被迫接受了列強的以金鎊覈算的條件。1905（光緒三十一）年 1 月之前，以清政府多支付 800 萬兩了結；1905 年以後，則須以金覈算。這樣，庚子賠款的每期償還數目與結算日的金銀匯率的波動密切相關。「自定京約以迄於今，匯兌行情漲落無定，其京約 3 先令即 36 別力（便士）之數，有落至 26 別力（便士）之時」。若以買 24 便士設法備款，則較表列之數多備三分之一。〔註27〕銀價跌落造成的損失，對於債權國來說，這是鎊虧，應該彌補；對於償付國中國來說，累計下來，則要平白無故多支付很多白銀。僅以清末 10 年爲例，即從光緒二十八年至宣統三年，按照關平兩計算，清政府應賠付列強 189364800 兩，即 169465500 兩加 19899300 兩，但實際付出的，按照後文王樹槐的計算，爲 217678606 兩，扣除 1901（光緒二十七）年 7 月 1 日到 12 月 31 日的利息 900 萬關平兩和複利息 63 萬兩，多交鎊虧 18683806 兩。因此庚款每期的償還數目應遠遠高於以上表中所規定的數目，償付庚款本息累計也將遠遠不止 9.82 億兩。〔註28〕

〔註25〕 《海關與庚子賠款》，中華書局，1983 年，第 13 頁。
〔註26〕 《海關與庚子賠款》，中華書局，1983 年，第 4 頁。
〔註27〕 《海關與庚子賠款》，中華書局，1983 年，第 13 頁。
〔註28〕 而且這 9.82 億兩還沒有包括 1901 年 7 月 1 日到 12 月 31 日的利息 900 萬關平

庚子賠款「款目之巨，曠古罕聞」，就中國當時的財力而論，實屬不堪。開始的賠款方案是：中央部庫開支節省改為賠款每年約 400 餘萬兩，各省認籌每年約 2000 餘萬兩。部庫改撥之款，有以下六項：

1. 各省關應解部庫西征洋款改為加放俸餉一款；
2. 抵閩京餉改為加復俸餉一款；
3. 自光緒十二年起裁減營勇作為旗兵加餉一款；
4. 京官津貼改為加復俸餉一款；
5. 自光緒二十四年起加增邊防經費一款；
6. 有漕省份循案解部漕折一款。

部庫改撥包括各省應解部庫部分和各關應解部庫部分。其中 1、2、4、5 項均涉及到關稅。這些關稅原是作為專項經費由各關解往部庫的，現在被改撥作為賠款的專款。各省認籌款項，名曰認籌，其實就是硬性攤派。認籌款項大多來自藩庫、運庫，通過加徵加派而來，但也有一些省份部分認籌款項來自所在地的關稅。現將各省認籌和部款改撥二部分詳細數字列於下表：

### 表 6.23：庚子賠款戶部改撥海關關稅一覽表　　　　（單位：庫平兩）

| 省別 | 分攤總額 | 其　　　　　　中 | | |
| --- | --- | --- | --- | --- |
| | | 各省認籌 | 戶部改撥該省應解部庫部分 | 戶部改撥該省海關應解關稅部分 |
| 直隸 | 858000 | 800000<br>本省認籌內津海關600000 | 8000 | 部撥山海關應解抵閩京餉改為加放俸餉 12000<br>部撥山海關應解京官津貼改為加復俸餉 6000<br>部撥津海關應解抵閩京餉改為加放俸餉 20000<br>部撥津海關應解京官津貼改為加復俸餉 12000<br>計：50000 |

兩和複利息 63 萬兩。詳見周志初：《庚子賠款本息的計算方法及應付金額》，《歷史檔案》，1992 年第 4 期。

| 省別 | 分攤總額 | 其 | 中 | |
|------|---------|-----|-----|-----|
| | | 各省認籌 | 戶部改撥該省應解部庫部分 | 戶部改撥該省海關應解關稅部分 |
| 山東 | 993000 | 900000 | 73000 | 部撥東海關應解抵閩京餉改爲加放俸餉 15000【1】<br>部撥東海關應解京官津貼改爲加復俸餉 5000<br>計：20000 |
| 河南 | 1268000 | 900000 | 368000 | 0 |
| 江蘇 | 2972500 | 2500000<br>本省認籌內金陵關稅 100000 | 350000 | 部撥江海關應解抵閩京餉改爲加放俸餉 20000<br>部撥鎮江關應解抵閩京餉改爲加放俸餉 20000<br>部撥江海關應解京官津貼改爲加復俸餉 20000<br>部撥鎮江關應解京官津貼改爲加復俸餉內 2500 |
| | | | | 部撥省應解旗兵加餉內鎮江關 10000，江海關 30000<br>部撥江海關應解邊防經費 20000<br>計：122500 |
| 安徽 | 1257000 | 1000000 | 257000 | 0 |
| 江西 | 2166000 | 1400000 | 736000 | 部撥九江關應解抵閩京餉改爲加放俸餉 24000<br>部撥九江關應解京官津貼改爲加復俸餉 6000<br>計：30000 |

| 省別 | 分攤總額 | 其 | 中 | |
| --- | --- | --- | --- | --- |
| | | 各省認籌 | 戶部改撥該省應解部庫部分 | 戶部改撥該省海關應解關稅部分 |
| 湖南 | 1004000 | 700000 | 304000 | 0 |
| 湖北 | 1674000 | 1200000 | 428000 | 部撥江漢關應解抵閩京餉改爲加放俸餉16000<br>部撥九江關應解京官津貼改爲加復俸餉10000<br>部撥江海關應解加增邊防經費20000<br>計：46000 |
| 福建 | 990000 | 800000<br>本省認籌內閩海關藥釐240000 | 126000 | 部撥閩海關關應解抵閩京餉改爲加放俸餉24000<br>部撥閩海關應解京官津貼改爲加復俸餉20000<br>部撥閩海關應解加增邊防經費20000<br>計：64000 |
| 浙江 | 1564000 | 1400000 內杭關180000 | 144000 | 部撥浙海關關應解抵閩京餉改爲加放俸餉20000 |
| 廣東 | 2319000 | 2000000 | 231000 | 部撥粵海關關應解抵閩京餉改爲加放俸餉24000<br>部撥粵海關應解京官津貼改爲加復俸餉40000<br>部撥粵海關應解加增邊防經費24000<br>計：88000 |
| 廣西 | 300000 | 300000 | 0 | 0 |
| 山西 | 1163000 | 900000 | 263000 | 0 |

| 省別 | 分攤總額 | 其 | 中 | |
|------|----------|------|------|------|
| | | 各省認籌 | 戶部改撥該省應解部庫部分 | 戶部改撥該省海關應解關稅部分 |
| 陝西 | 704000 | 600000 | 104000 | 0 |
| 四川 | 2268000 | 2200000 | 60000 | 部撥夔關應解加增邊防經費 8000 |
| 雲南 | 300000 | 300000 | 0 | 0 |
| 貴州 | 200000 | 200000 | 0 | 0 |
| 甘肅 | 300000 | 300000 | 0 | 0 |
| 新疆 | 400000 | 400000 | 0 | 0 |
| 合計 | 22700500 | 18800000 | 3452000 | 448500 |

資料來源：清度支部編：《宣統元年各省應解京洋賠各款剔除由鹽關項下撥解數目應解總數表暨分省清單》，民國財政部印刷局印行，發行年代不詳。【1】該處與湯象龍先生統計有所出入，湯先生「東海關應解抵閩京餉改爲加放俸餉」一款爲 20000，《清單》一書有注：內藩庫代解伍千兩，故該項爲 15000。

　　從上表可知，各省認籌和部庫改撥兩部分每年可得 2200 餘萬兩，可勉強應付每年賠款任務。但以上只是應得款項，其中有很多無著之款，如部庫改撥款項中，無著之款高達 74 萬兩，占部庫改撥總數的 19.02％，其中以旗兵加餉一項爲最多。〔註 29〕而且賠款方案中各省認籌部分佔據大頭，約占去 85％左右，清政府將主要的償款負擔落實到了各省身上。各省對這種「賠款至上」的分攤方案甚爲反感，紛紛要求酌減攤派，用關稅來抵充。〔註 30〕因此，爲確保賠款的足額支付，條約規定償還庚子賠款的財源還來自：新關各進款，俟前已作爲擔保之借款各本利付給之後除剩者，又進口貨稅增至切實值百抽五，將所增之數加之，所有向例進口免稅各貨，除外國運來之米及各雜色糧面並金銀以及金銀各錢外，均應列入切實值百抽五貨內；所有常關各進款，在各通商口岸之常關，均歸新關管理；所有鹽政各進項，除歸還前泰西借款一宗外，餘剩一併歸入。〔註 31〕

---

〔註 29〕　王樹槐：《庚子賠款》，中央研究院近代史研究所編印，1985 年，第 137 頁。
〔註 30〕　王彥威、王希隱：《清季外交史料》卷 149，文海出版社印行，近代中國史料叢刊三編（16），第 2516 頁。
〔註 31〕　王鐵崖：《中外舊約章彙編》（第一冊），三聯書店，1957 年，第 1006 頁。

以上第 1 項爲各海關實行修訂稅則實行切實值百抽五所增加的稅收，第 2 項爲稅務司所兼管的五十里內常關所新增的二成稅收，均屬於各關攤還的部分。因此庚子賠款的償還，大致可以分成四大塊，即各省認籌部分，部款改撥部分，鹽課攤還部分和各關攤還部分。

清末十年，庚子賠款的償還情況，學術界研究成果很多，但有些問題尚需進一步的探討。即如清末賠款償還的具體數字，仍未有統一的結論。《中國海關與庚子賠款》一書，曾對賠款的償還情況作過統計，結果如下：

表 6.24：歷年支付庚子賠款總額表（1902～1911）

| 年　份 | 實際付出貨幣 | 說　明 |
|---|---|---|
| 1902 | 21829500 | 1902 年到 1904 年三年付出總數目中，包括 1901 年 7 月 1 日到 12 月 31 日的利息 900 萬關平兩（每年攤付 300 萬兩）。 |
| 1903 | 21829500 | |
| 1904 | 21829500 | |
| 1905<br>1～6 月<br>7～12 月<br>合計 | 800000<br>9420000<br>9414750<br>19634750 | 本年所列 800 萬兩，是補償 1902 年到 1904 年底因用銀撥付而發生的所謂鎊虧和 1901 年下半年起應付而緩付息金的利息。7～12 月分實付數目海關無檔可查，按《庚子賠款本息分五組按年還本付息總數表》覈算，應爲關平銀 9414750 兩。 |
| 1906 | 18829500 | 按《庚子賠款本息分五組按年還本付息總數表》所列，1905 年到 1910 年年應付關平銀 18829500 兩，1911 年 1 月到 9 月分應付關平銀 14924625 兩，實際付了多少，海關無檔可查對。 |
| 1907 | 18829500 | |
| 1908 | 18829500 | |
| 1909 | 18829500 | |
| 1910 | 18829500 | |
| 1911 | 14924625 | |

資料來源：中國近代經濟史資料叢刊編輯委員會主編：《中國海關與庚子賠款》，北京：中華書局，1962 年，第 228 頁。實際付出貨幣已折合關平銀。

據該書稱：光緒二十八年至到光緒三十一年上半年的數目，是從江海關檔案卷中查出的，而從光緒三十一年下半年以後到宣統三年的數據，則是推算而來，因此並不是實際數字。王樹槐的統計是，光緒二十八、二十九、三十三年的賠付數與前表完全一致，但從光緒三十一年後就有較大的不同，王樹槐的數字分別是：光緒三十一年 26834750 兩，光緒三十二年 17791653 兩，

光緒三十三年 17932857 兩，光緒三十四年 23536875 兩，宣統元年 24140384 兩，宣統二年 23390683 兩，宣統三年 18562904 兩。〔註 32〕由於光緒三十二年至宣統三年未查出實支之數，按照原賠款表所列數，王樹槐根據海關報告，查出該年海關兩折合英鎊之平均兌換率，計算成海關兩，得出以上各數。爲證明這一推算的準確性，王樹槐還進行了驗算，光緒三十一年下半年亦無檔案可查，按照這一辦法換算爲 9414750 兩，與上半年（有檔案可查者計 942000 兩）相差無幾，證明這種換算方法是合理的。但這一換算結果爲什麼和 6.24 表中的數字相差很大，王樹槐並沒有做出解釋。湯象龍也對清末十餘年庚款賠付情況作過一種統計，結果如下：

**表 6.25：各省、關歷年攤還庚子賠款表**　　　　　（單位：庫平兩）

| 年　代 | 各省攤還數 | 各海關攤還數 | 合　計 | 海關所佔比例% |
|---|---|---|---|---|
| 1902 | 21212500 | 3198367 | 24410867 | 13.10 |
| 1903 | 21162500 | 3005368 | 24167868 | 12.44 |
| 1904 | 21137500 | 3641784 | 24779284 | 14.70 |
| 1905 | 21212500 | 3756880 | 24969380 | 15.05 |
| 1906 | 21212500 | 4172083 | 25384583 | 16.44 |
| 1907 | 21212500 | 4109156 | 25321656 | 16.23 |
| 1908 | 21212500 | 3849803 | 25062303 | 15.36 |
| 1909 | 21212500 | 3811276 | 25023776 | 15.23 |
| 1910 | 21212500 | 3935118 | 25147618 | 15.65 |
| 合計 | 190787500 | 33479835 | 224267335 | 14.93 |

資料來源：湯象龍：《中國近代財政經濟史論文選》，西南財經大學出版社，1987 年，第 95 頁。注意各海關攤還數與湯象龍編著：《中國近代海關稅收和分配統計：1861～1910》，第 205 頁統計數據略有出入。

湯象龍的統計數據有幾個地方需要說明：

1. 這裡的數據單位是庫平兩，而非海關兩，庫平與關平之間還有一個補水的問題，大致是每百兩庫平須補水 1.643 兩等於 100 兩關平。〔註 33〕

---

〔註 32〕王樹槐：《庚子賠款》，第 570 頁。
〔註 33〕王樹槐：《庚子賠款》，中央研究院近代史研究所編印，1985 年，第 154 頁。

2. 湯表的「各省攤還數」顯然對應於表 6.23 中「各省認籌」和「戶部改撥該省應解京餉部分」兩者之和。但表 6.23 兩者之和為 22252000 兩，與 21212500 尚有一點差異，這可能是「各省籌款情形與最初原定之計劃不無臨時變更之處」所造成的。〔註 34〕

3. 湯表中「各海關償還數」來自海關監督的奏銷清冊，因此，表 6.23 中「戶部改撥該省海關應解關稅部分」448500 兩自然也包括進去，除此之外，還應包括關餘、5%增稅、一半傾熔火耗等項目。茲列表如下：

**表 6.26：歷年海關稅攤還情況** （單位：庫平兩）

| 年代 | 關餘（包括五十里內常關稅） | 5%增稅 | 加放俸餉 | 加增東北邊防經費及旗兵加餉 | 一半傾熔火耗 | 總計 |
|---|---|---|---|---|---|---|
| 1902 | 949982 | 1868134 | 112000 | 171500 | 96751 | 3198367 |
| 1903 | 780746 | 1758402 | 148000 | 174000 | 144220 | 3005368 |
| 1904 | 1216573 | 1967563 | 128000 | 174000 | 155648 | 3641784 |
| 1905 | 1314684 | 1935804 | 128000 | 204000 | 174392 | 2756880 |
| 1906 | 925984 | 2754058 | 128000 | 179200 | 184841 | 4172083 |
| 1907 | 620000 | 2976496 | 155000 | 174000 | 183660 | 4109156 |
| 1908 | 635000 | 2695888 | 165000 | 174000 | 179915 | 3849803 |
| 1909 | 628333 | 2671077 | 166000 | 174000 | 171866 | 3811276 |
| 1910 | 620000 | 2811878 | 154000 | 174000 | 175240 | 3935118 |
| 合計 | 7691302 | 21439300 | 1284000 | 1598700 | 1466533 | 33479835 |

資料來源：湯象龍：《中國近代財政經濟史論文選》，西南財經大學出版社，1987 年，第 85 頁。

上表數字顯然是海關監督的實解數。實解數與應解數之間存在差別的另一原因，那就是海關監督在按照額定款目解款時，還需附解一部分款項，而附解款項也有可能納入監督的統計中。茲以粵海關光緒三十四年解款情況為例：

〔註 34〕湯象龍：《中國近代財政經濟史論文選》，西南財經大學出版社，1987 年，第 86 頁。

表 6.27：粵海關附解款項表　　　　　　　　　　　（單位：兩）

| 項目 | 新案賠款 | 京餉撥還 | 二成五十里內常稅 | 一半傾熔火耗 | 補關平 | 新案賠款匯費 | 京餉撥還匯費 | 二成常稅匯費 | 火耗匯費 | 補關平匯費 |
|---|---|---|---|---|---|---|---|---|---|---|
| 解額 | 262513 | 87266 | 69753 | 3528 | 6016 | 2625 | 506 | 306 | 335 | 54 |

資料來源：廣東清理財政局：《廣東財政説明書》卷十，解款，宣統二年編訂，第20頁。新案賠款即 5% 增稅。

上表中，四項正款解額合計爲 423060 兩，而附解補關平和匯費兩項即達 9842 兩，附解率爲 2.33%，即每百兩須多解 2.33 兩。

爲確保賠款按期償付而萬無一失，清政府在派款時總是留有餘地，派款數總是多於實際償付數。但這多出的款項究竟被用於何處，如何使用，則不得而知。

儘管清末十年庚款的賠付問題仍有進一步探究的必要，但有一點可予注意，那就是儘管庚子償款任務開始並沒有落實到海關身上，因爲關稅已是抵無可抵，攤無可攤，但最後，關稅仍然在庚款賠付中扮演了重要的角色。

# 第二節　晚清海關與地方之間的財政關聯

## 一、監督與地方政府之間的財政關聯

晚清時期，由於鎭壓太平天國起義，地方政府被授權可以「就地籌餉」，各養各兵；地方洋務新政的舉辦，以地方之財辦地方之政；以及後來的諸多賠款、借款的各省攤還制度的確立，使得以省一級爲單位的財政單元開始逐漸成形，地方利益觀念日益強化。海關雖直屬中央，但又地處地方政府的管轄範圍之內，這種地緣關係，注定了海關與地方之間必然發生一定的財政關聯。1. 清制規定，地方政府對所在地海關有監察之責，有的海關監督即由地方政府官員兼任，除粵海關監督可直接上奏言事外，其他海關稅款的上解奏銷都要由督撫與監督會奏，因此海關稅收的贏絀，關係到地方督撫的政績。2. 地方兵餉的重要來源之一就是本地海關關稅，一些地方政事也有賴於海關的接濟，海關稅源的充裕與否，影響到地方軍政事業的開展。3. 對於地方政

府來講，政局動盪或需款緊急之時，最爲便捷穩當的途徑，莫過於截留本省關稅，爲地方所用，「以本省之銀撥本省之餉，較爲妥便」。〔註 35〕因此在戰亂時，地方督撫對本地海關的財政控制力度就會空前加強，反之在承平之際，就會有所放鬆。海關與所在地方之間財政關係的強化現象，我們不妨稱之爲海關的地方化傾向。雖然地方化傾向不一定等於「去中央化」，但在一定程度上削弱了中央對地方海關的財政壟斷地位。以下從行政、財政運作兩個方面加以探討。

清代前期，権關由中央差遣監督專管，與地方不相統轄。雍正十二年，由於地方不協力，監督「動則掣肘」，遂改爲督撫監管，監督專司徵稅，但不聽督撫節制。〔註 36〕此後又幾經反覆，監督一職忽廢忽立，到乾隆十五年以後，海關監督制度基本確立下來，但監督的委派，有皇帝欽派，如粵海關；有地方官兼任，如閩海關，監督成爲福州將軍的專差；有地方道員兼任，如江、浙等關。第二次鴉片戰爭以後，海關增多，清政府大多情況下每設一個新關，即相應增設一監督，用以統轄。這些海關監督則多由地方官員兼任，如下表：

表 6.28：各海關監督官銜一覽表

| 監　督 | 下轄海關 | 兼任海關的官員官銜 | 監　督 | 下轄海關 | 兼任海關的官員官銜 |
|---|---|---|---|---|---|
| 江海關監督 | 江海關 | 蘇松太道 | 甌海關監督 | 甌海關 | 溫處道 |
| 蘇州關監督 | 蘇州關 | 蘇州道 | 鎮江關監督 | 鎮江關 | 常鎮道 |
| 金陵關監督 | 金陵關 | 江南鹽巡道 | 東海關監督 | 東海關 | 登萊青道 |
| 浙海關監督 | 浙海關 | 寧紹臺道 | 梧州關監督 | 梧州關 | 桂平梧道 |
| 蕪湖關監督 | 蕪湖關 | 徽寧池太廣道 | 南寧關監督 | 南寧關 | 左江道 |
| 九江關監督 | 九江關 | 廣饒九南道 | 鎮南關監督 | 鎮南關 | 太平思順道 |
| 江漢關監督 | 江漢關 | 漢黃德道 | 思茅關監督 | 思茅關 | 思茅同知 |
| 岳州關監督 | 岳州關 | 岳常澧道 | 騰越關監督 | 騰越關 | 迤西道 |

---

〔註35〕 蔣廷黻輯：《籌辦夷務始末補遺》（道光朝）（第四冊），北京大學出版社，1988年，第 96 頁。
〔註36〕 光緒朝《清會典事例》卷 239，第 820 頁。

| 監 督 | 下轄海關 | 兼任海關的官員官銜 | 監 督 | 下轄海關 | 兼任海關的官員官銜 |
|---|---|---|---|---|---|
| 長沙關監督 | 長沙關 | 鹽法長寶道 | 蒙自關監督 | 蒙自關 | 臨安開廣道 |
| 宜昌關監督 | 宜昌關 | 荊宜施道 | 津海關監督 | 津海關 | 津海關道 |
| 沙市關監督 | 沙市關 | 荊宜施道 | 嘉峪關監督 | 嘉峪關 | 安南道 |
| 重慶關監督 | 重慶關 | 川東道 | 牛莊關監督 | 牛莊關 | 奉錦山海關道 |
| 杭州關監督 | 杭州關 | 杭嘉湖道 | 安東關監督 | 安東關 | 奉天興鳳道 |
| 粵海關監督 | 粵海關、潮州關、瓊海關、北海關、拱北關、九龍關、三水關、江門關、甘竹關 | 欽派，光緒三十年後兩廣總督兼任 | 哈爾濱關監督 | 哈爾濱關 | 吉林分巡西北路道 |
| | | | 閩海關監督 | 福州關、廈門關、三都澳關、滬尾口、打狗口 | 福州將軍 |

資料來源：任智勇：《晚清海關監督制度初探》，《歷史檔案》，2004 年第 4 期。

　　從上表我們可以看到，除粵海關之外，所有海關監督均由地方官兼差（粵海關光緒三十年以後也爲總督兼管），而且大多是道一級的官員（除閩海關爲福州將軍兼任，地位等同督撫，騰越關爲同知，地位較道次一級別）。海關既爲地方官員兼任，那麼海關行政即成爲地方行政的一部分，監督必須接受地方督撫的督察。督撫雖不直接參與收稅，但有督察稅務的權力，除粵海關監督「爲欽命之員，其奏報例准直達朝廷，不經督撫之手。其餘中小各關，皆由督撫就近之巡道，兼充監督，其奏報須由督撫核轉」。〔註37〕海關如有情弊，即隨時參奏。而且督撫還有密報關稅的職責，將每月到關船數若干，所載貨物粗細各若干，詳細查明，按月造冊，密報中央。一年期滿，戶部將督撫所報與監督所報清冊覈對，如查有不符，即對監督參劾。〔註38〕道光年間，閩海關連年短欠，道光皇帝就要求閩浙總督劉韻珂對關務隨時留心，密加訪察，據實具奏，不准稍涉瞻徇。〔註39〕光緒十三年戶部曾對粵海關開徵洋藥稅所

〔註37〕哲美森編、林樂知譯：《中國度支考》，商務印書館，光緒二十九年，第 17 頁。
〔註38〕席裕福、沈師徐輯：《皇朝政典類纂》卷 88，征榷 1，文海出版社印行，近代中國史料叢刊續輯，第 114 頁。
〔註39〕《皇朝政典類纂》卷 86 征榷四，文海出版社印行，近代中國史料叢刊續輯（881），第 95 頁。

支經費放心不下，要求粵督張之洞查清有無侵蝕濫支情況。〔註 40〕另外，海關中其他重要成員如各總口委員、庫大使、書吏及其他佐雜人員，雖供職於海關，但卻不全由監督任命，也不完全由監督直接管理，總督、巡撫、將軍甚至布政使司對其人事都有或多或少的影響力。〔註 41〕這種行政體系的設置，無疑有助於海關與地方政府利益共同體的形成。因此，當海關面臨彈劾時，地方政府往往出面進行祖護。

同治五年左宗棠曾指陳粵海關稅收積弊〔註 42〕，而廣東地方政府則一味搪塞，為監督開除罪責，認為書吏之侵牟，家丁之蒙蔽，各省關課同坐此弊，實無由推測隱微，過事搜求。〔註 43〕光緒四年御史樓譽普風聞粵海關庫書歷年經管關庫，侵吞餉項，收受陋規〔註 44〕，廣東地方政府回覆：再四確查，監督實無徇縱情事。〔註 45〕光緒八年御史鄧承修奏請飭查關稅侵蝕，以裕國用，並警示各省督撫不得掩飾迴護。〔註 46〕各省紛紛作出反應。閩省稱閩海關沒有徵多報少情弊；〔註 47〕粵省稱：確查粵海關徵稅並無侵蝕中飽。〔註 48〕光緒十一年御史俊義奏稱：粵海關家丁，朋比為奸，百般搜求，私自分肥。〔註 49〕粵省的回應是：遵查粵海關丁胥並無勒索紛擾等由。〔註 50〕光緒十六年左庶子恩景稱粵海關稅廠單書把持公事，勒索商民，要求廣東督撫派員查辦。地方官的解釋是「欲改委員經收，則納稅所徵究亦無多，故歷任監督悉任其舊」。〔註 51〕

〔註 40〕光緒十三年九月初九日粵省仍請專認寶源洋款、其補解畿餉應聽戶部酌覈摺，《張之洞全集》（第一冊）奏議 23，河北人民出版社，1998 年，第 605～607 頁。

〔註 41〕陳國棟：《粵海關（1684～1842）的行政體系》，《食貨》月刊合訂本，第十一卷。

〔註 42〕《皇朝政典類纂》卷 88 征榷六，文海出版社印行，近代中國史料叢刊續輯（881），第 119 頁。

〔註 43〕郭嵩燾：《密陳粵海關情形疏》，楊堅補校：《郭嵩燾奏稿》，長沙：嶽麓書社，1983 年，第 311 頁。

〔註 44〕《錄副奏摺》，檔號：3－128－6344－52。

〔註 45〕《錄副奏摺》，檔號：3－128－6348－41。

〔註 46〕清道人（鄧承修）：《語冰閣奏議》（卷二），民國七年印行，第 23 頁。

〔註 47〕朱批 71：第 817～818 頁。

〔註 48〕光緒八年八月二十九日京報全錄，《申報》，1882 年 10 月 21 日。

〔註 49〕《錄副奏摺》，檔號：3－128－6353－74。

〔註 50〕《錄副奏摺》，檔號：3－128－6354－82。

〔註 51〕《錄副奏摺》，檔號：3－128－6374－2。

與其他海關相比，粵海關的「中央化」色彩較爲濃厚，粵海關監督向爲內務府包衣，由皇帝欽派，粵海關也被稱爲「天子南庫」、「戶部分司」，地位特殊。正由於此，粵海關監督與地方大員關係較爲複雜微妙。大部分監督任滿回京，廣東督撫均給予較好的評價，如瑞麟、張兆棟之於崇禮，劉坤一、張兆棟之於文銛，張樹聲之於俊啓。因得到地方大員的極力褒薦，崇禮、文銛回京後「均蒙聖恩，以內務府三院卿候補」，俊啓也被補授爲上駟院卿，並賞加頭品頂戴。〔註 52〕當然，也有少數監督與地方督撫關係並不十分融洽，如張之洞之於增潤，李瀚章之於長有，後文將會談到。但即便如此，大部分情況下，地方大員對粵海關的利益還是極力維護的。粵海關尚且如此，其他海關自不待言。

我們再從財政方面來看。海關稅款是各省兵餉的來源之一。乾隆五十六年諭：閩海關常稅盈餘銀兩，嗣後不必解部，即著留於福建藩庫，以備支放兵餉之用。至各省內如有似此地丁銀兩不敷支放兵餉者，其有關稅省份應解稅銀，亦著照此辦理。〔註 53〕道光二十五年七月戶部議准，將閩海關夷稅銀兩也解交福建藩庫撥充兵餉。後來夷稅增多，撥充兵餉有餘，多餘部分才盡數解部。〔註 54〕五口通商之前，粵海關正額中就有每年留支本省兵餉 4 萬兩。道光二十三年後，粵海關夷稅項下歲解糧道庫銀 4 萬兩轉作普濟堂經費，並在常稅項下遞年指撥粵省旗綠各營及兵餉銀 7 萬兩，光緒十二年分戶部又添撥洋稅銀 10 萬兩，共 17 萬兩。同治十二年奏准，粵省海防經費，在粵海關洋藥正稅項下按月撥銀 2 萬兩。〔註 55〕江海關徵收洋稅，咸豐年間更有每月解赴糧臺銀 14 萬兩的規定。〔註 56〕而江海關常稅，除例支各項經費外，餘銀也應全數撥濟軍餉。〔註 57〕東海關以洋稅奉撥京津各餉，以常稅彙解本省藩庫。同治七年天津派來教演槍隊官兵，應需薪糧在洋稅項下開支，而本省登標選練官兵口糧，則在常稅項下開支。〔註 58〕另外，從道光二十六年開始，

---

〔註 52〕光緒七年八月四日張樹聲等片，《錄副奏摺》，檔號：03-6346-053。
〔註 53〕《皇朝政典類纂》卷 86 征榷四，文海出版社印行，近代中國史料叢刊續輯（881），第 95 頁。
〔註 54〕咸豐十年十月十二日肅順奏，《內閣全宗》，檔號：02-01-02-3060-00。
〔註 55〕光緒十二年六月十七日張之洞奏，《錄副奏摺》，檔號：3-128-6356-44。
〔註 56〕咸豐七年十月十六日何桂清奏，蔣廷黻輯：《籌辦夷務始末補遺》（咸豐朝）（第一冊）一，北京大學出版社，1988 年，第 596 頁。
〔註 57〕光緒二年正月二十六日江海關奏，《錄副奏摺》，檔號：3-128-6336-28。
〔註 58〕同治八年五月初九日軍機處交出丁寶楨片，北京大學圖書館藏：《欽命各國事

各關可以將每年所徵常稅不足 1 萬兩的尾銀酌留本省藩庫，以裕軍實。〔註59〕但有的海關正額都無法完成，就無尾銀可言，這一政策實際上很少執行。從湯象龍的統計結果來看，從咸豐十一～宣統二年間各海關稅收用於省用的，占關稅支出總數的 7.94%，但這僅及洋稅一項，常稅則沒有統計。

　　海關與地方利益關係的一致性，我們還可以通過中央與海關之間火耗之爭的案例來說明。

　　海關收稅時，所收銀兩，皆是商人所交的零碎不齊的銀兩，而銀號上交到關庫的銀兩，必須是大塊的足色庫寶，因此，銀號在上交這些銀兩之前，還有一個將碎銀回火傾鎔成塊的程序。銀兩在傾鎔與解送過程中，必不可少要發生一些折耗，這就是傾鎔折耗，又為火耗。當然，商人如繳納的是足色紋銀，或夷商繳納的是鷹番銀，即不用傾熔〔註60〕，但須納補水。五口通商之前，稅則上對火耗、平餘這些附加稅的徵收是這樣規定的：「進口出口貨物，法定於正課之外，加徵火耗一成，正課每兩加徵一分六釐，亦屬得當」。〔註61〕這樣算來，法定的火耗等項至多是每兩加徵 1 錢 1 分 6 釐。但實際上在粵海關則是正稅加納三成，故外商稱之為「加三」，遠遠高出會典的規定。其他海關或口岸的商稅，大多也有火耗名目，各口徵例不同。如閩海關，南臺、廈門等口係加二火耗，泉州、安海等口係加一火耗，只有石碼、南山邊口及糖料認稅並小商漁船等項，只徵正稅，並無火耗。到道光年間，福建各口均為加一火耗。〔註62〕江海、東海等關也如是處理。但這裡有一個疑問，稅則中既有加徵火耗一成的規定，又為何又稱加徵一分六釐亦屬得當？而且火耗一成即 10% 的提取比例與五口通商以後火耗提取比率 1.2% 相比，未免相差太過懸殊。鑒於時人對補水、火耗、平餘等項往往混為一談，不加區分，均視為稅耗，筆者猜測，加徵的一成應為補水或平餘〔註63〕，另外 1 分 6 釐才為火耗。

---

務衙門清檔・東海關稅務》（抄本），無頁碼。

〔註59〕道光二十六年八月二十日耆英等，蔣廷黻輯：《籌辦夷務始末補遺》（道光朝）（第四冊），北京大學出版社，1988 年，第 508 頁。

〔註60〕咸豐十年十月十二日肅順奏，《內閣全宗》，檔號：02－01－02－3060－007。

〔註61〕姚賢鎬：《中國近代對外貿易史資料》（第一冊），中華書局，1962 年，第 207 頁。

〔註62〕黃國盛：《鴉片戰爭前的東南四省海關》，福建人民出版社，2000 年，第 241 頁。

〔註63〕《光緒會典》規定：「凡稅耗各徵其十之一，經費皆出焉。」（文海出版社印行，近代中國史料叢刊（129），第 116 頁。）

　　五口通商以後，清政府加強了對各關耗銀的管理，規定各關每兩准銷一分二釐作爲津貼銀號之用，不再歸入經費，海關可以作爲開除項，在稅收項下作爲正開銷，年終報部考覈。但各關的執行情況不盡相同。粵海、津海等關均遵照規定，按每百兩提折耗銀一兩二錢，作爲銀號火耗之用，而江海關稅銀回火傾耗每兩實際折耗有三四分到五六分不等，關道無款可以彌補，撫臣傅繩勳於道光二十九年奏請將所徵夷稅銀兩每兩准銷折耗銀三分，但戶部認爲比率過高，令量爲酌減，改爲耗銀二分。〔註 64〕這已比其他各關每兩多出 8 釐。閩海常稅火耗多爲每兩二分三釐，地方官認爲洋稅也應按這一比率辦理，但外商堅執不允，只出每兩工火銀一分二釐，地方官憚於洋人之威，只得通融兌收，但解庫時兌成足色紋銀發生的折耗每兩有三四分至五六分不等，中間的差額，根據地方官的陳說，係由歷任監督捐廉賠補，因此閩撫王懿德也請求援照江海關每兩折耗二分之例，在稅收項下作正開銷，以昭劃一。〔註 65〕而浙海新關甫經開辦，鑒於江海、閩海兩關的成例，浙督左宗棠也藉口洋稅成色低潮，每兩准銷折耗銀二分。〔註 66〕

　　各關的援請，使五口通商章程中關於統一耗率的規定形同具文，戶部不得不出面加以匡正，要求江海等關自咸豐十一年九月起，均按照天津、粵海二關新章，每兩開銷折耗銀一分二釐，仍於年終送部查覈。但戶部的決定受到江撫李鴻章的抵制，他強調上海與天津、粵海兩處的不同，江海關「折耗與熔工本係兩款，判然不同，亦並行不悖。今既准免洋商另交熔工，此款即歸無著。若又核減折耗，銀號固無力賠墊，關道亦無法籌補，應請仍照原案每百兩准銷銀二兩，以免流弊」。〔註 67〕不過，從李鴻章後來的奏摺來判斷，他的意見並未得到戶部的批准，因爲自同治二年二月爲始，江海關即奉部定新章，耗率從每百兩准支二兩降爲一兩二錢。〔註 68〕儘管「驟加核減，實有

〔註 64〕　道光二十九年十月五日陸建瀛奏，蔣廷黻輯：《籌辦夷務始末補遺》（道光朝）（第四冊），北京大學出版社，1988 年，第 682～683 頁。

〔註 65〕　咸豐六年十二月初二日王懿德片，蔣廷黻輯：《籌辦夷務始末補遺》（咸豐朝）（第一冊），北京大學出版社，1988 年，第 528 頁。

〔註 66〕　同治二年三月十四日左宗棠奏，蔣廷黻輯：《籌辦夷務始末補遺》（同治朝）（第一冊），北京大學出版社，1988 年，第 474～475 頁。

〔註 67〕　李鴻章：《關稅留抵軍餉摺》（同治二年五月三十日），《李鴻章全集》（1）奏稿，卷 3，海南出版社，1997 年，第 140 頁。

〔註 68〕　蔣廷黻輯：《籌辦夷務始末補遺》（同治朝）（第二冊），北京大學出版社，1988 年，第 408 頁。

不敷」，地方政府也無如之何。同治六年，閩海關仍不斷要求火耗每兩仍照舊開支二分。〔註69〕

耗銀應視爲海關稅款的扣項，在稅款上繳時被扣留下來，作爲銀號的補貼或海關經費，耗率越高，留存款項越多，因此海關當局千方百計強調本關的折耗開銷大，以期多留耗銀，爲本關所用。而中央政府則極力打壓耗率，以期盡可能地將海關所徵稅款納入自己的控制之下，不容海關監督有更多的沾潤稅款的機會。從以上耗率之爭可以看出，在中央與海關利益紛爭中，地方政府明確站在海關一方，成爲海關利益的爭取者和維護者。

當然，海關與地方政府既有利益上的共同性，也有具體問題上的分歧，如同治六年廣東巡撫瑞麟鑒於粵海關書吏隱匿漏稅，只求正額無虧，所得盈餘盡數留關使用，要求增加常稅盈餘定額。〔註70〕而次年八月粵海關監督師曾卻奏請新加常稅定額酌減四萬兩。〔註71〕一加一減，透漏出地方政府與當地海關在利益分配取向上的分歧。光緒十二年粵省督撫與粵海關監督關於寶源洋款尾數的清償問題更發生爭執。寶源洋款本爲中越邊境緊張之時，由粵督張之洞代滇、桂兩省代借的，但最後卻由粵省一省償還，至光緒十三年時尚欠尾銀 22.6 萬餘兩，粵省已無力償還。經戶部奏准，由粵海關舊欠粵省兵餉並海防經費內劃撥。當時粵海關已累欠粵省兵餉 140 餘萬兩，現抵還 22 萬兩，對於粵海關來說「尤不至稍形竭蹶」，而粵海關監督增潤卻不同意這樣的處理，認爲此項抵款「萬難設措」，要求改撥。張之洞頗爲惱火，稱：查該關所欠兵餉出自常稅，所欠海防經費出自洋藥稅，抵還寶源之款係在兵餉防費內移撥，自應合常稅、藥稅而並及。而該關「但計藥稅之贏絀，而置常稅於不論，若此款與常稅無關也者，所論殊未清晰。且藥稅以支銷浮糜，始告無餘，否則以入抵出，未至棘手。查當日開辦六廠，本由籌濟粵餉而設，嗣後得魚忘筌，漸失經始命意，徒爲該監督增一支銷之款，而於應解之防費反至延欠，本非事理之平」〔註72〕。

省、關之間關於寶源償款問題意見分歧，粵省向粵海關索還欠餉，而監督則力陳該關艱難，所處位置不同，自必各申其說，連戶部也難以評斷。

---

〔註69〕同治六年三月十一日英桂奏，《錄副奏摺》，檔號：3－86－4875－26。
〔註70〕《錄副奏摺》，檔號：03－4875－010。
〔註71〕《錄副奏摺》，檔號：03－4877－078。
〔註72〕光緒十三年九月初九日張之洞摺，《張之洞全集》（第一冊），河北人民出版社，1998 年，第 605～607 頁。

## 二、稅務司與地方借款

### 1. 稅務司與地方外債

稅務司身處地方，與地方官員因工作上的關聯間有往來，而且由於撰寫貿易報告的需要，稅務司對所在地的政治、經濟、文化、社會等各方面情況時刻關注。但稅務司很少與地方發生財政關係，這一方面與總稅務司署屬下通令，不准私自介入地方財政事務有關，另一方面，海關事務繁雜，稅務司雖有心參與地方上的財政活動也無暇多顧。不過，出於特殊身份的優勢，不少海關稅務司或被動或主動地參與過地方借款事務的籌劃。本書即以此作爲切入點，藉以探討稅務司與地方政府之間的財政關聯。

地方外債是相對於國債而言，意指由地方政府出面向外國政府或機構的舉債。根據馬陵合的理解，甲午戰爭之前，中國的外債大都具有地方外債的特點。〔註73〕但是清代無地方財政之設，地方政府的舉債，仍得由中央政府認可、批准，而且也並非都用於當地。有的借款，中央政府本應出面自借，但卻責成地方政府出面。此項借款，將來萬一不能償還，責任仍在中央政府；中央政府借，將來攤還本息，負擔仍在各省。因此嚴格意義上來說，晚清外債形式上大多爲地方借款，實則具有國債性質。本書將海關與洋賠各款均納入上節討論，意圖即在於此。至於地方政府出面借款，由海關擔保或償還，勢必與稅務司發生某些經濟關聯，這是本節所要討論的問題。

稅務司與地方外債發生聯繫，始於同治三年清廷購買炮船，總理衙門飭撥閩海關稅銀37萬兩。但當時閩海關入不敷出，因此福州將軍文清商諸閩海關稅務司美里登，由其出面向洋商代借本銀15萬兩。〔註74〕這筆款項，經展緩至同治四年歸還清楚。同治四年，太平軍餘部入閩，閩省震動，軍需倍增，各營待餉孔急，地方政府鑒於前次通過稅務司借款的便利，再次約請美里登再向洋商先後借用番銀30萬兩。〔註75〕因此，赫德後來說：「若干通商口岸之地方官員已向外國商人借過款。有時借款係奉旨批准，但亦有未經批准即向外借款者，有時債票經海關稅務司簽署，但亦有未經簽署者。一般來說，

---

〔註73〕 馬陵合：《晚清外債史研究》，復旦大學出版社，2005年，第39頁。
〔註74〕 中國人民銀行參事室編著：《中國清代外債史資料》，中國金融出版社，1991年，第20頁。
〔註75〕 中國人民銀行參事室編著：《中國清代外債史資料》，中國金融出版社，1991年，第22頁。

不管海關稅務司簽署與否，借款均能如期償還」。〔註76〕可見，閩海關的舉措在當時並不具有普遍性。稅務司全面介入地方借款事務，實開始於左宗棠的西征借款。但稅務司介入西征借款，剛開始並非出於稅務司本願，甚至在江海、粵海等海關，稅務司的態度是抵制的。如左宗棠第一次西征借款，由於「上海稅務司不肯劃押，幾被阻撓」，經總理衙門通過總稅務司赫德親自「會辦此事，督飭上海稅務司劃押」，江海關稅務司費士來才勉強在左宗棠借款債票上簽字。〔註77〕

　　費士來之所以不願簽字，是因為這些借款債票是由地方當局發行的。稅務司不願意介入地方對外借款，其理由是「這會使海關受到懷疑，名譽受到損害，而且還會牽涉到稅務司在償還期票中的個人責任」。〔註78〕因為儘管此前有部分海關稅務司代理地方借款的成例，但畢竟有兩次，後任官員拒絕承認前任未經批准之借款。〔註79〕不過，總稅務司赫德很快改變了對地方借款持謹慎態度的做法，他看出：「海關稅務司蓋印簽署債票之目的，在於證明該項借款係經中央政府批准，並保證償付利息」。但費士來並未領會到此點。赫德對費士來在上海堅決拒不簽署債票，深為不滿，認為這是欠考慮或考慮不周，「是以臆斷的理由來作為根據，是完全誤解及不體會指令之精神所造成的——會使預期的效果落空，並耽誤這一有利措施的執行。因此對你自以為是所採取之立場深感遺憾」。〔註80〕那麼，赫德的預期效果是什麼呢？赫德非常清楚，儘管欽差大臣和關道蓋章，是「相當好的（但不是最好的）擔保」，如再加上稅務司的簽字，就更是一種保障，這使外國人對中國的貸款成為「最安全的投資」。〔註81〕「海關稅務司簽字之目的，在於向外國商界證明，該款係政府所借，其本息償付由中央政府完全負責」。〔註82〕但還有一點赫德所沒

---

〔註76〕中國人民銀行參事室編著：《中國清代外債史資料》，中國金融出版社，1991年，第 76 頁。

〔註77〕同治六年十二月十五日左宗棠摺，《中國清代外債史資料》，中國金融出版社，1991 年，第 28 頁。

〔註78〕〔美〕魏爾特著，陳敉才、陸琢成譯：《赫德與中國海關》（上），廈門大學出版社，1997 年，第 486 頁。

〔註79〕中國人民銀行參事室編著：《中國清代外債史資料》，中國金融出版社，1991年，第 33 頁。

〔註80〕《中國清代外債史資料》，第 34 頁。

〔註81〕陳霞飛主編：《中國海關密檔》（2），中華書局，1990 年，第 47 頁。

〔註82〕中國人民銀行參事室編著：《中國清代外債史資料》，中國金融出版社，1991 年，第 12 頁。

有明言的：海關從此可以大舉插手中國的外債事務。在這裡，海關是作爲政府而出面的，海關的信譽就是政府的信譽，而政府的信譽自然比各省的信譽值得外商信賴。債票存於外商手中，「在中國政府不能按期償付借款情況下，作爲繳稅之用」。〔註83〕西征借款是以中國關稅擔保地方借款的開始，也是經中央政府同意利用外籍稅務司作爲中介籌借外債的一個開端。〔註84〕

對於清中央政府來說，讓外籍稅務司介入借款，並且「凡今後中國當局向外商借款，北京總理衙門照例應將借款之事正式通知總稅務司，以便轉知各授權簽署或蓋印之有關稅務司」，可能別有防範地方政府私借外債的深意。赫德致上海稅務司費士來函中透漏海關簽署債票的目的在於：1. 保障外國貸款人，使其不致貸款給那些其本身無權借款——其後任可能賴債的地方官員，2. 防止未經批准之借款，以保障中央政府不受理那些因未批准及非法之借款而發生之債權要求，3. 保障稅務司，使其不致受那些因未批准借款及過分利息而對稅務司產生猜忌的不利影響，4. 爲政府借款開闢途徑，在中央政府按此方式進行一系列嘗試後，在今後欲預徵收入或求諸外援時考慮採用之。〔註85〕

據赫德稱，這些決定是其與清「高級官員幾度商談後」的結果。看來，讓稅務司介入地方向外借款，是清中樞機構經過仔細斟酌而作出的決定。而總稅務司赫德也是完全洞悉清中央政府的意圖的。總稅務司也一再告誡各稅務司：省府當局提供之償付擔保純屬個人擔保，倘遇借款人死亡或調離，勢將危及貸款人之錢財，新到任官員完全有權對是筆借款不予置理。各關稅務司於未經本總稅務司批准前，對任何借據一律拒絕蓋章或簽署或給予其他任何形式之幫助。〔註86〕這樣，地方政府如要成功舉借外債，首先須徵得總稅務司覈准。此舉即促成了總稅務司職權的又一次擴張。光緒元年，左宗棠第三次西征借款 300 萬兩，指派江浙粵三省關清還。當上海委員胡光墉咨送關票到浙海關，要求稅務司德琳加印化押，德琳稱未奉總稅務司箚文，拒絕押印，後還是總理衙門箚行總稅務司赫德，行文通知稅務司德琳，才蓋印化押。

---

〔註83〕 中國人民銀行參事室編著：《中國清代外債史資料》，中國金融出版社，1991 年，第 33 頁。

〔註84〕 中國人民銀行參事室編著：《中國清代外債史資料》，中國金融出版社，1991 年，第 32〜33 頁。

〔註85〕 1868 年 1 月 22 日赫德致上海英籍稅務司費士來函，《中國清代外債史資料》，中國金融出版社，1991 年，第 34 頁。

〔註86〕 1867 年 7 月 27 日海關總稅務司署通令第 11 號，《通令選編》（第一卷），中國海關出版社，2003 年，第 51〜52 頁。

〔註 87〕而未經總理衙門和總稅務司覈准的地方借款即爲私借，中央政府不承擔其風險，光緒十三年，山東巡撫張曜因墊發欠餉，私借上海德商泰來洋行銀二十萬兩，德商德華銀行 40 萬兩。德華銀行合同第六款云：張撫院如有陞遷，此項欠款即歸新任東撫承辦；第七款云：張撫院如不能清償，即將所欠數目奏請朝廷給還，並給利息。〔註 88〕但該款未及償還，張曜故去，該筆款項即因沒有海關的參與，最後由張氏家人代還。

### 2. 稅務司與地方內債

稅務司與地方內債的籌借，只是晚清時期極個別的案例，資料顯示，只有廣東省有過這方面的嘗試，上海也有動議〔註 89〕，但是否實行尚無確鑿的史料證實。稅務司幫助地方政府籌借外債，主要是憑藉其中西交往的中介身份，似可理解。但稅務司幫助地方政府籌借內債，既超出其職責之外，又難以發揮自身優勢，那麼何以促成稅務司與地方政府之間的此項合作呢？

近代舉借內債，起源於廣東〔註 90〕，而邀請稅務司幫助籌借內債也產生於廣東。應該說，借助海關籌借民款，民間早有動議。中法戰爭前夕，粵東籌辦海防，須款孔亟，鄭觀應即曾條陳當道，請仿西人之法籌借民款，准由各海關銀號出票，按年清利。其票據可抵關稅、錢糧捐納之需。〔註 91〕顯然，鄭的建議受到關稅擔保外債的啓發，但當時並未行之。光緒二十年，爲籌集甲午戰費，清政府第一次公開舉借內債，其辦法是由各省藩司、關道出面，發行蓋有藩印、關印的印票，上塡歸還本利期限，准於地丁、關稅項下照數按期歸還。〔註 92〕爲愼重起見，公債先在京城試辦，繼而推廣各地，但各地奉行不善，如江西省就「於部議各條外，多有增改」，有些州縣甚至出現「威嚇刑逼，多方逼抑」的現象〔註 93〕，江南地區也發生「今日繳銀，明日即將

〔註 87〕 中國人民銀行參事室編著：《中國清代外債史資料》，中國金融出版社，1991年，第 46 頁。

〔註 88〕 中國人民銀行參事室編著：《中國清代外債史資料》，中國金融出版社，1991年，第 658 頁。

〔註 89〕 光緒二十年十一月十三日上諭電，中國第一歷史檔案館編：《清代軍機處電報檔案彙編》（1），中國人民大學出版社，2005 年，第 351 頁。

〔註 90〕 周育民：《晚清財政與社會變遷》，上海人民出版社，2000 年，第 157 頁。

〔註 91〕 羅炳良編，鄭觀應著：《盛世危言》，華夏出版社，2002 年，第 294 頁。

〔註 92〕 戶部酌擬息借商款章程摺，千家駒編：《舊中國公債史資料（1894～1949）》，中華書局，1984 年，第 3 頁。

〔註 93〕 光緒二十一年正月上諭，千家駒編：《舊中國公債史資料（1894～1949）》，4 頁。

印票抵償關稅釐金」的情況。惟有廣東一省推廣較爲順利，很快籌集五百萬兩，各紳商均踴躍勸辦。原因是廣東地方政府奏准將息借商款事宜交由粵海關稅務司經辦。〔註94〕廣督李瀚章認爲：

> 借款之舉所取信於民者，惟在歸還有準、收放無弊二端。廣東將來還款以海關洋稅爲首，稅務司經濟洋稅，又多識略，商民素所推重，若令始終其事，簽字蓋印則出入一手，尤易取信，而胥吏弊竇，公式繁文皆可刪除。奏入命派員與粵海關稅務司商定章程，訂立合同票式，咨由總理衙門轉遵。〔註95〕

當時的粵海關稅務司爲杜德維（E.B.Drew，美國人），李瀚章即責成杜德維負責收款及日後還款工作。杜德維與廣東藩司聯名刊印債券，每票 250 兩，經稅務司簽字蓋章後發出，到期憑票在粵海關領取本息。〔註96〕杜德維於光緒二十年十一月即離任，看來借款的後期工作主要由他的下任法來格承擔（匈牙利人，1894.11～1896.4 在粵海關任）。但不管怎樣，杜維德卻因此獲得了殊榮，總理衙門稱：杜維德在粵關多年，和平精細，籌借華款甚爲得力，加給二品頂戴。〔註97〕由於稅務司駐省城，而各地距省城遠近不一，對於外地持票者兌現頗爲不便，故官員們酌覈情形，如不願來省領取還款者，准借款時說明，在股票後中文號碼之下、洋文號數之上注明某州某縣當押字樣，蓋以該州縣印章，然後發交本人收執，即由州縣列明冊內申報藩司轉送稅務司查覈。及至還款之期，該商即赴本州縣收領，無論收徵短絀、新舊交替，各州縣皆須將此款先行提存，候商領取，以免逾期失信。〔註98〕但如果逾限不領者，即要徑赴省關稅務司處支取。

　　廣東地方政府責成稅務司經辦內債之事，確是一個創新，因爲在戶部的息借商款章程中，明確規定由藩司、關道經辦，而沒有考慮到稅務司的介入。那麼，廣督李瀚章何以舍監督而用稅務司呢？是否全如馬士所說：中國政府認識到中國民眾不會相信作爲它的代理人的大小官員，但是會信任稅務司；〔註99〕

---

〔註94〕 可參李愛麗：《晚清美籍稅務司研究——以粵海關爲中心》一書，該書從近代化的視角對這一問題有過深度探討。

〔註95〕 李經佘等編：《合肥李勤恪公政書》，臺灣文海出版社，近代史料叢刊（146），第27～28 頁。

〔註96〕 廣州海關編志辦公室編：《廣州海關志》，廣東人民出版社，1997 年，第21 頁。

〔註97〕 光緒二十四年三月三日總理衙門奏，《錄副奏摺》，檔號：03－5357－011。

〔註98〕 《申報》，1895 年 1 月 31 日。

〔註99〕 〔美〕馬士著、張彙文等譯：《中華帝國對外關係史》，上海書店出版社，2000

抑或是稅務司見多識廣，商民推重且信任？〔註100〕當然，並不能完全排除李瀚章確有這方面的考慮，不過將借款的成功僅僅歸功於稅務司的信譽尚待商榷，因為十年後廣督岑春煊為舉辦地方要政，再次箚行粵海關稅務司經理息借民款三百萬時，何以無人認股，不得不停辦？〔註101〕稅務司介入廣東地方借款，除以上所列的因素外，是否還有一些人事上的原因？我們希望從下列一些瑣屑之事中找到一些蛛絲馬迹。

> 自泰西各國來粵通商，海關權憲即於廣州府屬各要口設立分廠徵收稅釐，民間購買洋貨必須赴廠報明。領有憑單方准攜帶，名曰掛銷號。廠中司事狐假虎威，往往故意留難，藉端勒索，為商民詬病。現由兼善堂墮董事劉紳學詢奉箚籌借商款，與眾商會晤，請裁撤海關掛銷號，以恤商艱。〔註102〕

> 督憲李筱泉宮保批准奏請裁撤，歷數月之久，仍未奉有明文。眾商見宮保交卸在即，遂聯具稟詞，於前日伺宮保出轅時攔輿呈遞，求懇速予施行，聞此案早經宮保移請關憲照辦，而關憲堅執不從。

> 今聞宮保已專摺入告，請旨定奪。〔註103〕

總督對海關素有監督之責，上文李瀚章奏請裁撤海關掛銷號，應非分外之舉，但海關監督竟可置之不理，拒不從命，看來總督與海關監督之間的關係並不融洽。這種緊張關係不經意之間是否就影響了總督的一些決策？比如息借商款一事。因為息借商款，並非僅是一種職權上的擴張，而且還有著豐厚的商業利益。粵海關承攬借款發行業務後，從光緒二十年十一月起，僅經費一項，廣東省政府即每年撥給辦公津貼 8400 兩〔註104〕，而這一數字相當於粵海關宣統元年的雜支總數。〔註105〕從光緒三十年粵海關稅務司參與粵省息借商款一事，我們可以窺見海關監督、稅務司與地方政府三者之間的微妙關係。

---

　　年，第 126 頁。
〔註100〕李愛麗：《晚清美籍稅務司研究——以粵海關為中心》，天津古籍出版社，2005年，第 130 頁。
〔註101〕《申報》，1905 年 12 月 25 日。
〔註102〕《申報》，1895 年 1 月 13 日。
〔註103〕《申報》，1895 年 5 月 23 日。
〔註104〕廣東省檔案館藏：《粵海關檔案全宗》，1 目錄，案卷號 687。
〔註105〕《廣東財政說明書》卷十三，第六類，財政費。

## 三、地方之間的關稅糾葛

在清王朝的財政架構裏，關稅被視同正供錢糧。《清會典》規定，凡正供錢糧，除戶部覈准存留之外，餘者原則上均應上報戶部，以備撥解，不准私自動用。儘管地方督撫對所在地稅關有督察之責任，但在清前期，中央統配關稅資源的機制尚能運作自如、富有效率，地方政府對關稅基本上沒有措置之權。迨到晚清咸同之際，由於要鎭壓太平天國起義，中央財政匱乏，戰亂各省被授權可以「就地籌餉」，各養各兵，地方財政漸具形態，作爲中央財政重要來源的關稅收入，也被納入以地方軍務爲中心的財政單元之中。由於地方利益的驅動，不同地區的稅關在追逐關稅資源過程中，產生如稅源分割、稅款支配方面的種種糾葛。這種帶有地方本位意味的各地稅關之間的利益對立，從另一角度體現了稅關與地方財政關係的強化，也凸顯出新的歷史情境下中央與地方財政關係進一步鬆動的迹象。本節擬以三個案例來討論這一問題。

### 1. 免單銀之爭

在清季沿海貿易慣例中，洋貨遵從所謂「貨無兩稅」〔註106〕的原則，沒有復進口稅之征。因此洋貨從國外進口，只在進口海關納稅，如再運往其他口岸，均給免單（Exemption Certificate），免其重徵，即洋貨進口以先到之關納稅爲定。而洋船轉運中國土貨，除在出口海關交納出口稅外，在下個進口海關還必須繳納一次復進口半稅。復進口半稅徵收後，該貨物如再運往其他口岸銷售，徵收復進口稅海關即發給半稅免單，別口免徵第二次復進口半稅。〔註107〕免單和半稅免單的通行，給外商參與洋貨或土貨的轉運提供了便利，但卻造成了各通商口岸稅關間的苦樂不均。如當時的洋貨多以上海爲第一進口口岸，進口關稅多在江海關先納，若該項洋貨再從上海復進口到浙江或天津口岸，則無須再交關稅；洋船在南北沿海各口轉運土貨，也多選擇在上海進行中轉，在江海關繳納復進口半稅，領取半稅免單。再轉運他口時，以免單爲憑，不再徵收第二次復進口半稅。因此無

---

〔註106〕這裡的「貨無兩稅」僅針對洋貨進口而言，指的是洋貨進入通商口岸（假如不進入內地）只納一次進口稅，如再轉運其他通商口岸，無須再納復進口稅或復進口半稅。這一特權的獲得，應追溯到 1844 年《中美望廈條約》第二十款。

〔註107〕外商在中國沿岸載運中國土貨貿易實行免單制度，由阿利國於 1853 年創行於上海，1859 年總稅務司李泰國推廣了這一做法（《吳煦檔案選編》（六），江蘇人民出版社，1983 年，第 308～309 頁）。

論是洋貨進口還是土貨進口，江海關之外的復進口海關如浙海關或津海關均難以徵到實款，只能收到作爲免重徵憑據的免單。爲此，沿海各關就分割稅源問題打了不少口水官司。

江、浙兩關比鄰，在稅源上往往此消彼長。早在咸豐六年，一些外國船隻從廈門載運土貨到寧波，卻選擇先到上海中轉，由江海關徵稅並發給半稅免單，該貨物運進寧波時可獲得免稅的資格，寧波道臺即對這種辦法提出過強烈抗議。〔註 108〕無如當時浙海關還沒有外國人幫辦稅務，徵收洋人稅鈔海關書舍人等無從得其要領，只得從權辦理。咸豐十一年五月，浙海洋關設立，開始有外國人幫司稅務，因此，爲籌措鎮壓太平軍軍費而犯難的浙撫王有齡立即上奏，要求：「嗣後凡外國貿易進口，稅鈔各歸各口，各自徵收，所有免單認單，概行停止」，並指出免單「其弊甚多，雖上海目前稍獲贏餘，而別口幾同虛設……。況現在內地客貨多被洋船攬運，各省軍餉，均須就地自籌，若浙海關之稅，悉由江海關代收，則浙餉少此大宗，必將決裂。上海與浙省遙爲犄角，彼此聲勢相依，倘浙江不保，則上海亦旦夕可虞。關之不存，稅於何有，此不可不深思熟計者也」。〔註 109〕鑒於大敵當前，關稅已爲用兵省份軍費所賴，關稅的厚此薄彼，可能造成對浙省軍情的不利，隨之而下的上諭原則上同意了王有齡「各歸各口」的請求。該上諭稱：嗣後外國貿易船隻，「倘稅已交納，貨未銷售，仍赴別口銷賣，所收稅銀，或即行發還，或給予票據，留抵本關下次之稅。所有免單認單，即著停止」。〔註 110〕上諭中提到替代免單作爲留抵下次之稅的「票據」，指的是存票（Drawback Certificate）。〔註 111〕免單與存票的區別是，前者係貨物在進口海關納稅後，如再運往他口銷售，只要商人持有免單，他口海關並不再重徵，這樣關稅留在進口海關。貨物在進口海關納稅後，如海關開出的是存票，該貨物如再運往他口銷售，商人仍要在他口海關納稅，但他所持有的存票，可帶回原開票海關，在規定的期限內可抵日後應完貨稅或直接兌還現銀，這樣稅銀就等於

〔註 108〕〔美〕萊特著，姚曾廙譯：《中國關稅沿革史》，北京：三聯書店，1958 年，第 191～192 頁。

〔註 109〕齊思和等編：《第二次鴉片戰爭》（五），上海人民出版社，1978 年，第 460～461 頁。

〔註 110〕齊思和等編：《第二次鴉片戰爭》（五），上海人民出版社，1978 年，第 476 頁。

〔註 111〕存票是一項退稅證明，本來只適用於向國外復出口的已稅洋貨，後來推展到沿岸洋、土貨的轉運貿易。

交給了銷貨海關。

存票的使用，能使各口徵到各口之稅，應對各復進口海關有益，似可藉此平息各關間的關稅糾紛，亦是清中樞機構的目的所在。但存票制度的推行，受到時任代理總稅務司赫德的勸阻，他認爲存票存在如下弊端：「若由上海運貨至寧波者，先在上海完納稅餉後，發給存票，該商將貨運往寧波售賣納稅，將存票在上海作爲下次進口免徵之據，固屬無弊。倘該商在上海領取存票後，並不赴寧波，竟於無關口處售賣，則寧波既不能徵收稅銀，而該商執有存票，下次載貨進口，又得免徵，豈不與稅餉有虧？」因此赫德建議：「留銀而不發存票，以免不到各口之弊，而省本口發還現銀之虧。而且若於大局有利，可以不必分各小口有稅未有稅之情形」，〔註112〕建議仍繼續使用免單。赫德的擔心似乎也不無道理，當時清廷對東南沿海一帶的控制非常薄弱，難保沒有領過存票的外國船隻在無關口處下貨銷買，存票的使用確有造成關稅流失的可能。因此，赫德認爲只要上海能收到稅就可以了，至於其他各關，不必計較有稅無稅。顯然，赫德所關心的是海關稅收的整體情況，而將單個海關的利益得失忽略不計。這一建議在獲准可「就地籌餉」、各地方政府均大力招徠稅源以補充本地軍政供給的戰時，顯得不合時宜。因此，恭親王奕訢雖認爲赫德「其言似尙近理」，免單一事，一時難以廢除，但不得不考慮如何解決困擾已久的各地關稅苦樂不均的問題。他建議，可在稅款上給復進口海關以照顧。假如上海收過稅鈔，而該貨改運至寧波銷售，上海所得稅銀仍應撥回寧波，即使上海已經動支，亦將數目報明，作爲寧波稅課，以免彼贏此絀。〔註113〕但奕訢的建議並未使問題得到實質性解決，在「就地籌餉」的政策背景之下，各關都強調本地軍餉緊急，不可能將已徵到手的稅款再撥回覆進口海關，能按月向對方彙報一下免單數目就算不錯了，而各復進口海關所得到的實質上仍是一張空頭支票而已。這種分配機制難以讓復進口各關所接受，其中津海關的意見最大。

天津新關於咸豐十一年三月開辦。開辦伊始至次年六月，共收進口正稅、半稅共銀 176304 兩，其中收到現銀 70651 兩，免單 105653 兩，〔註114〕免單

〔註112〕齊思和等編：《第二次鴉片戰爭》（五），上海人民出版社，1978 年，第 505 頁。

〔註113〕太平天國歷史博物館編：《吳煦檔案選編》（六），江蘇人民出版社，1983 年，第 62 頁。

〔註114〕蔣廷黻輯：《籌辦夷務始末補遺》（同治朝）（第二冊），北京大學出版社，1988

銀竟遠遠超過現銀，占總稅收的一大半。而天津是京畿重地，天津關稅是專門用作兵餉防衛京城的，當時直隸總督劉長祐正督辦直、魯、豫邊界「剿匪」事宜，也開始動用津海關稅支付餉需。爲確保京畿安全和剿餉的足額，又鑒於前此免單銀返還制度的難行，總理衙門不得不想出變通的辦法，規定：復進口到天津的洋貨、土貨分別處理，免單僅針對於復進口到天津的洋貨有效，而所有外國商船轉運土貨來天津不實行免單制度，照舊交納復進口稅，即使在上海等地完納過復進口稅，也不准作抵在津海關的復進口稅。〔註 115〕顯然，在總理衙門看來，這是一項照顧津海關的特別政策。但江海、津海兩關的關稅衝突並未因此而消解，因爲北洋三口改運南洋各口的洋貨不多，南洋各口改運北洋三口的洋貨卻紛至沓來，津海關發出的洋貨免單遠遠少於江海關發來的洋貨免單，在洋貨復進口方面津海關不佔便宜；再者，在土貨復進口方面，江海關又時時不尊重津海關的這種特權，往往對運往天津的土貨照樣發放免單。同治元年三月英商寶順洋行從漢口載運　批土貨柏油經上海運至天津，江海關就徵收了復進口半稅並發給免單。津海關認爲江海關此舉是「預行收納半稅，殊屬有違定章，意存壟斷」，仍勒令該商重新繳納復進口半稅，寶順洋行感覺很委屈，「稟請本國以伸屈抑」。而江海關對津海關「直將免單作爲廢紙」的做法也不以爲然，雙方互相指責，請求總理衙門予以干預。總理衙門酌定的結果是：所有上海徵收土貨復進口半稅，照免單數目均應撥還津關，以清款目。〔註 116〕

　　總理衙門偏重津海關的做法遭到署理江蘇巡撫李鴻章的牴觸，他認爲：現在蘇省正全力對付太平軍，上海爲餉源重地，有上海然後有關稅，若按各口免單紛紛劃還，則江海關所收之稅將盡數撥還他省，江蘇軍餉定致虛懸，一經餉竭兵嘩，大局何堪設想。「再四思維，無從撥解，應俟蘇省軍務稍定，再行議撥」。〔註 117〕迨至同治二年四月，江海關欠解津海關免單稅銀共計達三十三萬餘兩，除去獲准暫且緩解的十二萬兩外，還欠二十一萬未解。該年六

　　年，第 176～177 頁。

〔註 115〕天津市檔案館編：《三口通商大臣致津海關稅務司箚文選編》，天津人民出版
　　　　社，1992 年，第 49 頁。

〔註 116〕天津市檔案館編：《三口通商大臣致津海關稅務司箚文選編》，天津人民出版
　　　　社，1992 年，第 51～54 頁。

〔註 117〕蔣廷黻輯：《籌辦夷務始末補遺》（同治朝）（第一冊），北京大學出版社，1988
　　　　年，第 193 頁。

月，上諭督促李鴻章「自五月起，由上海稅釐項下每月撥還欠解津海關免稅單銀二萬兩，按月解赴直隸軍營，毋稍延緩」。〔註118〕但實際上，這筆免單稅銀夥同江海關稅被納入地方軍用，「隨收隨放，並無絲毫存留」，江海關只將免單稅銀數目另行造冊上報，免單稅銀仍「懇求恩准免撥，以濟緊要軍餉」。〔註119〕

　　免單銀返還制度的難行，導致關稅集中於上海一口，激起了有關各省當局的不滿。同治元年十一月北洋三口通商大臣崇厚奏稱：免單一項，若不變通辦理，津海關「京餉、扣款兩無所出」，〔註120〕要求：「擬將免單一項，南洋各口與北洋分辦」，除南洋各口彼此互相改運的洋貨，以及北洋三口彼此互相改運的洋貨，仍照舊發給免單外，「其南洋各口改運北洋三口之洋貨，與北洋三口改運南洋各口之洋貨，該貨出口時發給存票，以抵後稅，概不發給免單」。〔註121〕顯然，這會使免單制度的實行情況更爲複雜。在這種情況下，「爲使各口中國當局能收受屬於他們本區貿易的稅款起見」，〔註122〕總理衙門決定：南北各口各收各稅，無論洋貨還是內地土貨，事同一律，概用存票不用免單，「所給復進口半稅執照亦應一併停止，均由原口改給存票」，〔註123〕同治二年二月代理總稅務司隨即向所屬海關下達了相關指令。但法國公使以法國貿易較少，存票於法國商情諸多窒礙，仍請用免單；總稅務司李泰國亦建議洋商改運完過正稅的洋貨，或領免單，或領存票，應聽商人自便。〔註124〕總理衙門迫於壓力，只得要求各關酌情辦理。之後，隨著存票期限的延長和兌現制度的完善，洋商請領存票居多，免單漸少，由此引發的沿海各關免單銀之爭才慢慢消歇。

---

〔註118〕蔣廷黻輯：《籌辦夷務始末補遺》（同治朝）（第一冊），北京大學出版社，1988年，第 550～552 頁。

〔註119〕蔣廷黻輯：《籌辦夷務始末補遺》（同治朝）（第二冊），北京大學出版社，1988年，第 323～326 頁。

〔註120〕天津市檔案館編：《三口通商大臣致津海關稅務司箚文選編》，天津人民出版社，1992 年，第 76 頁。

〔註121〕朱士嘉：《十九世紀美國侵華檔案史料選輯》（下冊），中華書局，1959 年，第 389 頁。

〔註122〕〔美〕萊特著，姚曾廙譯：《中國關稅沿革史》，北京：三聯書店，1958 年，第 214 頁。

〔註123〕天津市檔案館編：《三口通商大臣致津海關稅務司箚文選編》，天津人民出版社，1992 年，第 77 頁。

〔註124〕天津市檔案館編：《三口通商大臣致津海關稅務司箚文選編》，天津人民出版社，1992 年，第 76 頁。

## 2. 漢、九關稅代徵糾紛

咸豐八年中英《天津條約》議定開放長江，選定漢口、九江、鎮江為三個通商口岸，但漢口、九江兩口開埠通商初期，並沒有立即設立洋關。當時清軍正與太平軍鏖戰正酣，長江一帶尚未安靖，鑒於「長江賊匪，出沒無常，商販走私，難於查拿，固宜於總處支納，以免偷漏」，〔註 125〕咸豐十一年三月的《長江各口通商暫行章程》規定長江三口出口、進口貨物關稅均在上海一口總納，這使沿江地方政府並不能從本地口岸開放中徵收到任何進、出口關稅。而且《暫行章程》沒有論及子口稅問題，給洋商提供了偷漏內地稅收的機會，「自入內地賣洋貨、買土貨既未議徵子稅，而洋人復不令地方官抽釐」，〔註 126〕這對內地省份的財政收入造成損失，當即遭到湖廣總督官文和江西巡撫毓科的強烈反對，他們以外商逃避內地子口稅為口實，要求「將漢口、九江應徵之稅，改歸漢口、九江徵收」。在地方政府的抵制下，同治元年　月總理衙門同意漢口、九江兩處可自行設關，查驗進出各貨，但仍只可徵收內地子口稅及盤驗貨物，「長江應收進、出口正稅及土貨復進口稅，現今均在上海完納」；不過在稅款的分配上，總理衙門也相應作了一項制度安排：「江蘇巡撫將上海代收長江各稅，每屆三月一結之期，分別解往湖北、江西二省，以濟軍餉」。〔註 127〕這就是江海關代徵漢口、九江關稅的由來。

總理衙門在稅款返還問題上既有這樣的安排，江海關本無推卸的理由，理當按期查明代徵關稅數目，分別撥交鄂、贛兩省。但當時上海軍情非常危急，太倉、嘉定、青浦相繼為太平軍所陷，僅剩上海一隅之地。為守住上海這一危城，撫臣薛煥調集兵勇，分投堵剿，所需糧草、置備軍火以及支付兵餉為數甚巨，在中央撥款無望、餉需別無可籌的情況下，薛煥奏請將江海關所徵洋稅、內地子口稅、土貨復進口半稅、洋藥稅銀，包括代徵漢、九兩關款項，盡數抵撥本省軍餉。因此，咸豐十一年五月湖廣總督官文委派湖北候補道張曜孫來上海催提代徵款項時，滬上軍政各員非常緊張，擔心「官中堂催提稅餉，若被奪

〔註 125〕〔清〕賈楨等：《籌辦夷務始末》（咸豐朝）（第八冊），中華書局，1964 年，第 2931 頁。
〔註 126〕天津市檔案館編：《三口通商大臣致津海關稅務司箚文選編》，天津人民出版社，1992 年，第 4 頁。
〔註 127〕天津市檔案館編：《三口通商大臣致津海關稅務司箚文選編》，天津人民出版社，1992 年，第 5 頁。

去，則滬上各營軍餉立形枯竭」，〔註128〕他們採取虛與委蛇、百計拖延的辦法來應對鄂省的提款，鄂、蘇兩省就返還稅項問題發生了爭執。首先，在返還的款項上，鄂方要求返還的稅項有長江進、出口正稅及江外土貨進長江半稅，而蘇省則堅持：所謂江海關代徵並應該返還給漢、九兩關的貨稅，只包括兩項，一系從長江運出土貨到上海，由江海關代徵出口稅，一系由上海運入長江的土貨，由江海關預徵復進口半稅。至於外商洋貨由上海運入長江，歷來遵照條約，以洋人在先到海關納稅為定，海關發給免單，其他海關並不再徵，江海關委無代徵長江各關洋貨進口正稅之說。〔註129〕關於洋貨長江進口正稅問題，咸豐十一年《通商各口通共章程》第一款規定：洋商由上海運洋貨進長江，在上海完納一次進口正稅，持有免單，所到長江各口便不再交納第二次進口正稅。〔註130〕應該說這一點，江海關駁斥鄂方的理由是有根據的。其次，在返還的關稅數目上，江海關又提出難題：各商船來往長江，一船之內往往同時載有漢口、九江兩處之貨，難以分清歸屬那個關口，江海關不好強為分別。〔註131〕對於江海關提出的問題，總理衙門會同戶部協商裁定，江海關代徵漢、九關稅，每年以一半解交湖北，以一半解交江西。〔註132〕但江海關隨即又辯解：此項代徵之稅，本應隨時解還，惟上海「賊氛環逼，堵剿吃緊」，將該款盡數提充本省餉需。〔註133〕這樣，對於鄂、贛兩省來說，返還之款即成畫餅。

江海關代徵漢、九兩關關稅的時間不長。同治元年十一月由赫德起草的《長江收稅章程》出臺，規定無免單之進口洋貨、未完半稅之復進口土貨到長江三關，均由三關自行徵稅；來往於揚子江的外國船隻所載土貨均在裝貨口岸完納正稅和復進口半稅，如該貨物在規定時限內確要運往國外，裝貨口岸須將該商所納復進口半稅發給存票，以抵日後應完之稅。〔註134〕這一章程於同治二年一月一日起開始生效。《長江收稅章程》改動最大的地方是土貨運出長江，不僅不

〔註128〕太平天國歷史博物館編：《吳煦檔案選編》（六），江蘇人民出版社，1983年，第531頁。
〔註129〕蔣廷黻輯：《籌辦夷務始末補遺》（同治朝）（第一冊），北京大學出版社，1988年，第196頁。
〔註130〕王鐵崖編：《中外舊約章彙編》（第一冊），三聯書店，1982年，第178頁。
〔註131〕〔清〕李鴻章：《李鴻章全集》（第一冊），海南出版社，1997年，第55頁。
〔註132〕蔣廷黻輯：《籌辦夷務始末補遺》（同治朝）（第一冊），北京大學出版社，1988年，第498頁。
〔註133〕〔清〕李鴻章：《李鴻章全集》（第一冊），海南出版社，1997年，第55頁。
〔註134〕王鐵崖編：《中外舊約章彙編》（第一冊），三聯書店，1982年，第196頁。

再由江海關代徵出口正稅，連途徑上海的復進口半稅也在裝貨口岸交納（這點與南北沿海口岸徵收復進口半稅的方法也有所不同）。這樣自該日起，江海關代徵漢、九關稅就成為歷史。不過同治二年一月一日之前江海關代徵漢、九兩關的稅款返還問題並沒有隨新章程的生效而得到圓滿解決，事隔有年，利益各方仍圍繞昔年代徵關稅的歸屬問題而爭訟不休。自咸豐十一年春間起，至次年十月止，江海關代徵漢、九兩關出口土貨正稅、土貨復進長江半稅兩項，合計約稅銀141餘萬兩，扣除存票抵稅、傾熔折耗、四成賠款等項，累計約有80餘萬兩的餘款，儘管鄂、贛兩省均派出專人赴上海守候催提，但除開湖北省應解京倉米價銀七萬兩由江海關奉撥代解，以及支付漢、九兩關稅務司薪俸銀和提款委員的費用2萬兩，湖北省委員僅提回銀28442兩，江西委員則分文未提回，兩省合計，尚有70多萬兩餘款在上海催提不得。〔註135〕

漢口、九江自行開關徵稅後，對江海關稅產生一定的分流，「長江來貨悉在該關就近完納，滬關收數較前大減」，據李鴻章的陳述，同治元年以前，滬關月收至二、三十餘萬兩，自漢、九添關後，每月僅十餘萬兩，同治二年四月後，各口免單多改為存票，收數較前更減，〔註136〕而蘇省軍費開支依然如舊。因此同治二年五月，李鴻章要求「請將現徵正半各稅及洋藥稅一併留抵上海軍需」。這樣，此前由江海關代徵的漢、九兩關稅款，更是難有返還的可能了。既然現款全部返還已不可能，湖北、江西兩省就要求稅款劃抵。所謂劃抵，即將中央指撥本省的款項轉移到江蘇省頭上。同治二年四月，戶部提撥江西地丁銀三十萬兩，委解進京，贛撫沈葆楨即建議戶部直接從江蘇省頭上將江海關欠解贛省稅銀的一半，解京抵作江西省應解奉提地丁。〔註137〕沈葆楨的奏請獲得戶部的允准，結果是江海關從代徵九江關稅項下抵解了這筆京餉的八萬兩；同年七月，戶部又指令湖北省協濟浙江軍餉十萬兩，湖北省表示本省軍事消耗很大，軍食已虞缺乏，無款可籌，難有能力另撥協浙鉅款。鑒於江西省的先例，鄂省大員自然想到由江海關代徵而屢催不應的那筆鉅額關稅，鄂撫嚴樹森要求在江海關代徵江漢關關稅項下就近劃撥十萬兩，作為鄂省協餉解赴浙省。上諭認為嚴樹森所奏，亦係實情，著李鴻章飭令江海關

〔註135〕蔣廷黻輯：《籌辦夷務始末補遺》（同治朝）（第一冊），北京大學出版社，1988年，第665～669頁。

〔註136〕〔清〕李鴻章：《李鴻章全集》（第一冊），海南出版社，1997年，第140頁。

〔註137〕太平天國歷史博物館編：《吳煦檔案選編》（六），江蘇人民出版社，1983年，第90頁。

於代徵湖北洋稅項下迅撥十萬兩就近解赴浙省軍營交納，其餘欠款也應如數解還鄂省，並特別警示李鴻章要顧全大局，「不致意存推諉」。〔註138〕但蘇省仍然採取賴賬的方式：

> 湖北、江西兩省以應歸之稅，劃應解之款，蘇省本無諉卸。但此項稅銀，在當時有不能不撥動之苦況，現在又有不能即行彌補之情形。溯自蘇常松太相繼淪陷，……有滬關始有代徵，名爲代徵之款，實則滬地所出，正值軍情緊急，豈敢畛域自分……請將劃撥前兩項銀兩，另行改撥，以濟要需。〔註139〕

至同治二年底，浙江方面既未分文收到鄂省任何協款，也無江海關撥來稅款的消息，要求維持中央原定的協款計劃，仍由湖北省解撥。催提不給，劃抵又不成，蘇省置若罔聞的態度使鄂省大憲官文非常惱火，指責江蘇省藉詞延宕，任催罔應，措辭非常激烈，稱：浙省軍需緊要之時，自應先其所急，「豈容專顧上海一隅，置浙、楚於不問，於浙於鄂，均無分釐解到，實爲奴才等料所不及」，情急之下，不得不訴諸朝廷，「仰懇天恩，俯念浙、楚軍務吃緊，需餉孔殷，嚴催江蘇撫臣李鴻章督飭江海關道，遵照前奉諭旨，將代徵欠款即刻提撥起解」。〔註140〕相關各方函牘交馳，往來辯駁，儘管有中樞機構的介入，也無法調解蘇、鄂兩省的關稅糾紛，這種情況爲咸同之前所罕見。

### 3. 絲稅代徵糾紛

鴉片戰爭前夕，中國土貨的出口以茶葉、絲貨等產品爲大宗，而絲貨出口又以湖絲爲最。湖絲產自浙江湖州一帶，如要出口，商人必須走陸路經梅嶺古道，運赴廣州，沿途要在北新、贛關、太平關三處關口完納常關稅。這三關的稅率，以湖絲百斤爲例，北新關應徵正銀 0.85 兩；贛州關應徵正銀 0.92 兩；太平關應徵正銀 1.43 兩；再各加一成折耗銀，合計每百斤共應徵銀約 3.53 兩。〔註141〕五口通商以後，貼近絲茶生產地的上海、寧波、福州、廈門均可對外商開放，各地商民開始捨遠圖近，不再專注廣州一口。傳統貨運路線的改變，嚴重

---

〔註138〕太平天國歷史博物館編：《吳煦檔案選編》（六），江蘇人民出版社，1983 年，第 546 頁。

〔註139〕蔣廷黻輯：《籌辦夷務始末補遺》（同治朝）（第一冊），北京大學出版社，1988 年，第 667～670 頁。

〔註140〕蔣廷黻輯：《籌辦夷務始末補遺》（同治朝）（第一冊），北京大學出版社，1988 年，第 741～743 頁。

〔註141〕〔清〕李鴻章：《李鴻章全集》（第一冊），海南出版社，1997 年，第 292 頁。

影響到沿途各關的稅收。清代對內地常關稅收的管理，實行額徵制，即規定每個稅關每年必須完成某一固定額度的稅收任務，否則就會影響到該關的年底奏銷與考成。爲確保商貿路線的改動不致影響沿途常關稅額，清政府規定：嗣後凡內地客商販運湖絲前赴福州、廈門、寧波、上海四口與西洋各國交易者，均查明赴粵路程，少過一關，即在卸貨關口補納一關稅數，再准貿易。〔註142〕由於當時上海已成爲華洋商品總彙之區，且湖絲的產地又距離上海較近，原經內地運往廣州的湖絲基本上都改由上海出口，故五口中以上海須補納三關絲稅爲最多。

　　三關絲稅既在上海補納，江海關就承擔了代收這筆稅款並按時返還三關的義務。返還的情況是這樣的：北新、贛州二關離上海較近，按月如數撥解現銀；太平關雖不必解現，但須每月通報收稅數目，好由該關彙入額徵奏銷。這一辦法運作了大約二十個年頭，已成定制。但到咸同之際，由於戰亂各地均可「就地籌餉」，以應付地方軍費開支，定制即被破壞。咸豐八年《通商章程善後條約》允准洋商自赴內地貿易，交納一次子口半稅，即可免除「逢關納稅、遇卡抽釐」。那麼，洋商自往內地購買湖絲，要完納子口稅每百斤五兩，而內地商人運湖絲到上海應交三關稅餉正耗兩項總共才三兩五錢多，這樣子口半稅就重於三個常關稅，造成中外商人稅負上的不平等。地方政府害怕洋人以此爲口實滋事尋釁，江海關道吳煦建議，乾脆取消三關稅銀的規定，不論中外商人，凡運絲到上海均交納子口半稅，俾歸劃一，可杜絕商人隱混避就的弊端。既然三關絲稅被納入子口稅統一徵收，其稅款也就「無庸分別撥還三關」。這一辦法得到蘇撫薛煥的首肯，並於咸豐十一年五月開始實施。其後戶部雖認可這一做法，但仍強調：三關絲稅既歸入江海關徵收，「此有所盈必彼有所絀，仍俟一年期滿，將共完內地半稅若干報部，照從前應徵之數，酌量比較撥補，以昭平允」，〔註143〕即戶部雖然同意絲稅併入子口稅，但稅款的劃還仍按以前慣例執行。

　　當時上海軍需緊張，蘇撫薛煥在未經奏准的情況下，擅自將江海關稅銀全數撥解無存，三關絲稅自然也在動用之列。三關絲稅原已納入三關額徵之中，時下又成爲所在地方政府的餉源之一〔註144〕，現在江海關竟然不再撥還

〔註142〕〔清〕文慶等：《籌辦夷務始末》（道光朝）（第五冊），中華書局，1964年，第2676～2680頁。

〔註143〕〔清〕賈楨等：《籌辦夷務始末》（咸豐朝）（第八冊），中華書局，1964年，第2885～2886頁。

〔註144〕這一點，可從劉坤一的奏摺看出：「江海關代徵贛關絲稅，從前本係委員領解

這一稅款，勢必影響到三關的正常奏銷和所在地政府的軍政用度，因此遭到三關所在地方政府的極力反對。圍繞絲稅撥還與否的問題，地方政府之間發生嚴重意見分歧，紛紛尋求中央政府向對方施加壓力。總理衙門認爲：絲稅銀兩，並非江海關本有之款，更應查照舊章，撥還三關，不准絲毫動撥。江海關現既擅動，如延不提還，即著落該關道照數賠繳，以重稅課。但江海關既動撥無存，提還已不可能，經事人蘇撫薛煥和關道吳煦又先後離職，這個虧空就留給了後任。同治二年，李鴻章繼任蘇撫後，仍以「餉匱兵嘩，有關大局」爲由，再次請示將所徵「正半各稅及洋藥稅、三關絲稅一併留抵上海軍需，俾救阽危而免決裂」，俟蘇省肅清，再行籌補。〔註145〕中樞機構並不爲所動，要求「遵照舊章，查明徵收細數，分解各關，以便歸入各關考覈案內題銷」。不過，在軍需緊急之際，中央的指令也可以在所不顧，自咸豐十一年五月至次年三月，江海關僅補報太平關稅銀三萬五百餘兩，同治元年三月以後，甚至連徵收絲稅的數目也不按月移知，以致太平關無憑入冊辦理奏銷，粵撫郭嵩燾只得要求展限題報。〔註146〕絲稅返還問題，中樞機構已無力迫使上海照辦。相關省份只能自行解決，紛紛派出專員守候在上海，等待提款。同治二年總理衙門奏購輪船，酌定九江關撥銀三萬兩，江西巡撫沈葆楨立刻表示九江關無款可撥，要求在上海代徵贛關絲稅項下撥還。總理衙門考慮到：上海已自顧不暇，難以用現銀支付，勢必以改撥爲請，怕稽延誤事，裁定：該筆急需之款，仍由九江關在洋稅項下儘先提撥，至於上海代徵贛關絲稅，「查照舊章，撥解江西，仍由江西巡撫派員赴滬守候解回，以濟軍需，如此各清各款」。〔註147〕

　　面對中央的壓力和各省的催提，江蘇省先以軍務平定再行籌補爲託詞，百計延宕。但該款越積越多，以致無法彌補清理，最後只能一賴了之，奏請免於補撥。李鴻章是這樣辯解的：

　　　　上海洋稅向以絲茶爲大宗，近來湖絲每由寧波出口，並不都來

回贛，歸併本關稅銀報撥。咸豐六年至九年改解藩庫充餉」（《劉坤一遺集》（第一冊），中華書局，1959 年，第 122 頁）。
〔註145〕〔清〕李鴻章：《李鴻章全集》（第一冊），海南出版社，1997 年，第 140 頁。
〔註146〕蔣廷黻輯：《籌辦夷務始末補遺》（同治朝）（第二冊），北京大學出版社，1988 年，第 772～774 頁。
〔註147〕蔣廷黻輯：《籌辦夷務始末補遺》（同治朝）（第一冊），北京大學出版社，1988 年，第 578～584 頁。

上海，茶葉自漢、九開關，凡楚、西二省運出之茶均由漢、九兩關徵收，滬關雖有出口之茶，竟無可徵之稅，是以同治元年以前，滬關月收至二、三十餘萬兩，自漢、九添關後，每月至多不過十餘萬，除扣英、法四成外，僅存數萬。今昔情形不同，稅額大減，而本省軍需及指撥京協各餉紛至沓來，應接不暇，更何能分餘力以補三關？而北新、贛州等關且以額稅為詞，或委員催提，或撥抵別項，海關無可籌付，徒費文移。臣愚以為與其日久宕懸，轉滋輾轕，曷若因時變通，務求實在，合無仰懇天恩，俯准將江海關現徵內地半稅項下應撥三關絲稅，自咸豐十年四月以後一律免其補解，歸入蘇省軍需案內報銷，並請嗣後悉照太平關舊案由江海關將代徵三關銀數，按年劃清，另造分冊移知各該關核入額徵數內題報，所入銀兩仍彙入江海關洋稅，動放軍需，俟軍務告竣，防軍全撤，盡數報解，以昭平允而免延誤。〔註 148〕

在這裡，李鴻章極力渲染江海關稅入不敷出的窘境，並提出免於補解的變通辦法，冀可冷卻有關省份對江海關返還絲稅所抱有的熱望，也一併打消中央政府對江海關稅的覬覦之念。從現有文獻來看，江海關的目的最後還是達到了，同治四年四月戶部議准，咸豐十年四月至同治四年四月江海關代徵贛關絲稅免其補解，歸入江蘇省軍需案內報銷。但既往不咎的同時，戶部仍然強調同治四年四月以後代徵絲稅仍照從前辦法辦理。〔註 149〕事實上，因江海關需用經費浩繁，同治四年四月以後代徵絲稅仍被蘇省隨時動用，絲稅糾紛仍將持續〔註150〕。同治八年江西巡撫劉坤一奏請江蘇巡撫轉飭江海關，將代徵贛關絲稅銀兩解部，以抵贛關奉撥京餉，後又要求抵代贛關應解內務府參價銀，但均未迫使江海關照辦。〔註 151〕迨至光緒年間，為籌辦海防，奉派贛省應解南北洋八成釐金，江西省總算獲得將這筆應解海防經費從江海關代徵贛關絲稅項下按年劃抵的機會。〔註 152〕

以上所討論的三個案例，雖然表現為各地稅關之間的關稅之爭，但實際上

〔註 148〕〔清〕李鴻章：《李鴻章全集》（第一冊），海南出版社，1997 年，第 292 頁。
〔註 149〕〔清〕劉坤一：《劉坤一遺集》（第一冊），中華書局，1959 年，第 122 頁。
〔註 150〕1864 年 12 月，北新關獲准暫停徵稅，其後絲稅糾紛主要在蘇、贛兩省間進行。
〔註 151〕〔清〕劉坤一：《劉坤一遺集》（第一冊），中華書局，1959 年，第 205 頁。
〔註 152〕〔清〕李鴻章：《李鴻章全集》（第五冊），海南出版社，1997 年，第 2857 頁。

反映出來的則是中央對地方財政統轄力的弱化。案例爲我們提供了一幅與王朝財政制度截然相反的圖景：在軍需緊急的藉口下，關稅爲地方截留，各省爲分割關稅資源，爭得不可開交，中央政府在其間只勉強充當一個蹩腳的調解者。制度的模本與基層實施之間出現如此大的反差，說明咸同之際，地方政府在措置關稅資源方面獲得了一定的主動性，關稅被置入以地方軍務爲中心的財政單元中，其中央化色彩開始淡化。

圍繞關稅控制權所展現的地方之間、中央與地方之間財政關係的變化，爲我們重新檢視晚清中央配置地方財政資源的制度性缺陷提供了一個很好的視角。從事權與財權匹配關係的角度看，現代財政理念強調，事權和財權相匹配或統一是處理政府間財政關係的不二法門。財政支出總是以相應的財政收入爲前提，而財政收入又是由財權決定的。因此，事權必然與財權相對應，某一級政府承擔的事權大小與其擁有的財權大小應相互匹配。清代前期，實行中央集權財政體制，地方無獨立財政，事無鉅細，均仰給於中央財政的統籌，地方政府執行即可。晚清咸同之際，內外政局大變。太平軍興，江南富庶之地淪爲戰區，京師供給頓失所賴；太平軍在長江流域活動頻繁，又切斷了南省京餉北運的命脈，中央府庫一時告罄，無款下撥用兵各省，只得允准各省可「就地籌餉」以各養各兵，這樣，地方政府獲得了一定的處理地方軍政的事權。同時，爲達到「撫夷於外省」的目的，清中央政府也盡量讓地方政府在對外交涉中發揮作用，將一些涉外事件劃入地方性事務，如籌還洋、賠各款，中央政府習慣將總的款項硬性攤派到各省頭上，讓各省量力籌還。另外，中央將籌劃海防、製造西式船艦、興辦新式企業等一攬子事情，也交給了地方。但地方政府在獲取一定的事權以後，在財權的劃分上卻未能與中央政府有一個明顯的界限。在沒有一個明晰的分級財政體制框架之下，地方政府如履行它的事權，只能在模糊的權責範圍內自爲經理，百計羅掘財源，不時即會觸及中央政府所能容忍的底線，由此導致上下政府之間的財政矛盾，討價還價、互相扯皮推諉之風由此盛行，同時地方政府之間財政利益的爭奪也不可避免。從財政資源的調配方式來看，現代分級財政體制基於各級政府間存在著的財力差異，強調發揮規範化的財政轉移支付制度這一重要財政工具的作用，力求各級政府間、各地區之間的財力均衡。在「出入有常，支放有節」的財政原則指導下，清政府通過額徵制和京餉酌撥制度實現中央對地方財政資源的調配使用，通過協餉制度實現地方政府間財政資源的均衡

配置。這種財政分配機制，在中央集權財政體制健全運作的情況下，尚不致發生大的問題。但在晚清咸同之際，財政重心下移，地方財政逐漸形成，京、協餉制度受到破壞，地方之間財力不均衡問題即開始凸顯。誠如本書案例所示，隨著對外貿易的發展和埠際經濟交往的加強，內地常關與沿海海關、進口海關與復進口海關、中心商埠海關與非中心商埠海關在吸納稅源的能力上產生了分化，從而造成各稅關間稅款的豐瘠盈絀和利益分配的苦樂不均，一些全國性中心商埠如上海，在稅源分割方面較其他地區越來越佔有優勢地位。關稅的集中化，成為稅關間利益對立的根源，也成為地方之間、中央與地方之間利益博弈的焦點。而晚清政府面對新情況，仍然拘守經制常法，不思變更，並沒有在地方之間財力均衡配置上作出相應的周密籌劃和建設性制度安排。在這種區域經濟不均衡發展，地區差異急遽拉大，地方事權、財權與財力不相匹配的新格局下，中央政府企圖通過傳統方式維持各省間財政資源均衡配置的努力，已經難奏成效。

## 第三節　晚清海關與內務府的財政關係 [註153]

清中央財政分為國家財政和皇室財政兩套管理體制。國家財政由清戶部掌管，綜覈天下錢糧以經邦國之用，又稱戶部財政；皇室經費則由內務府掌管，負責皇室上下的收入與開支，又稱皇室財政。兩者分立覈算，並不統屬。稅關是清政府最為倚重的稅收單位之一，它對清國家財政貢獻良多，論者多有闡發，而稅關與內務府之間的財政關聯，因資料所限，研究成果相對較少。李德啓、松井義夫等較早關注到皇室經費問題，他們對清代皇室財政收支結構均進行了深入探討。[註154] 此後，張德昌、何本方、賴惠敏等學者開始關注到稅關與皇室財政的關聯，祁美琴的專著《清代內務府》、《清代榷關制度研究》亦闢有專節論及這一問題。[註155] 但這些論著所討論的時域多側重於

─────────────

[註153] 湯象龍先生在《中國近代海關稅收和分配統計》一書中，將皇室經費、內務府經費、陵工經費、織造經費平行列示。本書則將以上各項統納入內務府經費中來考察。

[註154] 李德啓：《清季內務府經費問題》，1935 年北平故宮博物館 20 週年紀念《文獻專刊》，第 7～26 頁；松井義夫：《清朝經費の研究》，滿鐵經濟調查會經調資料第 66 編，1935 年，第 77～83 頁。

[註155] Chang Te-Ch`ang, The Economic Role of the Imperial Household in the Ch`ing Dynasty, The Journal of Asian Studies, Vol. 31，No. 2（Feb.，1972），pp. 243～

清代前期，主要探討的是権關與內務府之間的財政關係。鴉片戰爭以後，關権格局大變，洋關增關，常關相對衰落，在新的格局中，稅關與內務府財政關係發生顯著變動，這一點並非以上諸文論述的重點。湯象龍《中國近代海關稅收和分配統計》一書，以圖表的形式整理出晚清海關稅款流入內務府庫的歷年數據，但湯書所搜集的數據僅包括通商口岸海關洋稅，而將內地常關和口岸常關之常稅排除在外，因此仍不能完整地反映晚清稅關與內務府的財政關聯。〔註 156〕本書在以上研究成果的基礎上，繼續就這一問題作一探討，擬將內地常關、通商口岸常關和通商口岸洋關納入一個統一的財政單元（統稱爲稅關）來考察，力求更爲全面地展現晚清時期稅關與內務府之間財政關係的互動演變。

《清會典》稱：內務府掌三旗包衣之政令與宮禁之治，設總管大臣統攝其事，下設七司、三院及其他各處。〔註 157〕其中廣儲司掌銀、皮、瓷、緞、衣、茶六庫之藏物，稽其出納，以供御用；總理工程處負責勘估、覈銷宮殿、皇家園林等大項工程事；造辦處負責製造、儲存各項器物，設有各種作坊和庫坊，如活計房、如意館、金玉作、鑄爐作、造鐘作等。整個內務府機構規模龐大，結構複雜，每年開支浩繁。清初內府經費並無限定之數〔註 158〕；乾隆中期，裁定常年經費 60 萬兩，由戶部撥給。〔註 159〕但部撥常年經費顯然只是內府經費的一部分。除此之外，內府經費還有稅關盈餘、鹽商報效、皇莊租銀、地方官員的貢品、罰贖、捐獻以及內務府本身的商業收入等其他來源。

鴉片戰爭之前，清中央政府對稅關稅款的管理，採取額徵制，即中央政

273. 何本方：《清代的権關與內務府》，《故宮博物院院刊》，1985 年第 2 期；賴惠敏：《清乾隆朝的稅關與皇室財政》，臺灣：《中央研究院近代史研究所集刊》第 46 期，2004 年 12 月。祁美琴：《清代內務府》，中國人民大學出版社，1998 年；《清代権關制度研究》，內蒙古大學出版社，2004 年。

〔註 156〕湯象龍編著：《中國近代海關稅收和分配統計：1861～1910》，中華書局，1992 年。湯書將內務府經費（包括內府衙門經費及內務府貢銀）、陵工經費、織造經費、廣儲司經費等均納入皇室經費來考察，本書則將以上各項統稱內務府經費或皇室經費。

〔註 157〕光緒己亥敕修《光緒會典》卷 89，臺北，文海出版社影印，1967 年，第 379 頁。

〔註 158〕據《清朝文獻通考》卷 39 國用載內府經費在康熙年間僅 3 萬兩。其實，這個數字僅是光祿寺每年送內動用之款，並不是內務府消費的實際規模，可參〔清〕慶桂等編，左步青校點：《國朝宮史續編》下冊，北京古籍出版社 1994 年版，第 648 頁；王慶雲：《石渠餘紀》，北京古籍出版社，1985 年，第 1 頁。

〔註 159〕〔清〕昭槤：《嘯亭雜錄》卷 8，中華書局，1980 年，第 225 頁。

府對各稅關分別規定一個年度徵課的底線即稅收定額。這種定額又分為正稅定額和盈餘定額，超出盈餘定額之外的餘額即為額外盈餘。以上三部分稅款的流向大致是：正額留省，解入本省藩庫；盈餘解部，其中有一部分盈餘經戶部轉撥內府；額外盈餘徑解內府。〔註 160〕但崇文門關及一些小差稅關例外，其正稅外的所有盈餘則均歸皇帝所有。〔註 161〕五口通商以後，新關設立，與原有的常關形成鼎足，常稅稅源被夷稅侵奪。特別是外籍稅務司制度確立後，洋關勢力範圍不斷拓展，常稅稅源萎縮的情況進一步顯現。常關定額難以完成，即沒有額外盈餘銀可解，所謂「海禁開則常關閉，鹽法亂則商戶逃」，〔註162〕內府經費來源失去保證。稅關收入的結構性變動，不可能不對皇室財政產生影響。一方面，大多常關稅額難以完成，而內務府奉天子之家事，其經費不能沒有保障，侵佔常稅正額也就是必然結果；另一方面，洋稅作為新增稅項，其增收潛力遠甚於常關，這為內務府從洋稅汲取財源提供了可能。清政府對洋稅的考覈實行盡收盡解的政策，沒有正額和盈餘的區分。戶部相信：「欲量入以為出，必經費之有常」，為確保內府經費有常，使內府、外庫兩不牽混，有必要設置專門經費款目，供內務府專用。這些專門款目的設置，使內廷消費在晚清財政收入發生結構性變動之際，重新獲得充足的供應；對於各稅關來講，專項經費無疑強化和規範了其向內務府的解款關係，而原先那些由戶部轉撥的常稅款項，也就一併納入各種款目，徑解內務府應用了。清季內務府主要通過如下款目，來分潤各稅關的稅款的：

1. 常年經費。咸同之際，時局混亂，地方不靖，乾隆年間裁定的內府常年經費 60 萬兩遞年欠解，內廷經費緊張，向戶部要求設法變通。同治五年戶部添撥 30 萬兩，同治七年以後每年再加撥 30 萬兩。不過，同治七年前後內務府常年經費名曰添撥，實則是彌補乾隆年間所裁定歲額的空缺，內府常年經費總額仍保持在每年 60 萬兩的額度上。〔註 163〕添撥後這 60 萬兩經費的來

〔註160〕《户部聲明内府外庫定制疏》（同治十二年），盛康輯：《皇朝經世文編續編》（户政），文海出版社，3263 頁；陳國棟：《清代前期粤海關的稅務行政（1683～1842）》，臺灣：《食貨月刊》合訂本第 11 卷，1982 年 1 月，第 472 頁。

〔註161〕所謂小差稅關，即稅收量不大，地位不太重要的稅關，如潘桃口、張家口、殺虎口、左翼、右翼、山海關等。小差稅關的盈餘分配，可參賴惠敏、何本方、祁美琴等上揭諸文。

〔註162〕章乃煒、王藹人編：《清宮述聞》（初、續編合編本），紫禁城出版社，1990 年，第 359 頁。

〔註163〕可參申學鋒：《晚清户部與内務府財政關係探微》一文（《清史研究》，2003

源是：兩淮鹽課 12 萬兩、浙江鹽課 5 萬兩、廣東鹽課 5 萬兩、湖北鹽釐 5 萬兩、福建茶稅 5 萬兩、淮安常稅 3 萬兩、閩海關常稅 10 萬兩、九江關常稅 15 萬兩。〔註 164〕同治九年以後，兩淮、湖北鹽釐和淮安常稅陸續停解，代之以閩海關洋稅 5 萬兩，江海關洋稅 5 萬兩，太平關常稅 10 萬兩。〔註 165〕歷次調整的結果是，關稅占內務府常年經費的比例不斷增大。

2. 續增經費。內務府支用浩繁，常年經費 60 萬兩仍然不濟，每年仍須向戶部借撥五、六十萬才能勉強度日，導致內、外庫之間的財政糾葛。光緒二十年，爲明確「各動各款」的定例，戶部開始按年於各省、關項下另籌銀 50 萬兩，作爲內廷常年經費，以杜絕內務府再向戶部籌借〔註 166〕，是爲續增經費。這 50 萬兩由各省承擔 20 萬兩，各省鹽課承擔 10 萬兩，其餘 20 萬兩分配到各稅關。各關分配情況是：江海關洋稅、浙海關洋稅、宜昌關洋稅、津海關洋稅、粵海關常稅、閩海關常稅、鎮江關洋稅、山海關常稅年各 2 萬兩，蕪湖關常稅 4 萬兩。〔註 167〕續撥經費後來屢有微調，不過從調整的結果來看，常、洋關稅仍在續撥經費中保持 40％的比例。

3. 廣儲司公用銀。內務府辦公銀兩，本由兩淮等處鹽課解交發給。迨到道光十年，兩淮欠交累累，以致內府辦公用項不敷，由於粵海關稅源較爲穩定，該年七月戶部奏准將粵海關應解戶部關稅盈餘銀兩內，酌撥銀 30 萬兩，解交廣儲司銀庫，以濟公用〔註 168〕，從道光十三年始成爲定制。咸豐十年粵

年第 3 期）。

〔註 164〕翁同龢：《遵旨議復內務府需用銀兩摺》（光緒十三年十一月初四日），《翁同龢集》上，中華書局，2005 年，第 77 頁。

〔註 165〕光緒三十一年份指撥內務府經費清單，《錄副奏摺》，檔號：3－129－6423－42。

〔註 166〕翁同龢：《另籌內務府常年經費摺》（光緒二十年十一月十二日），《翁同龢集》上，第 131 頁。

〔註 167〕以上數字係申學鋒根據檔案所得（申學鋒：《晚清戶部與內務府財政關係探微》，《清史研究》，2003 年第 3 期），這與筆者所參《各海關華洋各稅收支考覈底簿》等書數字有異，也與祁美琴根據內務府奏檔得出的情況稍有不同（祁美琴：《清代內務府》，第 130 頁），可能三種資料不在一個時間段。各種數據差異最大的是蕪湖關，《考覈底簿》與祁文均稱每年在蕪湖關洋稅項下籌撥 2 萬兩，而申文則稱蕪湖關常稅 4 萬兩。可能的情況是：該筆款項光緒二十年原定從蕪湖關洋稅項下撥解 2 萬兩，光緒二十二年後改爲常稅 4 萬兩，這從湯象龍：《中國近代海關稅收和分配統計》一書第 322 頁蕪湖關「撥解皇室經費」一欄得到佐證。

〔註 168〕《總管內務府現行則例》廣儲司卷 1，民國二十六年國立北平故宮博物院文

海關常、洋兩稅分開統計覈算後，這筆款項即不再在粵海關常稅盈餘項下動撥，而改在洋稅項下動撥。

4. 造辦處、織造經費。造辦處米艇銀：此款因廣東修造米艇，在粵海關閒款內歲撥蕃銀 3 萬兩，嘉慶五年米艇停修，該款奉旨改解造辦處，咸豐十一年奉准改由潮海關洋稅項下動撥。由於潮海關洋稅仍歸入粵海關奏銷，是項費用事實上仍由粵海關承擔。造辦處裁存備貢銀：粵海關每年從雜項收入中劃出 5.5 萬兩，作為備貢銀。該項專款大概起源於雍正末年或乾隆初年。後又將此款一分為二，只以 3 萬兩作為備辦貢物的預備金，另外 2.5 萬兩事先截存留備，稱為「裁存銀」。如果備辦貢物的 3 萬兩有所節省的話，節省的部分稱為「節省銀」，與裁存銀一併解交內務府；如 3 萬兩不敷採買，也不再動用裁存銀，而直接從關稅雜項中提用。乾隆五十年停止辦貢，則 5.5 萬兩全額上解內務府。道光三十年後此款一度停撥。光緒二十八年又開始起解，改在洋稅項下動撥。〔註 169〕織造經費：廣儲司下設江南三織造，分別為江寧織造（後裁）、蘇州織造、杭州織造，製造上用緞綢匹布，其經費部分來源於江浙各關。江海洋關同治十年起每年協濟蘇州織造大運工需銀 10 萬兩，光緒四年減為歲解 7 萬兩。〔註 170〕浙海關於六成洋稅內每年提銀 3 萬兩作為織務經費。〔註 171〕綺華館經費：光緒十六年在西苑門內設立綺華館，為內府織造綢綾，粵海關每年撥 6 千兩作為經費，次年添撥至 7 千兩。光緒三十二年綺華館裁撤，該款仍解交內監經收應用，在洋稅項下動撥。〔註 172〕

5. 折變銀。貢金折價銀：同治七年規定粵海關每年解交內務府庫平足金 4 千兩。光緒元年分解到廣儲司和造辦處每年各 2 千兩，從洋稅項下動撥。該款光緒二十五年開始按時價開支，光緒三十三年改為年解銀 16 萬兩作為定額，在洋稅、洋藥稅項下動撥。〔註 173〕參斤變價銀：清代人參採集由內府壟斷，廣儲司茶庫收儲，除皇室消費外，多餘參斤發交各關、廠領售，再將價款依限解回，是為參價銀。嘉慶以後，內府人參外賣漸少，但變價款目仍在，

獻館校印，第 27 頁。

〔註 169〕廣東清理財政局：《廣東財政說明書》卷 10，宣統二年編訂，第 4 頁。

〔註 170〕江蘇省蘇屬清理財政局編：《蘇屬財政說明書》（刻本），光緒三十三年，第 5
　　　　頁；國家圖書館藏：《各海關華洋各稅收支考覈底簿》（抄本），無頁碼。

〔註 171〕國家圖書館藏：《各海關華洋各稅收支考覈底簿》（抄本），無頁碼。

〔註 172〕廣東清理財政局：《廣東財政說明書》卷 10，第 5 頁。

〔註 173〕廣東清理財政局：《廣東財政說明書》卷 10，第 5 頁。

不管有無參斤發賣，各關均要如數上交一筆參價銀。由此，內務府每年約有十二、三萬兩的進項，其中粵海關爲數最多，每年要支付 1.2 萬餘兩。咸豐五年，內務府再次重申參價銀兩由各處攤繳。除粵海關年額不變外，還有 12 萬兩分攤到各地 21 處關、廠。〔註 174〕參斤變價銀兩，不入額支，從監督搜括到的灰色收入中衝減，咸豐五年以後才獲准作正開銷，在「各處關稅銀兩內，按年撥解」。〔註 175〕

6. 內府工程經費。〔註 176〕內府工程，如景山、三海、南苑等處的修繕工程，由奉宸苑承辦，大的項目，如頤和園工程，則由總理工程處管理。奉宸苑經費：光緒十二年三海工程開工，由奉宸苑承修，款項由粵海等關指撥。但粵海關正趕上新舊監督交接，款項一時無法湊足，海軍衙門自告奮勇由海軍專項存款中暫墊 30 萬兩〔註 177〕，由此開了內府挪用海軍經費的先例。粵海關於該年十月將 30 萬兩工程銀彙解歸款，海軍衙門竟以南海工程緊要，將此項歸款仍交奉宸苑兌收應用。〔註 178〕該年年終，內務府又「發款不敷」，奏請「由海軍衙門存款內借銀四十萬，以資應用」，本作五年歸還，後來乾脆將此款展時歸還，撥歸奉宸苑工程處應用。〔註 179〕閩海關從光緒十六年每年解交奉宸苑常稅 10 萬兩，洋稅 5 萬兩〔註 180〕，光緒十八年始在常稅項下再籌解 1 萬兩〔註 181〕，其中常稅 10 萬兩，洋稅 2.5 萬兩即作爲歸還海軍衙門的歸款。〔註 182〕頤和園

---

〔註 174〕故宮博物院明清檔案部編：《清代檔案史料叢編》第 1 輯，中華書局，1978 年，第 41 頁。這二十一處關、廠爲：江海、九江、浙海、揚州、蕪湖、鳳陽、贛關、荊關、閩海、夔關、臨清、淮安、歸化城等關和兩淮、長蘆、梧州廠、潯州廠以及江南、杭州、蘇州三織造。

〔註 175〕故宮博物院明清檔案部編：《清代檔案史料叢編》第 1 輯，第 41 頁。

〔註 176〕修繕園林、陵寢經費，例不在總管內務府經費之列（曹宗儒：《總管內務府考略》，國立北平故宮博物院《文獻特刊、論叢、專刊合集》，臺灣國風出版社，1968 年，第 85 頁）。但由於清末部庫空虛，戶部有時也要求該項費用在內務府常年經費裏撥用。因此，松井義夫、湯象龍等書均將工程、陵寢供應視作皇室經費的一部分。本書也同樣處理。

〔註 177〕張俠等編：《清末海軍史料》下，北京：海洋出版社，1982 年，第 682 頁。

〔註 178〕張俠等編：《清末海軍史料》下，第 683～684 頁。

〔註 179〕張俠等編：《清末海軍史料》下，第 686～688 頁。

〔註 180〕光緒十六年二月二十三日希元奏，中國第一歷史檔案館藏：《錄副奏摺》，檔號：3－128－6371－27。

〔註 181〕光緒十九年希元片，中國第一歷史檔案館藏：《錄副奏摺》，檔號：3－129－6389－8。

〔註 182〕中國第一歷史檔案館編：《光緒朝朱批奏摺》第 89 輯，中華書局 1995 年版，第 483 頁。

常年經費：光緒十三年慈禧決定重修頤和園，僅常年維護之費，粵海關從光緒十七年奏准常稅項下歲解 3 萬兩，光緒二十一年添撥 1 萬兩；〔註 183〕閩海關亦於光緒十七年開始在常稅項下每年籌解 1 萬兩作為此項經費。〔註 184〕

　　7. 陵工經費。修建帝、后陵墓的費用，也由各省、關承擔。如惠陵工程，光緒三年底指撥各省關 180 萬兩，撥於海關者，粵海關六成洋稅 12 萬兩，江海關六成洋稅 14 萬兩，九江關六成洋稅 8 萬兩，江漢關六成洋稅 5 萬兩，鎮江關六成洋稅 3 萬兩，天津關六成洋稅 5 萬兩，洋稅積欠京餉項下提銀 4 萬兩，太平關常稅 6 萬兩。〔註 185〕光緒四年九月，由於各省關大多沒能如期解足，又再加提 100 萬兩，分配於各關者，九江關常稅 10 萬兩，浙海關六成洋稅 10 萬兩，江海關六成洋稅 10 萬兩，天津關洋稅積欠京餉項下提銀 2 萬兩。〔註 186〕其他如普祥峪萬年吉地工程銀、普陀峪萬年吉地工程銀、崇陵工程費，各海關常洋關稅均攤有份額。

　　上述經費項目都是由戶部核定數額，稅關每年如數按時上解內務府。通過對這些款目的考察，我們可以對晚清內務府汲取稅關資源的力度得出一個大致的認識。但是以上款項所規定的解款數目，只是應解款，而非實解款。晚清時期，由於內要興政，外要償款，中央財政困窘，對地方稅關採取竭澤而漁式的苛取政策，稅關與其所依託的地方政府，從地方本位出發，往往敷衍塞責，以緩解、改撥、截留、拖延不解等措施應對中央的指撥，這樣，應解數與實解數之間就存在一定的差額。如內務府工程經費，從光緒十七年開始，閩海關洋稅項下例撥年 5 萬兩，但到光緒二十五年以後，只有一年足額完成，其他年份只能以半數上解。〔註 187〕粵海關廣儲司公用銀一項，從道光三十年至咸豐三年間，由於接濟軍需和河工，絲毫未曾解交內務府，此後兩年，僅解過 7.5 萬兩，其餘 52.5 萬兩均改撥軍需之用。到咸豐八年底，積欠

〔註 183〕廣東清理財政局：《廣東財政說明書》卷 10，第 5 頁；《光緒己巳六月初七日粵海關監督常恩奏》，《諭摺彙存》，北京擷華書局民國年間鉛印本，第 6～7 頁。

〔註 184〕中國第一歷史檔案館編：《光緒朝朱批奏摺》第 87 輯，中華書局，1995 年，第 84 頁。

〔註 185〕《清實錄》第 52 冊《德宗景皇帝實錄》（一），中華書局，1987 年，第 858～859 頁。

〔註 186〕《清實錄》第 53 冊《德宗景皇帝實錄》（二），中華書局，1987 年，第 181 頁。

〔註 187〕湯象龍：《中國近代海關稅收和分配統計》，第 432 頁。

已達 130 餘萬兩之多。〔註 188〕前述惠陵工程銀，光緒三年撥於粵海關 12 萬兩，年底即欠解 5 萬兩，撥於九江關 8 萬兩，欠解 4 萬兩，撥於江漢關 5 萬兩，欠解 3 萬兩，撥於天津關 9 萬兩，欠解 6 萬兩，撥於鎮江關 3 萬兩，欠解 3 萬兩，撥於太平關 6 萬兩，欠解 6 萬兩。〔註 189〕從這方面來看，各稅關實際上解內務府的款項肯定少於應解款項；另一方面，各稅關實際上解內務府的也不限於這些每年額定之款，此外還有其它的款項，諸如附解款項，即各項平餘、擡費、水腳銀等。粵海關廣儲司公用銀、米艇銀、裁存備貢銀等均按例隨解加平銀每千兩 15 兩，新增歸公加平銀每千兩 25 兩，臺費布袋劈鞘用項銀 8 兩；〔註 190〕江海關每年上解內務府常年經費、參價銀時，也要附解平餘擡費等銀每千兩 32 兩〔註 191〕，浙海關附解平餘擡費匯費銀則爲每千兩 74 兩；〔註 192〕蕪湖、宜昌兩關另支付平餘擡費分別爲每千兩 25、33 兩〔註 193〕，以光緒二十八年九江關爲例，即在平餘下隨解平餘銀 3750 兩、養廉平費銀 363 兩、參價平銀 165 兩，積平項下報解內務府雜費銀 1200 兩，內廷經費幫貼解官水腳不敷銀 1400 餘兩；〔註 194〕再如臨時傳辦物件。各稅關每年都有內務府傳辦物件，如廣儲司、皮庫、茶庫年例恭備各項要差，需要各色紆巾紅飛金、銀朱、洋金、銀線等，均箚派粵海關監督購辦，每年作三批分解，折價銀約 7 萬餘兩，還有造辦處行取紅飛金價、盔護心鏡雲葉價等銀，每年約 4 萬餘兩〔註 195〕。粵海關從光緒十三年起改解實銀，在洋稅項下動撥。〔註 196〕光緒三十一年關務改章，始照光緒三十年開支之數，以七成折價解內務府承辦，三成改撥作禁衛軍經費。〔註 197〕光緒十年六月敬事房傳作漆盤 200 件，每件價銀

〔註 188〕故宮博物院明清檔案部編：《清代檔案史料叢編》第 1 輯，中華書局，1978年，第 67 頁。

〔註 189〕《清實錄》第 53 冊《德宗景皇帝實錄》（二），中華書局，1987 年，第 176 頁。

〔註 190〕廣東清理財政局：《廣東財政説明書》卷 10，宣統二年編訂，第 5 頁。

〔註 191〕國家圖書館藏：《各海關華洋各稅收支考覈底簿》（抄本），無頁碼。但《蘇屬財政説明書》第 4 頁作 34 兩。

〔註 192〕國家圖書館藏：《浙江清理財政局説明書》上編「歲入，關稅」，無頁碼。

〔註 193〕國家圖書館藏：《各海關華洋各稅收支考覈底簿》（抄本），無頁碼。

〔註 194〕中國第一歷史檔案館編：《光緒朝朱批奏摺》第 74 輯，中華書局，1995 年，第 277 頁。

〔註 195〕光緒四年四月五日粵海關監督俊啓三年份大關等洋稅收支由，中國第一歷史檔案館藏：《錄副奏摺》，檔號：3－128－6339－61。

〔註 196〕廣東清理財政局：《廣東財政説明書》卷 10，第 4 頁。

〔註 197〕廣東清理財政局：《廣東財政説明書》卷 10，第 5 頁。

13.5 兩，另加木箱、船價等銀，一准粵海關在洋稅項下作正開銷。〔註198〕內務府每年在江西省傳辦瓷器，動輒費銀七、八萬兩，皆在九江關常稅項下動支。以上傳辦物件均在稅項中報銷，還有不能在稅項下報銷者，如光緒十八年內務府傳辦几案桌椅，計 640 件，隨同木箱、運費共花去 97144 兩，由粵海關監督自行籌款辦理，不得作正開銷。〔註199〕傳辦名目很多，這裡不一一列舉；有的年份遇上皇家壽婚慶典，各關還須承供典禮經費。這些經費多從各關應解京餉中改撥，不在常年經費等款目之列。如同治、光緒皇帝的大婚，前者統計京外撥過銀達 1000 萬兩，後者也有 550 萬兩。粵海、淮安等關籌備同治大婚，共承擔 117 萬餘兩〔註200〕；光緒大婚費用落實到稅關頭上的，僅典禮外用一項，閩海關由加放俸餉款內動撥 1.8 萬兩，由加復俸餉內動撥 3 萬兩；江海關由抵閩京餉改為加放俸餉內動撥銀 2 萬兩，籌邊軍餉款內撥 4 萬兩，大婚典禮應需棕毛價 3 萬餘兩，也由江海關十四年分京餉項下劃撥；〔註201〕光緒二十年慈禧六十大壽，撥解各關稅款亦達 180 餘萬兩；〔註202〕還有一些是各關監督零星報效的款項，如內務府人員養贍費、內務府飯食銀、海關監督捐廉銀等款。粵海關每年在洋稅、洋藥稅項下動撥造辦處如意館畫士家口養贍費 1500 餘兩，在京供差花梨牙匠養贍費 300 餘兩。〔註203〕九江關每年在常稅額外盈餘項下也解送監督養廉銀 11000 兩、內務府飯食銀 100 兩。〔註204〕另外，內務府還在同、光年間先後借興修圍牆工程、三海工程名目，兩次誘導那些在任期內沒有完成稅收定額的稅關監督賠補欠款，實行「交一免三」的豁免政策，結果賠繳踴躍。〔註205〕因此，如要得出關稅解往內務府的實際規模，必須要考察稅關的實解數目。我們將洋稅、常稅分開討論。

　　內府經費是洋稅支出的重要部分。財政史專家湯象龍先生竭五十五年精

〔註198〕國家圖書館藏：《各海關華洋各稅收支考覈底簿》（抄本），無頁碼。

〔註199〕章乃煒、王藹人編：《清宮述聞》（初、續編合編本），紫禁城出版社，1990 年，第 363 頁。

〔註200〕《同治十一年戶部請飭內務府撙節用款疏》，盛康輯：《皇朝經世文編續編》（戶政），臺灣文海出版社，1972 年，第 3260 頁。

〔註201〕國家圖書館藏：《各海關華洋各稅收支考覈底簿》（抄本），無頁碼。

〔註202〕湯象龍編著：《中國近代海關稅收和分配統計》，中華書局，1992 年，第 41 頁。

〔註203〕廣東清理財政局：《廣東財政說明書》卷 10，第 5 頁。

〔註204〕中國第一歷史檔案館編：《光緒朝朱批奏摺》第 74 輯，第 277 頁。

〔註205〕光緒九年十月二日御使劉思溥摺，中國第一歷史檔案館藏：《錄副奏摺》，檔號：3－128－6350－1。

力，根據第一歷史檔案館所藏軍機處檔案各關監督從咸豐十一年～宣統二年五十餘年中六千餘件奏銷冊的數據，利用統計方法，進行系統整理，製成表格，編成《中國近代海關稅收和分配統計》一書。是書可以幫助我們從量的方面考察晚清海關與內務府的財政關聯。以下我們即利用湯象龍所統計的洋稅資料，通過兩個維度加以梳理和分析。

我們先來分析一下各海關洋稅實解內務府的經費構成。據湯象龍統計，咸豐十一年～宣統二年間，各海關歷年撥解給內府經費即達 44352980 兩，約占海關歷年稅收總支出的 4.9%，平均每年應支出內府經費近 88.7 餘萬兩。當然，這只是平均水平，如從絕對數上來看，內府經費呈遞年增長之勢，迨至宣統二年，洋稅項下實撥內務府經費即達 152 萬餘兩。〔註206〕

表6.29：咸豐十一年～宣統二年間各海關洋稅項下實解內務府經費
　　　　 結構表（單位：庫平兩）

| 年　　代 | 內府衙門經費 | 廣儲司經費 | 織造、造辦處經費 | 陵工經費 | 其　　它 | 合　　計 |
|---|---|---|---|---|---|---|
| 1861～宣統二年 | 10180420 | 16365988 | 11434842 | 2642033 | 3729697 | 44352980 |

資料來源：湯象龍：《中國近代海關稅收和分配統計》，中華書局，1992 年，第 222～229 頁。

我們再通過表 6.30 來分析內務府與各海關的關係。

表6.30：咸豐十一年～宣統二年間各海關洋稅實解內務府經費所佔
　　　　 比例表（單位：庫平兩）

| 關別 | 粵海關 | 江海關 | 閩海關 | 鎮江關 | 江漢關 | 津海關 | 浙海關 | 宜昌關 | 九江關 | 杭州關 | 蕪湖關 | 總計 |
|---|---|---|---|---|---|---|---|---|---|---|---|---|
| % | 71.43 | 17.09 | 3.30 | 3.14 | 1.16 | 1.02 | 0.93 | 0.88 | 0.50 | 0.37 | 0.18 | 100.0 |

資料來源：湯象龍：《中國近代海關稅收和分配統計》，中華書局，1992 年，第 224 頁。

從以上兩表可以看出，各海關洋稅負擔內府經費的份額並不均衡，江、粵兩關所佔比例較大，約占去經費總額的 90%，而粵海一關即占去 2／3 還強，

---

〔註206〕湯象龍：《中國近代海關稅收和分配統計》，第 224 頁。

主要原因是廣儲司經費歲解洋稅 30 萬兩由粵海關一關承擔。

　　湯先生所整理的資料僅及海關洋稅，而將與洋關並置的口岸常關和其他內地稅關的常稅收入排除在外，如要完整地反映晚清稅關與內府的財政關係，我們還要分析各稅關每年從常稅項下解到內務府的稅款究竟有多少。〔註207〕由於這方面沒有現成的資料可以利用，我們只能根據相關資料對此作一大致的匡算。爲分析問題的方面，我們把內務府經費從常稅項下開支的項目分爲例解之款、特用之款和盈餘充公之款三項。

　　例解之款，爲例章應用各項，主要包括常年經費、續增經費、變價銀〔註208〕等從常稅項下解出的每年額定之款。茲以光緒二十五年爲截面，將該年從常稅項下解作內務府經費的三項款項試列一表，如下：

表 6.31：各稅關常稅項下例解內務府經費一覽表　　　　　　（單位：庫平兩）

| 稅　關 | 款　目 | 起解初始年份 | 應解數 | 實解數（以光緒二十五年爲例） | 備　註 |
|---|---|---|---|---|---|
| 九江關 | 常年經費 | 同治九年 | 150000 | 157303 | |
| | 參斤變價銀 | 咸豐五年 | 5000 | | |
| 閩海關 | 常年經費 | 同治七年 | 100000 | 100000 | 前兩年應解數爲5萬兩。 |
| | 續增經費 | 光緒二十年 | 20000 | 20000 | |
| 蕪湖關 | 續增經費 | 光緒二十二年 | 40000 | 40000 | 原資料爲洋稅，應爲常稅之誤。 |
| | 參斤變價銀 | 咸豐五年 | 4000 | 40 | |
| 粵海關 | 續增經費 | 光緒二十年 | 20000 | 10000 | |
| 太平關 | 常年經費 | 同治七年 | 100000 | 100000 | 前兩年應解數爲3萬兩 |

〔註207〕哲美森稱，甲午戰前，內務府一年額定經費是 60 萬兩，後又續增 50 萬兩，俱由各省舊關（即常關）籌解，此外還有專撥用款廣儲司經費，由粵海舊關籌解，每年 30 萬兩。又有別項專撥用款 30 萬兩，由各省舊關籌解（哲美森編、林樂知譯：《中國度支考》，商務印書館，光緒二十九年，第 5 頁），那麼，據此統計，各省常關年撥皇室經費即達 170 萬兩。但通過我們對內務府常年經費和續撥經費來源的分析，推知哲美森的統計並不准確。如果說哲美森將常年經費一項中鹽課、鹽釐、茶稅均視爲常稅尚可理解的話，而續增經費 50 萬兩俱由舊關籌解一語則明顯與事實有誤，還有「別項專撥用款 30 萬兩」一語則不知所指。

〔註208〕參價銀本爲例外款項，1855 年奏准，各關仿粵海關攤繳參價之例，攤繳參價准作正開銷，與部庫銀兩一同起解（故宮博物院明清檔案部編：《清代檔案史料叢編》第 1 輯，第 41 頁）。

| 稅　關 | 款　目 | 起解初始年份 | 應解數 | 實解數（以光緒二十五年爲例） | 備　註 |
|---|---|---|---|---|---|
| 山海關 | 續增經費 | 光緒二十年 | 20000 | 10000 | |
| 浙海關 | 參斤變價銀 | 咸豐五年 | 5000 | 2500 | |
| 揚州關 | 參斤變價銀 | 咸豐五年 | 4000 | 4000 | |
| 淮安關 | 參斤變價銀 | 咸豐五年 | 5000 | | |
| 鳳陽關 | 參斤變價銀 | 咸豐五年 | 4000 | 4000 | |
| 贛關 | 參斤變價銀 | 咸豐五年 | 4000 | 4000 | |
| 夔關 | 參斤變價銀 | 咸豐五年 | 2400 | 2400 | 咸豐八年前應解數爲 6000 兩，1858 年後改爲現數。〔註209〕 |
| 荊關 | 參斤變價銀 | 咸豐五年 | 4000 | 490 | 實解數係平餘銀 |
| 臨清關 | 參斤變價銀 | 咸豐五年 | 3000 | 3000 | |
| 歸化城 | 參斤變價銀 | 咸豐五年 | 2000 | 2000 | |
| 合計 | | | 493400 | 459733 | |

資料來源：應解數採自《內務府經費清單》，第一歷史檔案館藏：《錄副奏摺》，檔號：3－129－6423－42；國家圖書館藏：《各海關華洋各稅收支考覈底簿》（抄本），無頁碼；故宮博物院明清檔案部編：《清代檔案史料叢編》第 1 輯，第 46～47 頁；光緒二十五年實解數採自《光緒二十五年廣儲司銀庫收入清冊》，《清宮述聞》（初、續編合編本），第 358～359 頁。從洋稅項下解往內務府的款項，和沒有例解但仍有解款的款項，均未列入表中。

　　通過上表可知：常年經費、續增經費、參價銀三項例解款項，光緒中期以後每年從各稅關常稅中解出的達 50 萬兩，雖然各關並不能全額按時上解，但所欠並不太多，以光緒二十五年的數字來看，完成年度定額 93％以上。

　　至於內府工程經費和傳辦之費，屬於特用之款。自頤和園等園事興修以後，閩、粵等關常稅項下每年都有派款，如前所述，閩海關從光緒十六年始年撥常稅 10 萬兩，光緒十八年在常稅項下再籌解 1 萬兩；粵海關光緒十七年奏准在常稅項下解頤和園常年經費 3 萬兩，光緒二十一年添撥 1 萬兩；宣統元年崇陵工程費，江海常關也每年如期支銀 5 萬兩。〔註210〕還有一些傳辦之

〔註209〕中國第一歷史檔案館編：《光緒朝朱批奏摺》第 87 輯，第 395 頁。
〔註210〕江蘇省蘇屬清理財政局編：《蘇屬財政說明書》（刻本），光緒三十三年，第39 頁。

費，零星細雜，更有不入額支者，數目無法核計。這些特用款項，由於起始時間不一，不便加總，僅從文獻所透露的信息來看，光緒中後期每年從各關常稅項下解出的，當不下 20 餘萬兩。

　　從常稅項下解往內務府的，還有一部分來自傳統常關的盈餘銀、額外盈餘銀、并平用剩銀及辦公用剩銀等。清代前期即有這樣的規定，崇文門及張家口、殺虎口、左翼、右翼等六小差稅關的盈餘銀兩均徑解內務府應用。晚清時期這一規定仍在執行，這些稅關歷年稅收波動很大，光緒二十五年各關解往內務府的盈餘款項爲 4 萬餘兩〔註211〕，光緒後期有的年份竟達 20 萬兩以上。〔註212〕至於額外盈餘銀，是稅關完成稅課定額後的餘額，有的稅關仍有定額的限制，如津海關常稅，每年額外盈餘銀兩 1.2 萬兩徑解內務府；〔註213〕九江關自光緒三年起亦每年在關稅耗銀內例支養廉銀 1.1 萬兩起解造辦處充公；〔註214〕有的稅關沒有規定定額，超過定額以外的剩餘原則上均解往內務府充公。

　　結合以上三方面的資料，我們可以保守地估計，內務府從各關常稅項下汲取的財源，每年當在 90 萬兩以上，以晚清各關常稅定額 315 萬兩〔註215〕較之，約占常稅收入總額的三分之一。從這一點我們可以看出，以歷年平均水平比較，常關對內務府的財政貢獻與洋關相當，但如考慮到稅收基數，常關由於稅基小，較洋關實負有更重的上解內廷經費的壓力。從以上各表，我們還可以看出，各主要稅關從常稅項下解作內府經費的份額，其分佈狀態與洋稅有較大的背離。從各稅關洋稅分擔的內務府經費的比例來看，粵海關所佔比例較大，江海關次之。粵關洋稅對內務府的支持力度大，而常稅則相對較輕；九江關洋稅對內府財政貢獻不大，但常稅卻爲數甚巨。不過，從總體上來說，粵海關對內廷經費的貢獻仍然遠遠大於九江等關。

---

〔註211〕光緒二十五年廣儲司銀庫收入清冊，轉見章乃煒、王藹人編：《清宮述聞》（初、續編合編本），第 359 頁。
〔註212〕內務府清單，轉見申學鋒：《晚清財政支出政策研究》，中國人民大學出版社，2006 年，第 225 頁。
〔註213〕董恂：《董氏四種》，國家圖書館藏，無頁碼。
〔註214〕中國第一歷史檔案館編：《光緒朝朱批奏摺》第 86 輯，中華書局，1995 年，第 397 頁。
〔註215〕該數是常關稅收定額，即理論上的権稅徵收數字，見董恂：《董氏四種》（無頁碼）。但實際情況是，不少常關在清末即已停征，故常稅實際所得並沒有這麼多。據赫德的估計，庚子年間常稅收入僅 270 萬兩左右（《中國海關與義和團運動》，中華書局，1983 年，第 64～65 頁）。

　　各稅關對內府經費的貢獻，負擔不勻，苦樂不均，這裡既有歷史原因，也與各稅關所在地的政情有關。由於粵海關與內務府的財政聯繫較其他稅關密切〔註 216〕，再加上其他幾個重要稅關的稅款都有專顧，如閩海關稅款主要專顧閩省臺防和輪船製造，江海關稅先接濟鎮壓太平軍的軍費，後又有製造機器等局專用，津海關則專注於北洋海防和天津機器局的局用。而戶部在指撥關稅時，往往株守成案，因此，清戶部與廣東當局就內務府經費的分配問題存在嚴重分歧。清戶部和內務府、廣東地方政府和海關監督利益雙方就內務府經費問題有過三次大的爭議，通過對這一問題的探討，可以揭示晚清中央與地方政府之間就關稅分配問題所展開的利益博弈過程。

　　第一次爭議由參斤變價銀、報效銀兩而起。內務府每年將參斤發交各稅關領售，廣州一口通商時期，粵海關洋行商人領售最多，連同其他報效，每年約有 10 萬兩銀兩解交內庫。道光二十二年，鑒於洋行商人賠欠累累，廣督祁貢要求變價參斤暫停飭發，但遭到戶部議駁。次年，十三行商人被裁革，報效銀兩沒有了著落，只能落實到粵海關稅項下。因此，當時的欽差大臣耆英在廣東地方政府的要求下，再次請停變價參斤，建議將價銀、各項報效等款，每年以 10 萬兩爲率，與備貢銀 5.5 萬兩，一併分攤到新開放各關，在各關額外贏餘數內劃解。並且要求，粵海關應在額外贏餘項下，再每年酌留銀十二、三萬兩，以備應進貢品及奉文傳辦物件之用。〔註 217〕但戶部考慮到參斤變價，「若粵海關一處停止，飭發他處，更難售變」，且粵海關額外盈餘沒有定額，如果加平、備貢銀和變價銀都在額外盈餘項下撥解，一旦額外盈餘不敷，這些銀兩必不能如期上交，因此沒有同意，「其應如何處辦理，及參斤變價如何交商售變之處，由粵海關監督自行妥議辦理」；至於酌留銀兩以備呈進貢品一項，也「未便准行」，應如何籌款，監督自行辦理；惟對於奉旨傳辦物件，可以在關稅項下作正開銷。〔註 218〕事實上，戶部除否決耆英的提案外，對於變價銀如何籌補一事，並無任何實質性建議，而是責成海關相機籌措。

〔註 216〕鴉片戰爭前，粵海關是徵收對外貿易關稅的主要稅關，稅源充裕，地位最爲重要，粵海關歷任監督，亦多由皇帝於內務府包衣中簡派，故粵海關素有「天子南庫」的別稱。

〔註 217〕《耆英等通籌五關收稅解支禁革摺》，《籌辦夷務始末》道光朝卷 67，中華書局，1964 年，第 2676～2680 頁。

〔註 218〕《穆彰阿等核議耆英等奏通籌海關收稅並解支禁革各事宜摺》，《籌辦夷務始末》道光朝卷 67，第 2704～2710 頁。

　　第二次爭議起於廣儲司公用銀的攤解。廣州一口通商時期，粵海關以一口總攬天下之全利，稅源充裕，每年支付廣儲司 30 萬兩公用銀也不覺困難。五口通商以後，稅源分流，絲、茶兩稅多歸上海，粵關稅收大為減色。而支銷陡增，庫款存儲支發一空，每年再籌撥 30 萬兩鉅款，已力不從心。同治二年粵督劉長祐與粵海關監督毓清兩次會摺具奏，要求將廣儲司公用銀一項在各海關徵稅項內勻解。戶部不准，令仍遵舊章。內務府更是要求粵海關「無論何項要需，不得指撥此款」〔註 219〕，將現徵稅銀照數提出，儘先批解，既不准該省藉口軍務，擅行改撥截留，亦不准藉詞道路不靖，遷延遲緩。同治三年，粵督再稱：該關徵稅漸少，撥款日多，請將此項年例自同治二年為始在江海、閩海及新開各關及粵海關均勻分撥，各解一批。戶部會同內務府同奏：該關年例應解之款，未便率更舊章，只同意將舊欠京餉四十萬兩暫緩籌解，而廣儲司公用銀仍應按季批解，年清年款。〔註 220〕到同治三年十月，粵海關欠解內務府公用銀一項，已達七季之多，累計銀 52.5 萬兩。〔註 221〕內務府稱：廣儲司銀庫應備一切要需，皆係必不可少之款。近年進款寥寥，原恃粵海關按年解交公用銀 30 萬兩，以供急用。該關累經奏明改撥。議駁之後，總未見該關踴躍報解，而內廷正供幾屬虛懸。請旨飭該監督限定四季分解，每季交銀 7.5 萬兩，在該關現徵稅銀內照數提出，儘先批解，否則從重議處。朱批依議。〔註 222〕但是，嚴詞督催沒有產生實際效果，最後粵海關監督毓清被暫行革職留任，兩廣總督、廣東巡撫、藩司一併交部議處。對於這樣的處置結果，廣東地方官員曾聯銜力辯，從奏疏中可以反映出他們束手無措的無奈情形：

　　　　臣等見部臣指撥海關課稅，僅廣東、福建、天津、牛莊、煙臺
　　　各口，審察大勢，斟酌提解，具有權衡，而內務府公用為廣東例解
　　　之款，各省不能代籌。若論經久之規，則廣東以一口洋稅分至十餘
　　　口，例解公用銀兩按口攤派，自屬大公至正、一定不易之辦法。若

〔註 219〕故宮博物院明清檔案部編：《清代檔案史料叢編》第 1 輯，第 67 頁。
〔註 220〕《同治三年正月初八日內務府等衙門奏》，蔣廷黻輯：《籌辦夷務始末補遺》
　　　　同治朝第 1 冊，北京大學出版社，1988 年，第 384～392 頁。
〔註 221〕《同治三年十月初一日戶部奏》，蔣廷黻輯：《籌辦夷務始末補遺》同治朝第
　　　　2 冊，北京大學出版社，1988 年，第 376 頁。
〔註 222〕《同治三年十月初一日戶部奏》，蔣廷黻輯：《籌辦夷務始末補遺》同治朝第
　　　　2 冊，第 374～377 頁。

以此時驟難更定章程，仍須照舊例完繳，則請循照定章，先盡徵存銀數報解內務府備辦貢物，而後核計盈餘若干，存候部撥，暫緩京餉工程之勒限督催，以資周轉。不然，徵數大絀於前，指撥倍加於後，無論如何設法騰挪，萬無可以支持之理。……若徵收止有此數，而催解紛紛，挪東掩西，顧前失後，在各衙門飭令報解，原不暇緩急會商，在粵海關止此收數，斷不能憑空敷衍。此時督催非不嚴急，實窮於變通挪移之計。〔註223〕

第三次爭議則在於貢金折價問題。坤寧宮四季祭神及內廷各處製造金物所需黃金，原由烏魯木齊及陝甘等處每年解交供應，但到同治年間，西疆不靖，陝甘軍興，課金無法解交，用宮廷成色金條抵放，又非經久之策，同治七年內務府委託粵海關監督代爲辦理，在粵買辦足色金條，每季解交內務府 1 千兩，即每年 4 千兩，所需費用可在洋稅項下報銷。粵關拖到同治十二年才開始籌辦。光緒元年又應內務府的要求，將這筆貢金分解廣儲司銀庫及造辦處每年各 2 千兩。光緒元年粵海關四成洋稅無款可解要求酌減或暫停內務府造辦處金價銀〔註224〕，但顯然未得到批准。

由於當時的通貨是白銀，海關監督在買辦足金時就存在以銀換金的兌換價格問題。其時廣東當地金價每兩約值銀 18 兩有奇，奏准連燕梳水腳（即包裝、運費）在內按每金 1 兩合銀 18.5 兩報銷。但戶部後來發現京城足金市價每兩只有 15 兩到 16 兩不等，因此只同意開支價銀 16 兩報銷，不得任意加增。當時的粵海關監督文銛將粵東金價日漸翔貴，不能核減緣由，據實呈覆，並請示按戶部所定價格，將應解金兩折算成銀兩解部，由戶部在京採買。未蒙允准。後任監督俊啓經過調查，稱當時廣東金銀比價已達 1：20，即使照原價 18.5 兩，業已不敷甚多，請求照實際數目開支。但戶部只允准以 18.5 兩開支，以示體恤。光緒十三年監督長有到任時，金價已漲至 1 兩兌換銀 23.6 兩，次年更漲至 24.8 兩。長有「深爲駭異」，「賠累太多，力有未逮」，再次要求從實報銷。〔註225〕但戶部認爲：「該關常年採辦足金，原有定章，若按時價報銷，實屬漫無限制」，不准。光緒二十年，兩廣總督李瀚章又奏按時價開報，這一

〔註223〕郭嵩燾：《粵海關歲徵課銀不敷撥解疏》，楊堅補校：《郭嵩燾奏稿》，嶽麓書社，1983 年，第 101 頁。

〔註224〕光緒元年粵海關奏，《錄副奏摺》，檔號：3－128－6329－91。

〔註225〕中國第一歷史檔案館編：《光緒朝朱批奏摺》第 72 輯，中華書局，1995 年，第 281～282 頁。

次仍未獲准。唯一的結果是戶部勉強同意燕梳水腳銀可以在洋藥稅釐項下另外開銷。〔註 226〕由於金貴銀賤，而又不能實報實銷，報銷價格與實際價格之間的差額，只能由監督墊補，致使粵海關幾任監督由此賠欠累累，監督聯捷光緒二十年四月離任，因辦理貢金一事，尚欠金價不敷及燕梳水腳銀共 93917 兩餘，無法償還，交待未能清理，幾年來浪迹粵中，至光緒二十二年十月才起程回京復命。〔註 227〕監督德生卸任時病故，其子繼善在粵守候年餘，不得回京，原因就是欠金價不敷等銀 17 萬餘兩，無法賠墊。光緒二十二年才由廣督譚鍾麟奏請，准予回京變賣家產，就近呈繳戶部。〔註 228〕光緒二十四年監督文琡也因任內採辦足金虧銀 235300 兩。〔註 229〕至光緒二十五年監督莊山任上，按照時價開支的請求才獲恩准。〔註 230〕但金價一旦以廣東當地的時價，實報實銷，這項支出中央政府便失去控制，因爲時價瞬息萬變，波動無常，「例價由十八換增至二十二換，……而近年忽增至四五十換」〔註 231〕，難保海關監督不以少報多。戶部雖屢次駁飭改正，無奈不悉當地行情，難以有效監控。岑春煊就任廣督後，認爲貢金折價一項，時價增漲，解費虛糜，要求從光緒三十三年開始，改解現銀，在洋稅、洋藥稅項下，每季解銀 4 萬兩即年 16 萬兩作爲定額。〔註 232〕從光緒三十四年內務府收支清單中可以看出，這一奏請得到允准。〔註 233〕

　　以上我們主要考察了晚清時期稅關與內務府之間的財政關係。這裡的稅關，包括內地常關、口岸常關和口岸洋關。本書將以上三種類型的稅關納入同一財政單元來考察，主要基於以下兩點考慮：其一，三種稅關雖地理區位不同，但其徵課性質是一樣的，即都以商品流通額爲課稅的對象。將各種關稅歸爲一類，有助於對內務府經費的構成作歸類分析，凸顯商稅在皇室財政

〔註 226〕光緒二十年戶部奏，第一歷史檔案館藏：《錄副奏摺》，檔號：3－129－6390－2。

〔註 227〕《申報》，1896 年 6 月 30 日。

〔註 228〕光緒二十二年十月廣督譚仲麟奏，第一歷史檔案館編：《光緒朝朱批奏摺》第73 輯，中華書局，1995 年，第 387 頁。

〔註 229〕光緒二十四年七月二十七日戶部奏，第一歷史檔案館藏：《錄副奏摺》，檔號：3－129－6404－36。

〔註 230〕廣東清理財政局：《廣東財政說明書》卷 10，宣統二年編訂，第 5 頁。

〔註 231〕《申報》，1906 年 5 月 8 日。

〔註 232〕廣東清理財政局：《廣東財政說明書》卷 10，第 5 頁。

〔註 233〕該清單全文在申學鋒《晚清財政支出政策研究》（中國人民大學出版社，2006 年，第 224 頁）一書中有錄。

中的地位。其二，晚清以降，內府經費不僅來自常稅，也有來自洋稅，而且同一款目，既有從常稅項下解出的，也有從洋稅項下解出的，將常稅、洋稅合併一起考察，實出於分析上的便利。

　　晚清時期，由於稅關格局的變動和榷稅制度的調整，稅關在晚清財政的地位日益重要，稅關與內務府之間的財政聯繫也愈益緊密。與清代前期相比，兩者間的財政關係出現新的特點：1. 內廷經費更加依賴稅關。清代後期，統治者更加窮奢極欲，內廷消費並未由於財政的困窘而有所削減，相反卻大幅增加〔註234〕，在鹽課不振的情況下，遞年增長的關稅收入（主要是海關洋稅）成爲供應內廷支用的又一重要財源。乾隆年間各稅關解往內務府庫年約 60～80 萬兩，不及鹽商貢獻〔註235〕，但到清末清末最後幾年則不下 250 萬兩，約占皇室財政收入的 30％（以預算爲基數計算）。2. 攤派的成份增加，捐獻的色彩淡化。清政府標榜：「內府錢糧，俱在正供之外。內無關於部庫，外無涉於地丁」〔註236〕，意即內府經費主要來自正供之外的稅關盈餘，屬各稅關的自願貢獻，與地丁等正項錢糧無涉。但晚清以降，洋稅侵奪常稅，導致常稅收入波動，常稅盈餘轉解內府的款項失去保證。清戶部不得不動用正供，開始在常洋關稅正項中增設各種專項款目，追加內務府的經費數目。專款指撥強化了內務府對各稅關常洋關稅的強制性汲取，進一步顯現了皇室財政來源的眞實面目。3. 內務府、戶部和稅關三者之間財政關係難以理順導致財政秩序紊亂。皇室財政侵佔國家財政，導致內廷與戶部財政矛盾顯現，戶部爲滿足內廷消費需要，只能拼命攤派各稅關。而受攤款目的苦樂不均，又助長了各稅關拖欠、推諉之風，內務府經費不足又開始頻頻向部庫墊借，導致內務府、戶部和稅關三者之間的財政糾葛，內府、外庫「各宜量入爲出，不可牽混」〔註237〕的財政秩序只能是戶部大員的一廂情願。

---

〔註234〕松井義夫統計，光緒十九年皇室經費約爲 560 萬兩，但不包括皇室財產收入、例貢等（松井義夫：《清朝經費の研究》，第 82 頁）。周育民認爲光緒年間全部宮廷經費即年達 600 萬兩（《晚清財政與社會變遷》，上海人民出版社，2000 年，第 320 頁）；如從宣統三年的皇室預算收入 780 萬兩來看，以上估計還是比較謹慎的。

〔註235〕賴惠敏：《清乾隆朝的稅關與皇室財政》，臺灣：《中央研究院近代史研究所集刊》第 46 期，2004 年 12 月。

〔註236〕章乃煒、王藹人編：《清宮述聞》（初、續編合編本），第 359 頁。

〔註237〕戶部：《同治十二年聲明內府外庫定制疏》，盛康輯：《皇朝經世文編續編》（戶政），臺灣文海出版社印行，第 3263 頁。

　　內府經費是封建王朝中央財政支出的要項，但它純爲王室消費性支出，與國計民生並無裨益。自秦漢以來，歷代王朝均將國家財政與皇室財政分開，意圖對後者稍加限制。但在王權至上的觀念之下，這種限制往往是軟弱無力。視國家爲己產的君王可任意揮霍，沒有任何力量可以制約其膨脹的消費欲望。李德啓先生認爲清末內廷經費擴張的原因在於內府浮銷之積重〔註238〕，何烈先生則將其歸咎於慈禧後來的鋪張浪費。〔註239〕事實上，大肆搜刮民脂民膏無度揮霍幾乎是歷代王朝末期統治者的通病。要之，這種以滿足君王消費爲旨歸的王朝財政體制，與現代公共財政大異其趣。

## 第四節　關稅分配與國省財政關係的互動：以四成洋稅爲例

　　四成洋稅本爲第二次鴉片戰爭後的賠款專款，於同治五年賠款結清完案。爲不讓這筆鉅款爲地方政府所染指，總理衙門做了兩項安排：1. 外籍稅務司制度繼續保留；2. 所有停付扣款各關，仍按結酌提四成洋稅，委員解交部庫，另款存儲，以備要需。〔註240〕這樣，賠款既清，扣成雖不必要，但四成洋稅作爲解部專款，其名目得以長期保留，成爲戶部財庫一筆可觀的進項，而外籍稅務司制度的保留，使清政府仍可「以稅司之報告，核監督之賬目」，對關稅收支繼續進行督察。總理衙門的如意算盤是：在部撥京餉、協餉之外，爲中央預留一筆機動資金，另款存儲，與它款有別，各省不得藉詞動用。應該說，總理衙門的算計不無道理，承平之際應該爲以後不時之需預留一定的財力。但該項規定很快就被破壞。四成洋稅這筆鉅額閒款引起利益各方的覬覦，地方政府千方百計通過各種藉口和途徑進行截留、佔用，圍繞著四成洋稅，國省之間展開了一場利益博弈。

　　四成洋稅作爲專款解部實行還不到一年，即被破壞。先是廣東省借美商

---

〔註238〕李德啓先生是這樣概括清季內府浮銷之積重的：「內府之支出，有增無減，傳辦事件，亦日頻繁，同時，內府員司，侵蝕中飽之風漸盛。故開支款額，反與日益俱增。」（李德啓：《清季內務府經費問題》，1935 年北平故宮博物館 20 週年紀念《文獻專刊》，第 7 頁。）

〔註239〕何烈：《清咸、同時期的財政》，國立編譯館中華叢書編審委員會，1981 年，第 343 頁。

〔註240〕寶鋆等編：《籌辦夷務始末》（同治朝）（第四冊），中華書局，2008 年，第 1597～1598 頁。

本銀 32 萬兩（此款由紳士伍崇曜等代借），於同治五年七月七日起，獲准每月在四成洋稅項下撥還 8000 兩。〔註 241〕這應是地方動用四成洋稅的開始。同治六年十二月左宗棠爲籌備西征軍費，第二次向洋商借款，此次準備借二百萬兩。總理衙門認爲行息太重，只批准借款一百萬兩，另外一百萬兩由江蘇、浙江、福建、湖北、廣東應解部庫四成洋稅項下先行提出，「暫爲通融辦理」，免得多出息銀。〔註 242〕這樣，這筆 200 萬兩專款分成兩塊，以 100 萬兩由各省藩庫分別籌還，但先由應解部庫四成洋稅項下提解，藩庫有款後再將四成關稅墊款歸解部庫；以 100 萬兩向洋商出票代借，由海關應解部庫四成洋稅項下攤還。前 100 萬兩各省藩庫陸續籌還歸款，只有後者 100 萬兩是動用四成洋稅作爲洋商借款的償還款。儘管總理衙門這種通融辦理，在經濟上符合資金成本最小化原則，但畢竟有違自己先前所作的承諾，自毀章程，開了動用四成洋稅的先例。

果然，時隔不久，曾國藩就提出酌留江海關解部的四成洋稅的二成，以一成專造輪船，作爲上海機器局的局費，一成撥充淮軍軍餉。〔註 243〕隨後，崇厚也要求將津海關洋稅四成截留另存，專備天津機器局經費，別項不准動用。〔註 244〕同治七年奉文，粵海關內廷傳辦珠鈿等項活計，內務府冬、夏兩季赤金各 1 千兩，合銀約 18500 兩，均由四成洋稅項下動支。〔註 245〕同治七年冬，中原軍務肅清，淮軍部分裁撤，軍餉也大爲縮減，江海關酌留作爲淮餉的一成洋稅剩出，戶部要求將造船的一成稅款酌留外，另外一成仍收歸部庫管理，按結繳納。但這一舉措，爲地方政府所牴觸。同治八年二月，馬新貽以輪船經費不敷使用爲藉口，奏准將所留二成洋稅全數撥充造船之用〔註 246〕。同治九年，「黔苗不靖」，李鴻章又要求撥江海關四成洋稅剩下二成的二萬兩，江漢關四成洋稅二萬兩，作爲淮軍增撥軍餉。〔註 247〕奉省留

〔註 241〕同治六年四月二十二日蔣益灃等奏，《錄副奏摺》，檔號：3－86－4875－39。

〔註 242〕《中國清代外債史資料》，中國金融出版社，1991 年，第 30 頁。

〔註 243〕〔清〕王延熙、王樹敏：《皇朝道咸同光奏議》卷 50 上，兵政類，上海久敬齋石印本，光緒二十八年，第 12 頁。

〔註 244〕同治九年十二月初一日截留京餉摺，《李鴻章全集》（2），卷 17，奏稿，海南出版社，1997 年，第 601 頁。

〔註 245〕同治七年九月七日師曾奏，《錄副奏摺》，檔號：3－86－4877－86。

〔註 246〕同治八年二月初一日江海關洋稅酌留二成統歸機器局片，高尚舉：《馬新貽文案集錄》，中央民族大學出版社，2001 年，第 214 頁。

〔註 247〕同治九年正月十三日援黔籌撥餉需片，《李鴻章全集》（1），奏稿，卷 16，第

防客兵應需月餉 15000 兩，奏明由山海關徵存常稅及六成洋稅洋藥稅項下提解，不敷才在四成洋稅項下動支。事實上，該款年年不足，均在四成洋稅等項下接濟。同治七年又借四成洋稅 4 萬，以備客兵春餉，並請求將同治六年所借四成洋稅暫免歸還。〔註 248〕

因此，同治十二年戶部因部庫空虛，要求四成洋稅請照初議，應行存儲。上諭亦稱：「近因各衙門奏支之款絡繹不絕，正項不敷，隨時挪借，殊與初議不符。著該部遵照奏准原案，全數封存，連前所存，一概不准擅動。如庫存正項，一時不敷周轉，惟八旗兵餉及神機營經費，暨隨時緊要軍需，准由該部奏明暫借四成洋稅開放，仍俟正項充裕，照數撥還。其餘一切放款，概不准奏藉此項，致啓挪移之漸。」〔註 249〕同治十三年總理衙門將四成洋稅章程重新加以審定，規定：四成洋稅，山海、東海四成奏歸天津機器局，江海四成內之二成奏歸上海機器局，上海、江漢四成奏撥奉兵及淮軍月餉，淡水一關奏留臺防軍需，其餘各海關四成洋稅，另款封存，仍專款解部，不准本省借留，亦不必再解部庫，致多轉折。〔註 250〕這裡，山海、東海、江海、江漢、淡水等關四成洋稅全部或部分挪作別用，但其他各關四成洋稅仍實行專款管理。

不過，部臣的苦衷並沒有得到疆臣的體諒。福州船政局造船經費每年 60 萬兩，本在閩海關六成洋稅內撥付，月撥 5 萬兩。但閩海洋稅歷年收入約為 250 餘萬兩，六成洋稅即只有 150 餘萬兩，其中，57 萬解交北京，10 萬兩留供皇陵養護，還要支付海關經費，因此留給船政局的只有 20 餘萬兩，而且年有拖欠。沈葆楨只得借助於中央，向福建政府施壓，以確保六成洋稅的足額撥放，不致由地方另作別用。但福州將軍文煜置若罔聞，藉詞推諉，建議：六成洋稅有缺，可從四成洋稅中劃撥。原來閩海關四成洋稅除籌辦臺防外，年尚有 40 餘萬兩的餘額，作為專款解往部庫。文煜的用意非常明顯，因為他「所申請的是按規矩屬於北京的錢」。〔註 251〕沈葆楨在籌款無方之時，只

545 頁。

〔註 248〕同治七年十二月一日都興阿奏，《錄副奏摺》，檔號：3-86-4877-135。

〔註 249〕光緒《大清會典事例》，中華書局，第 183 頁。

〔註 250〕同治十三年十一月初二日籌議海防摺，《李鴻章全集》(2)，卷 24，奏稿，第 830 頁。

〔註 251〕〔美〕龐百騰著、陳俱譯：《沈葆楨評傳——中國近代化的嘗試》，上海古籍出版社，2000 年，第 322 頁。

得奏請中央批准。鑒於臺防緊急，又考慮到沈葆楨與文煜關係的不洽，戶部對船政經費只得重新安排：年撥 60 萬兩不變，每月 5 萬，3 萬兩從六成洋稅裏撥給，2 萬兩來自四成洋稅。〔註 252〕

　　有些省份，急需用款，不得已才動用四成洋稅，尚爲部臣所容忍。但有的省份並不急需用款，也肆意要求動撥，如戶部所言：「乃自具奏以後，不獨兵餉挪借四成洋稅也，即各衙門借款亦挪借四成洋稅矣。且恃有四成洋稅可以借放兵餉，轉將庫儲正項盡數開支別項矣。」〔註 253〕四成稅款作爲專款名目有有名無實之虞。光緒元年六月總理衙門坦言：

　　　　查四成洋稅一項，係奏明專解部庫之款。然歷年以來，或提撥
　　陝、黔、淮等軍餉，或留充機器局經費，且有並非緊要用款，隨便
　　挪用，均未能全數批解。同治十三年分，各海關應提四成洋稅共銀
　　三百九十六萬三千餘兩，實解部銀一百三十四萬七千餘兩，只有三
　　分之一。〔註 254〕

鑒於各省借撥挪用的現實，又加上形勢上的需要，光緒元年，總理衙門會同戶部奏准，將粵海、閩海、浙海、山海等關並滬尾、打狗二口四成洋稅及江海關四成內剩下的二成分撥南北洋，作爲海防專款，其他如鎮江、九江、江漢三關應提四成洋稅，仍全部解部，另款儲存。〔註 255〕

　　四成洋稅原爲各關解京專款，改作海防經費後，不再解往部庫，而是逕行報解南北二洋，這樣四成洋稅在形式上由京餉變爲專項經費。但海防經費的解款拖延狀況仍沒有改觀，甚至情況更爲嚴重。首先，滬打二口所徵洋稅已自 55 結起不分四成、六成，均盡數撥給臺防經費，不再承擔海關經費的解款任務。〔註 256〕其他各關奉撥四成洋稅，除山海、江海兩關係南北洋所在地，尚能隨徵隨解，其他各關如浙海兩關自 1880（光緒六）年 1 月 1 日第 78 結以後，時逾半年，尚未據報起解；粵海關到光緒七年七月時已積欠四結之多（80 到 83 結）。〔註 257〕光緒六年六月李鴻章再催，仍絲毫不解。李鴻章斥之爲「不

---

〔註 252〕光緒二年七月文煜奏，朱批 71：第 585 頁。
〔註 253〕同治十二年正月二十九日戶部摺，《錄副奏摺》，檔號：3－86－4880（一）－52。
〔註 254〕張俠等編：《清末海軍史料》（下），北京：海洋出版社，1982 年，第 615 頁。
〔註 255〕〔清〕王延熙、王樹敏：《皇朝道咸同光奏議》卷 50 上，上海久敬齋石印本，光緒二十八年，第 15 頁。
〔註 256〕光緒二年七月十九日文煜奏，《錄副奏摺》，檔號：3－134－6595－5。
〔註 257〕光緒七年閏七月初八日請催粵海關欠解海防經費摺，《李鴻章全集》（3），奏

知緩急」〔註258〕，只能訴至清廷，稱：各海關四成洋稅實解北洋者，不及十分之一，要求戶部、總理衙門「迅速會議，所有原撥南北洋經費，粵、江、浙、山、閩等五關四成洋稅內，應行提還。」並要求停止再從海防經費中提還西征借費。〔註259〕南洋經費的解款情況更為不理想。光緒十年法越局勢緊張，江防吃緊，南洋經費緊張。「南洋經費一無存項，各省各關應給南洋之款，非係具奏截留，即多停頓未解」，其中粵海關從 81～94 結均未解過。南洋大臣曾國荃不得不動用出使經費 60 萬，以濟南洋眉急。〔註260〕光緒十三年，總理衙門承認：海防經費原撥四百萬，但有的款項已奏歸別用，實數不及三百萬。〔註261〕

同治十三年另立招商輪船貨稅名目，稅款是這樣分配的：五成二釐解部，四成八釐留歸地方作為應撥京、協各款之用。這樣，較洋稅的四、六分成而言，招商局稅解部的比例要高於前者，但當時招商局稅稅收有限，這種情況並未引起各省的注重。至光緒三年招商局將洋商旗昌公司歸併，局稅較前增多，戶部這種以二成專辦部庫，其餘八成再按十成計算，分別解部、留關備撥的做法開始引起地方的不滿。沈葆楨認為：招商局既將旗昌歸併，「今日增多之局稅，實即從前之洋稅」。戶部所確定的五成二、四成八的分配方案本來是針對長江沿岸各海關的，因為它們並沒有撥充海防經費的任務；而閩海等關四成洋稅奏定解充海防經費，實與長江各關事理不同，其局稅四成實從洋稅分出，如按新的分配方案，必致海防經費受到影響。建議按照洋稅四成六成的分配辦法。〔註262〕光緒三年李鴻章也提出異議：「津海、東海兩關四成洋稅，向充天津機器局經費，與其他海關不同。該兩關四成商稅，自應照案仍充機器局經費。」〔註263〕光緒六年李鴻章更是明確提出，不必另立招商局稅這一名目，隱占四成稅銀地步，使外省無

---

稿，卷41，第 1284 頁。
〔註258〕光緒六年六月二十五日請催粵海關欠解海防經費摺，《李鴻章全集》（2），奏稿，卷41，第 1171 頁。
〔註259〕光緒六年三月初一日請撥海防經費摺，《李鴻章全集》（2），奏稿，卷36，第 1137 頁。
〔註260〕張俠等編：《清末海軍史料》（下），北京：海洋出版社，1982 年，第 621 頁。
〔註261〕張俠等編：《清末海軍史料》（下），北京：海洋出版社，1982 年，第 631 頁。
〔註262〕光緒四年九月二十八日沈葆楨片，《錄副奏摺》，檔號：3－122－6071－90。
〔註263〕光緒四年七月初二日四成稅留充機器局經費片，《李鴻章全集》（2），奏稿，卷 32，第 1031 頁。

所適從，擬請自本年正月起，照沈葆楨、李瀚章原議，所有招商局稅，統按洋稅章程，劃分四成、六成，分別報解，毋庸再立五成二、四成八等瑣屑章程，以裕餉源。〔註264〕

戶部在地方大吏的壓力下，不得不放棄了招商局稅的前議方案，最終折中於地方大吏的意見，招商局稅與洋稅正稅一律實行四、六分成的比例在中央與地方之間分配。

四成洋稅無論解部還是作爲海防專款，都是戶部和總理衙門根據當時的收支狀況所作出的財政安排。此項專款，地方不准藉詞留撥，如非奏明動用的款項，率意開銷，即著該監督照數賠補，規定不可謂不嚴。但在羅掘俱窮之際，這些規定已成具文。地方政府均視其爲不急之需的閒款，爭相動用。四成洋稅經常被其他急需開支如抵閩京餉、軍備製造、輪船製造、海防經費和外債償付所挪用。四成洋稅無論是作爲解部專款，還是海防經費，都沒有按照戶部的解款計劃不折不扣地執行，或徵不及數，或奏歸別用，地方政府的用款意願得到了充分的體現。四成洋稅這一專款的分配使用，折射出清季中央與地方財政單位爲爭奪海關財政資源進行討價還價的博弈過程。茲將南洋四關（粵海、閩海、浙海、江海）、長江三關（鎮江、九江、江漢）、北洋三關（東海、山海、津海）45 至 72 結四成洋稅提解及使用的情況羅列如下：〔註265〕

### 表 6.32：各海關 45 至 72 結四成洋稅去向表

| 實提四成洋稅 | 應提四成 28144617 兩<br>又江漢關 44 結以前應存銀 347557 兩<br>湖北軍需局還 41 結借撥江漢關四成銀兩 4 萬兩<br>山海關 44 結以前應存 25650 兩<br>以上四項共 28557825 兩 | 100% |
|---|---|---|
| 提撥四成洋稅 | 除江海關機器局備撥二成銀 4088057 兩<br>津海關提撥天津機器局經費 631586 兩<br>東海關提撥天津機器局經費 599901 兩<br>以上共提撥銀 5319545 兩 | 18.63% |

〔註264〕光緒六年三月初一日請撥海防經費摺，《李鴻章全集》（2），奏稿，卷36，第1137頁。
〔註265〕《各海關徵收洋稅銀兩數目》，清光緒年間抄本，北京大學圖書館藏，無頁碼。

| 奏撥四成洋稅 | 撥解陝西協餉銀 260 萬兩<br>西征淮軍月餉 178 萬兩<br>徵黔軍餉 174 萬兩<br>辦買內務府造辦處金價 906500 兩<br>撥解閩省輪船經費 1081989 兩<br>臺灣撫番經費 65 萬兩<br>海防購買船炮 18 萬兩<br>臺灣海防經費 602231 兩<br>直隸春賑銀 5 萬兩<br>挪解臺灣經費撥給日本費項 28 萬兩<br>撥解奉省輪船經費 12 萬兩<br>撥解奉省銀 28034 兩<br>撥解北洋海防經費 1357298 兩<br>撥解南洋海防經費 211287 兩<br>又撥解晉豫兩省賑款銀 80540 兩<br>直隸河間籽種銀 5000 兩<br>解部歸還部墊西征餉銀 645847 兩<br>解部作抵閩省京餉 327000 兩<br>閩廠學生出洋經費 31531 兩<br>撥還洋款本息銀 563254 兩<br>又撥船政經費烏垣協餉解部歸款 155000 兩<br>又撥解江省海防經費二成銀 354940 兩<br>又撥解江南籌防經費銀 165064<br>兩以上共奏撥銀 13962650 兩 | 48.89％ |
| 借撥四成洋稅 | 閩海關借撥雷正縮月餉 40 萬兩<br>又墊發輪船經費 25 萬兩<br>又江漢關借撥浙省織造 75000 兩<br>又借撥日本撫恤銀 15 萬兩<br>山海關借撥奉省防兵月餉 16 萬兩……<br>以上共借撥銀 1038405 兩 | 3.64％ |
| 解部 | 解部銀 6607286 兩<br>存解部庫四成銀 341243 兩<br>存解部庫二成銀 295839 兩<br>以上解部合計 7244368 | 25.37％ |
| 應存各關 | 應存銀 998740 兩 | 3.47％ |

# 結語：晚清海關的雙重架構——
# 一種制度層面上的闡釋

　　以總稅務司爲核心的洋關制度和以海關監督爲核心的常關制度並存，是晚清海關稅政的重要特徵之一。「常洋並立」格局的出現，對中國固有的権關體製造成一定程度的破壞，原有統一的権關體系發生分解，逐漸演變成具有兩套徵管組織、兩套徵稅稅則、兩套冊報制度、兩套經費管理渠道的雙重権關制度。

　　名義上，海關監督同時監理常、洋兩關稅務，各口稅務司均受本口海關監督的節制，但實際上監督的權限僅及於常關，對洋關的管理，只限於負責其稅款的保管和報解，其它並無實質性的權限，因爲洋關有自己獨立的一套行政隸屬關係和徵稅體系；在稅則的適用上，常關係統適用常稅稅則，洋關係統實行協定稅則。前者沿襲清前期的権關則例，而少有變通，後者則由歷次中外條約加以規定，在稅種的設置、稅目的分類方面，雖較前者細緻科學，但在稅率上顯示了有利於外商的強烈傾向性；常洋兩關並立以後，海關的稅款冊報就有常、洋兩稅之分。常稅在海關監督管理之下，「各按關期照常題銷，以符舊制」。[註1] 其奏銷關期爲一年，即一個奏銷年度。洋稅因由稅務司介入，其冊報又分兩種，一種由稅務司根據商人報單，彙總造冊，呈報總理衙門，有十年報、年報、季報、月報、日報五種，側重貿易和稅收方面；一種由海關監督根據實收稅銀，按結期奏報一次，再合併四結（即一年）利用四柱式奏銷專摺呈報戶部，側重稅款收支方面。這樣中央政府可以稅務司之報

---

〔註 1〕 光緒朝《清會典事例》（卷 238），北京：中華書局影印，1991 年，第 811 頁。

告，覈監督之賬目，使其無可假借；清季常、洋兩關的辦公經費分屬兩個管理渠道。常關的辦公經費包括監督的養廉，書吏的工食、火足、津貼，以及其他辦公消耗，這些費用一般來自耗羨、平餘、規費等附加稅收入，也有一部分來自額外盈餘，極少部分出自正額，其經費支出由海關監督掌握；洋關的辦公經費則分爲兩部分，一部分爲外籍稅務司的薪俸，此項經費從各口洋稅中提出，由總稅務司一手控制，並制定分配方案，監督並不與聞。另外總稅務司還掌握罰沒、船鈔等款，供海關辦公及建設海岸燈塔之用。一部分爲協助外籍稅務司工作的華員，如在洋關會同巡緝及盤查秤驗、登填覈算諸事，仍由中方關署書役人等經理，其薪俸亦由海關監督籌措。

從制度層面上來講，常洋海關並立的雙重架構，是一種不科學的制度設計。這種制度的弊端是顯而易見的。兩套徵管組織，導致機構重疊，徵稅成本增大，而且，常洋兩關的各自爲政，人爲地造成海關行政的分裂；兩套冊報制度，雖然可以互相參稽，防止監督以多報少，營私舞弊，但稅務司掌控關稅實數，在中外交涉中往往成爲西方列強的參謀，甚至每次付多少賠款，都要由外國領事和總稅務司商定。由於財政狀況爲外人所洞悉，使中方在賠款、商務談判以及其他中外交涉中處於不利的地位；常洋兩稅稅則的不統一和稅率的差異，便利了商人避重就輕，偷稅漏稅，爲關政腐敗提供了方便之門，協定稅則又將華洋商品置於不平等的競爭地位，便利了洋貨的侵入，對中國民族產業造成危害。而一些免稅、低稅以及免重徵的有利於洋商的規定，對中國關稅造成損失；外籍稅務司分管海關經費，繼而進一步染指稅款，使中央政府對海關稅款支配能力逐漸弱化，給中國財政安全、金融穩定帶來隱患。

那麼，晚清政府何以作出這樣的制度安排呢？應該說，中國近代海關制度的更張，並不是中國對外貿易發展的自然要求，而是由於對外戰爭的失敗，由西方列強通過條約強加於中國身上，因此，從這一點上來說，強調近代海關制度形成的「外部性」並不爲過。但是，任何事物的發展都離不開內外兩方面的因素，晚清政府在接受稅務司制度的過程中，西方列強的強力壓制固然是其重要原因，但是否還有內部因素存在呢？這裡，我們不妨轉換一下視角，將海關置於晚清中央與地方之間的財政關係中來考察。

咸同之際，中央與地方圍繞關稅支配權矛盾進一步顯現。因爲洋稅沒有定額限制，而是盡徵盡解，各關稅吏視爲利藪，侵蝕偷漏；各省督撫也因有「就地籌餉」之責，往往截留關稅以充地方軍政之用，甚至各關關稅確數中

央都難得與聞。對此，中樞大臣奕訢和文祥都有怨言。文祥曾聲言：如果在海關裏沒有外國人的幫忙，將會無法處理賠款問題，「用中國人不行，因為顯然他們都不按照實徵數目呈報」，並且他以通商大臣薛煥為例，說他「近三年來根本沒有報過一篇賬。」〔註2〕既然，在中國傳統的制度架構中難以求得妙方，只能在「成法」外加以彌補，利用外籍稅務司來整飭關政，將稅務司所報徵收數目，與各省所報覈對，「以扣款之多寡，覈稅餉之盈絀」〔註3〕。如此，外可以消除西方列強的壓力，順勢而為，內則以洋關制約常關，對地方財權形成鉗制，使洋稅避免重蹈釐金為地方獨擅的結局。在這裡，晚清政府執兩用中的制衡之術表現得頗有效率。

但是，稅務司制度的徵稅效率再高，並不能完全取代海關監督制度，常、洋兩關勢力此消彼長，並立格局卻依然存在，一直到清末並未改變。儘管接管常關，將海關統一為一家是總稅務司赫德的夙願，並且也為此採取了多次重大行動，如光緒十三年設立九龍、拱北兩關，將來往於大陸與港、澳之間的民船置於稅務司的管制之下，光緒二十八年洋關兼管五十里內常關等，但最終沒有完全如願以償（常關制度的最後終結是在民國二十年）。這說明，常關制度的存在，仍然有其深厚的社會基礎。

以海關監督為核心的常關體制是中國傳統權關制度的延續，打有濃厚的封建烙印。海關監督來自兩方面的人選，一由皇帝在內務府包衣中遴選，用以酬勞宗室近親或有功勳者；一由地方官員兼任，這比前者更增添了一種地方色彩。但不管怎樣，監督都必須從自己搜刮到的利潤中分出一部分回報皇帝，這種任命機制被湯象龍稱為分贓制度。〔註4〕到了晚清，由於償付洋賠各款，海關負擔沉重，但與內務府的傳統財政關係並沒有削弱。另外，由於清末籌餉權的下放，地方財政自主性愈益加強，在晚清政府指撥與攤派財政制度的運作中，海關自覺不自覺地被納入以地方政府為中心的財政單元之中，與地方財政關係愈益密切。在王朝利益與地方本位之間，監督作為常、洋兩關財政資源的總彙，往往處於中央與地方利益爭奪的焦點，被置於兩難兼顧的境地，在這種微妙的張力之中，監督的地位也陡增重要。

〔註2〕 〔美〕萊特著，姚曾廙譯：《中國關稅沿革史》，北京：三聯書店，1958年，第145頁。

〔註3〕 《籌辦夷務始末》（咸豐朝）（卷8）北京：中華書局，1979年，第2723頁。

〔註4〕 湯象龍：《光緒三十年粵海關的改革》，《中國近代經濟史研究集刊》第3卷第2期，1935年5月。

　　至此，我們不難得出這樣的結論：晚清海關雙重制度架構的形成與發展，固是由於外部因素（不平等條約、戰爭、賠款、借款）促成，但亦與晚清社會中央與地方爲分割海關財政資源所引發的內在矛盾的演化緊密相關。

　　晚清海關在組織上、職能上存在常洋兩關兩種制度的並立，在行政架構上具有雙重性。但從財政角度來看，仍然可以將其視爲一個統一的財政單位。海關監督仍然是常洋兩稅的總彙（這種情況到清末監督稅款保管權的喪失才發生變化），其稅款的奏銷和撥解活動仍然由監督負責，並承擔相關責任。那麼，在這個海關財政共同體中，兩種異質制度是何以相容和運作的呢？

　　根據新制度經濟史家諾思的理解，制度是「一系列被制定出來的規則、守法秩序和行爲道德、倫理規範，它旨在約束主體追求福利或效應最大化的個人行爲」。〔註5〕因此，制度是具有效率的，而制度效率的高低，決定於制度安排與制度結構，也就是說制度效率體現在制度結構中的各項制度安排有機耦合的程度。那麼，在晚清海關結構中，常洋兩關的耦合程度又是怎樣呢？其實，這在上面的分析中已經給出了答案，儘管稅務司的徵稅效率，確保了洋稅源源不斷解往中央國庫，但這只是增加了海關財政關稅的特徵，對於海關本身來說，這樣的制度設計是不經濟的。

　　在傳統與近代的分析視角中，洋關往往被看作是一種近代化因素，而常關自然就被視爲傳統，近代總是較傳統富有效率，並對後者施加影響，但通過以上的研究，我們發現洋關對常關的影響十分有限。稅務司系統只是在封建特徵濃厚的常關體制之外，營造了一個帶有近代特徵的新式海關，它所引進的在關稅徵管、人事、財務管理方面備受後人推舉的所謂西方先進的管理方法，對常關並無多大影響。或者說，常關並沒有根據洋關所提供的模式進行自我改造，而是循著固有的路徑運行，說明洋關對常關的「衝擊」是有限的，「傳統」在常關並未削弱，相反得到進一步的延續。再則，稅務司制度的高效廉潔，對監督體制並未造成有利的借鑒作用，晚清常關內部的腐敗並未得到遏止，甚至變本加厲。這裡面固然與常關係統內在制度的弊端有關聯，但雙重體制所造成的失序也有推波助瀾的作用。通過對雙重稅則的探討，我們已經看到，稅制不統一，不僅給商人提供了避重就輕、偷稅漏稅的機會，而且也不利於中國民族產業的滋生與發展；通過對粵海關的研究，我們已經瞭解到常洋兩稅的分案奏銷導致了奏銷制度的混亂，從而便利了監督的貪污腐敗。

---

〔註5〕諾思：《經濟史中的結構與變遷》，上海：三聯書店，1994年，第226頁。

　　那麼，具有近代性的洋關制度，何以對常關缺乏示範性？常洋兩關的各自為政，不相耦合，一則與稅務司的活動範圍有關。在晚清海關稅政運作中，稅務司僅僅在洋稅的估驗、稽查環節發揮作用，常關及常洋兩稅稅款的管理、奏銷、撥解均為監督所控制，因此稅務司制度的運作空間並非與人們所想像的那樣一關獨霸，至少在晚清時期是這樣；二則是由於稅務司的行政作風。總稅務司赫德為鞏固其一關之主的地位，保持海關的獨特性，在洋關係統實行所謂的「秘密行政」，〔註6〕要求海關職員嚴守職業紀律和海關秘密，「海關因客卿擅權之故，行政方針，對外則嚴守秘密主義，……關中事務，除關內職員外，旁人絕對無問詢之權」；〔註7〕三則與稅務司制度的異質性有關。稅務司制度是由條約規定的，以西方列強為後盾。它強烈的擴展動能，不僅招致地方官吏的強烈不滿和抵制，也一度使清中樞大臣產生權足傾國、尾大不掉的危機感，一旦稅務司的權勢超出清廷的容忍範圍之外，防範攬越之心並油然而生，光緒二十二年海關隸屬關係的改變和稅務處的成立就是一個明證。稅務司在如此緊促的生存環境中，難以進一步擴大它的制度影響力；但更為重要的一點是，晚清政府引入客卿制度的目的，只在於財政目的，以確保賠款和借款的償還有充足的稅源保證；只在於規復和健全舊的中央集權財政體制，而不是勵精圖治，建立一套促進王朝經濟發展的財政機構；只想到修補舊的機體，而不想徹底改造這個制度。

　　無疑，晚清海關制度，是中國海關體制從傳統向近代演化的一個階段，按照制度經濟學中的「路徑依賴」原理，現行制度是過去制度的演變結果，現行制度又很快成為未來制度的約束條件。在這種制度遞進的過程中，我們看到，晚清海關雙重體制對民元以後海關格局的發展所產生的影響，這種制度變局，也向我們展示了近代海關在西方強力衝擊之下所發生的蛻變，以及在蛻變過程中傳統所顯示的延續性。

〔註 6〕 賈士毅：《關稅與國權》，商務印書館，1929 年，第 68 頁。
〔註 7〕 李權時：《中國關稅問題》（下），商務印書館，1937 年，第 459 頁。

# 附　表

附表一：清末各關常稅稅額表　　　　　　　　　　　　（單位：兩）

| 海　關 | 正稅定額 | 盈餘定額 | 其　它 |
|---|---|---|---|
| 粵海關 | 56511 | 100000 | |
| 江海關 | 23980 | 42000 | |
| 浙海關 | 35908 | 44000 | |
| 閩海關 | 73549 | 113000 | |
| 九江關 | 172281 | 367000 | |
| 揚關由閘 | 92791 | 71000 | |
| 淮宿海三關 | 254363 | 110000 | |
| 贛關 | 46471 | 38000 | |
| 臨清關 | 戶關 37376；<br>工關 4572 | 戶關 1000；<br>工關 3800 | |
| 天津戶關 | 48156 | 20000 | 加內務府額外盈餘<br>12380；<br>隨徵經費 12000 不<br>等 |
| 坐糧廳 | 6339 | 6000 | |
| 崇文門 | 102175 | 212789 | 遇閏加增 8514 |
| 左翼 | 10008 | 18000 | 隨徵經費銀 6100 |
| 右翼 | 10005 | 7321 | 隨徵經費銀 6200<br>西山牲畜稅 40 |
| 張家口 | 20000 | 40561 | |

| 海　關 | 正稅定額 | 盈餘定額 | 其　它 |
|---|---|---|---|
| 太平關 | 52675 | 75500 | 帶征南雄州木稅650，木稅盈餘6000 |
| 山海關 | 61642 | 9487 | 新增盈餘80000 |
| 殺虎口 | 16919 | 15410 | |
| 歸化城 | 15036 | 1600 | 另加錢9000串 |
| 鳳陽關 | 90159 | 17000 | |
| 滸墅關 | 191151 | 230000 | |
| 龍江西新關(戶、工) | 98983 | 88000 | |
| 北新關 | 123053 | 65000 | |
| 蕪湖關（戶、工） | 227065 | 120000 | |
| 東海關 | 50000 | 20000 | |

資料來源：北京大學圖書館藏：《各關常稅實徵短徵銀兩數目》，光緒七年抄本，無頁碼。

## 附表二：通商口岸各新關所徵夷稅統計表（道光二十三年至咸豐十一年）

（單位：兩）

| 關　　期 | 粵海關 | 福州關 | 廈門關 | 寧波關 | 上海關 | 資料出處 |
|---|---|---|---|---|---|---|
| 道光二十三年二月二十六日至二十四年正月二十五日【1】 | 2030543【2】 | 0【3】 | 15134【4】 | 6264【5】 | 41933【6】 | 補遺・道・三，973〜976頁 |
| 二十四年正月二十六日至二十五年正月二十五日 | 2360832【7】 | 143【8】 | 48132 | 24735 | 172922 | 補遺・道・四，10、41、107、110頁 |
| 二十五年正月二十六日至二十六年正月二十五日 | 2186530 | 4415 | 31734 | 7086 | 480239 | 補遺・道・四，278、214、341頁 |
| 二十六年正月二十六日至二十六年十二月二十五日 | 1972089 | 1213 | 35783 | 2196 | 662467 | 補遺・道・四，444頁 |
| 二十六年十二月二十六日至二十七年十二月二十五日 | 1825223 | 4 | 29132 | 1571 | 628274 | 補遺・道・四，547、577頁 |

| 關　　期 | 粵海關 | 福州關 | 廈門關 | 寧波關 | 上海關 | 資料出處 |
|---|---|---|---|---|---|---|
| 二十七年十二月二十六日至二十八年十二月二十五日 | 1424045 | 31 | 24568 | 0 | 540970 | 補遺·道·四，655、634、659、638頁 |
| 二十八年十二月二十六日至二十九年十一月二十五日 | 1471318 | 723 | 29932 | 0 | 662748 | 補遺·道·四，705、699、659頁 |
| 二十九年十一月二十六日至三十年十一月二十五日 | 1476867 | 1585 | 32098 | 117 | 704612 | 補遺·咸·一，13、6、36頁 |
| 道光三十年十一月二十六日至咸豐元年十月二十五日 | 1636574 | 3415 | 31203 | 0 | 1203395 | 補遺·咸·一，108、88頁 |
| 元年十月二十六日至二年十月二十五日 | 1666811 | 11 | 31170 | 0 | 1243165 | 補遺·咸·一，150、168、158頁 |
| 二年十月二十六日至三年十月二十五日 | 1274129 | 41416 | 8174【9】 | 0 | 545687餘【10】 | 補遺·咸·一，251、256、285頁 |
| 三年十月二十六日至四年九月二十五日 | 1166492 | 172169 | 26800 | 4668 | 604022 | 補遺·咸·一，461、464、434頁 |
| 四年九月二十六日至五年九月二十五日 | 342043 | 220106 | 45370 | 0 | 604022 | 補遺·咸·一，437、431、433頁 |
| 五年九月二十六日至六年九月二十五日 | 1156805 | 335271 | 52392 | 3447 | 1699491 | 補遺·咸·二，61、65頁 |
| 六年九月二十六日至七年八月二十五日 | 缺 | 436777 | 70394 | 缺 | 缺 | 補遺·咸·一，604頁 |
| 七年八月二十六日至八年八月二十五日 | 337574【11】 | 450183 | 75939 | 缺 | 缺 | 補遺·咸·一，713、745、10頁。 |

| 關　期 | 粵海關 | 福州關 | 廈門關 | 寧波關 | 上海關 | 資料出處 |
|---|---|---|---|---|---|---|
| 八年八月二十六日至九年八月二十五日 | 882017 | 508272 | 70374 | 4609 | 2179395 | 補遺·同·一，429頁；咸.二，125、123頁 |
| 九年八月二十六日至十年七月二十五日 | 1093507 | 640004 | 71544 | 缺 | 缺 | 補遺·同·二，540頁；補遺·咸·二，324頁 |
| 十年七月二十六日至十年八月十六日【12】 | 19889【13】 | 缺 | 缺 | 缺 | 39541 | 補遺·咸·二，543頁；同·一，258頁 |

資料來源：蔣廷黻輯：《籌辦夷務始末補遺》（道光、咸豐、同治三朝）（北京大學出版社，1988年），備註「道.三」表示道光朝.第三冊，以下格式同。「？」表示爲補遺所未錄。咸豐十一年後各關洋稅可參考湯象龍編著：《中國近代海關稅收和分配統計：1861～1910》（中華書局，1992年）一書。以上數據均去尾數，可能與原折存在個位數上的差別，以下各表同。【1】道光二十三年八月耆英片：「即從道光二十四年正月二十六日爲始，聲明以某年月日爲始，至某年月日連閏扣足十二個月，爲該關報滿之期，毋庸再排甲乙，以免淆混」。齊思和編：《第二次鴉片戰爭》（一）（上海人民出版社，1978年），第37～38頁。【2】其中，舊例徵銀303447兩，七月一日按新例開徵。【3】未開市。【4】道光二十三年九月十一日開市。【5】道光二十三年十一月十二日開市。【6】道光二十三年九月二十六日開市。【7】其中按舊例徵9010。【8】二十四年九月二十二日開市。【9】僅四個月。【10】僅七個月。【11】僅四個月，各口未知。【12】計21日（自十年八月十七日起，各新關根據英國月建按結奏報）。【13】但粵海關同時也按舊關期奏報，十年七月二十六日至十一年七月二十五日，大關徵銀1367809，潮州新關徵125621兩。

## 附表三：粵海常關關期及常稅徵收情況表【1】　　　　　　（單位：兩）

| 關　期 | 實　收 | 新安香山所屬汲水門各廠洋藥稅 | 北海各口貨稅 | 資料來源 |
|---|---|---|---|---|
| 咸豐十年七月二十六日至十一年七月二十五日 | 60448 | | | 補遺·同·二，642頁【3】 |
| 咸豐十一年七月二十六日至同治元年七月二十五日 | 62253 | | | 補遺·同·二，642頁 |

| 關　　期 | 實　收 | 新安香山所屬汲水門各廠洋藥稅 | 北海各口貨稅 | 資料來源 |
|---|---|---|---|---|
| 同治元年七月二十六日至二年六月二十五日 | 46961 | | | 補遺・同・二，519頁 |
| 同治二年六月二十六日至三年六月二十五日 | 47857 | | | 補遺・同・二，642頁 |
| 三年六月二十六日至四年五月二十五日 | 53941 | | | 錄副：03－4872－074 |
| 四年五月二十六日至五年五月二十五日 | 56511 | | | 錄副：03－4873－068 |
| 五年五月二十六日至六年五月二十五日 | 68646 | | | 錄副：03－4876－010 |
| 六年五月二十六日至七年四月二十五日 | 111770 | | | 錄副：03－4877－077 |
| 七年四月二十六日至八年四月二十五日 | 137705 | | | 錄副：03－4880－122 |
| 八年四月二十六日至九年四月二十五日 | 156933 | | | 錄副：03－4880－068 |
| 九年四月二十六日至十年三月二十五日 | 156884 | | | 錄副：03－4880－070 |
| 十年三月二十六年日至十一年三月二十五日 | 缺 | | | |
| 十一年三月二十六日至十二年三月二十五日 | 157140 | 567673【4】 | 34070【5】 | 錄副：3－128－6329－66 |
| 十二年三月二十六日至十三年二月二十五日 | 158611 | 319525 | 23063 | 錄副：3－128－6331－36 |

| 關　　期 | 實　　收 | 新安香山所屬汲水門各廠洋藥稅 | 北海各口貨稅 | 資料來源 |
|---|---|---|---|---|
| 十三年二月二十六日至光緒元年二月二十五日 | 158988 | 323250 | 缺 | 錄副：3－128－6328－50 |
| 元年二月二十六日至二年二月二十五日 | 168994 | 322317 | 23001 | 朱批 71：568 頁 |
| 二年二月二十六日至三年正月二十五日 | 170553 | 280466 | 22907 | 錄副：3－128－6333－86 |
| 三年正月二十六日至四年正月二十五日 | 173185 | 285235 | 23026 | 錄副：3－128－6337－60 |
| 四年正月二十六年日至五年正月二十五日 | 174094 | 325045 | 23055 | 錄副：3－128－6341－13 |
| 五年正月二十六日至五年十二月二十五日 | 173627 | 311734 | 17764 | 錄副：3－128－6343－65 |
| 五年十二月二十六日至六年十二月二十五日 | 187761 | 202865 | 17457 | 錄副：3－128－6352－61 |
| 六年十二月二十六日至七年十一月二十五日 | 190434 | 147846 | 22790 | 錄副：3－128－6354－35 |
| 七年十一月二十六年日至八年十一月二十五日 | 192087 | 266698 | 23147 | 錄副：3－128－6348－49 |
| 八年十一月二十六日至九年十一月二十五日 | 197048 | 260121 | 19204 | 朱批 72：31 頁 |
| 九年十一月二十六日至十年十月二十五日 | 199968 | 168795 | 18201 | 朱批 72：159 頁 |
| 十年十月二十六日至十一年十月二十五日 | 200735 | 170358 | 15015 | 朱批 72：159 頁 |

| 關　　期 | 實　收 | 新安香山所屬汲水門各廠洋藥稅 | 北海各口貨稅 | 資料來源 |
|---|---|---|---|---|
| 十一年十月二十六日至十二年十月二十五日 | 195087 | 187070【6】 | 14434 | 朱批 72：54 頁 |
| 十二年十月二十六日至十三年九月二十五日 | 201808 | | 15531 | 朱批 72：270 頁 |
| 十三年九月二十六日至十四年九月二十五日 | 201860 | | 21862 | 朱批 72：402 頁 |
| 十四年九月二十六日至十五年九月二十五日 | 201901 | | 21900 | 朱批 72：428 頁 |
| 十五年九月二十六日至十六年八月二十五日 | 202417 | | 14508 | 錄副：3－129－6376－67 |
| 十六年八月二十六日至十七年八月二十五日 | 212690 | | 14657 | 錄副：3－129－6381－17 |
| 十七年八月二十六日至十八年七月二十五日 | 202957 | | 21910 | 錄副：3－129－6388－26 |
| 十八年七月二十六日至十九年七月二十五日 | 193726 | | 20908 | 錄副：3－129－6389－26 |
| 十九年七月二十六日至二十年七月二十五日 | 181996 | | 15912 | 錄副：3－129－6390－18 |
| 二十年七月二十六日至二十一年六月二十五日 | 192960 | | 21954 | 錄副：3－129－6395－2 |
| 二十一年六月二十六日至二十二年六月二十五日 | 192172 | | 21961 | 錄副：3－129－6399－18 |
| 二十二年六月二十六日至二十三年六月二十五日 | 缺 | | | |

| 關　期 | 實　收 | 新安香山所屬汲水門各廠洋藥稅 | 北海各口貨稅 | 資料來源 |
|---|---|---|---|---|
| 二十三年六月二十六日至二十四年五月二十五日 | 186570【7】 | | 22000（抵） | 錄副：3－129－6404－19 |
| 二十四年五月二十六日至二十五年五月二十五日 | 186925 | | 22000（抵） | 錄副：3－129－6409－22 |
| 二十五年五月二十六年日至二十六年五月二十五日 | 187345 | | 22000（抵） | 錄副：3－129－6415－2 |
| 二十六年五月二十六日至二十七年四月二十五日 | 189635 | | | 錄副：3－129－6436－20 |
| 二十七年四月二十六日至二十八年四月二十五日 | 302530 | | | 錄副：3－129－6436－2 |
| 二十八年四月二十六日至二十九年四月二十五日 | 433321 | | | 錄副：3－129－6436－20 |
| 二十九年四月二十六日至三十年三月二十五日 | 397024 | | | 錄副：3－129－6436－20 |
| 三十年三月二十六日至三十年十一月三日 | 缺 | | | |
| 三十年十一月四日至三十一年十一月三日 | 560255 | | | 錄副：3－129－6440－45 |
| 三十一年十一月四日至三十一年十二底 | 缺 | | | |
| 三十二年一月一日至十二月底 | 553524 | | | 錄副：3－129－6447－38 |

　　【1】本表採用檔案的順序是：咸同之際採《籌辦夷務始末補遺》，同治四年之後則採錄副，錄副沒有再採朱批，二者皆不見則缺。【2】北海口貨稅

光緒十年起另有定額，不入粵海關額內，其正額爲 23000 兩，盈餘 12000 兩。（錄副：3－128－6358－54。）【3】補遺・同・二表示採自《籌辦夷務始末補遺》（同治朝）（第二冊），下同。【4】汲水門等處洋藥稅於同治十年五月十日開辦，至十一年五月九日徵 321323 兩，十一年五月十日起至十二年三月二十五日至徵 246350 兩，合計 567673 兩。【5】北海口於同治十年九月十二日開辦，至十一年九月十一日徵貨稅 21482 兩，十一年九月十二日起至十二年三月二十五日至徵 12588 兩，合計 34070 兩。【6】次年即鴉片稅釐並徵，歸入洋關造報。【7】除潮州新關所屬東隴、黃崗二口箚飭委員添派家人夥同口書經理，所徵另行奏報。下同。

## 附表四：江海常關關期及常稅徵收情況表　（單位：兩）

| 關　　期 | 實　收 | 海運漕船搭裝二成貨稅免稅銀 | 招商局輪船轉運漕米載貨搭載成二物新免關稅銀 | 常稅撥補 | 資料來源 |
|---|---|---|---|---|---|
| 道光二十一年十一月一日至二十二年十月底 | 32621 | | | | 補遺・道・三，761頁 |
| 二十二年十一月一日至二十三年九月底 | 73686 | | | | 補遺・道・三，888頁 |
| 二十三年十月一日至二十四年九月底 | 70423 | | | | 補遺・道・三，1020頁 |
| 二十四年十月一日至二十五年九月底 | 70612 | | | | 補遺・道・四，160頁 |
| 二十五年十月一日至二十六年八月底 | 缺 | | | | |
| 二十六年九月一日至二十七年八月底 | 69049 | | | | 補遺・道・四，514頁 |
| 二十七年九月一日至二十八年八月底 | 缺 | | | | |
| 二十八年九月一日至二十九年七月底 | 69619 | | | | 補遺・道・四，690頁 |

| 關　　期 | 實　　收 | 海運船二成稅銀漕搭 | 漕裝貨免稅免稅 | 招商輪運搭成運載新稅銀船漕貨關稅銀 | 局轉米二物免 | 常稅撥補 | 資料來源 |
|---|---|---|---|---|---|---|---|
| 二十九年八月一日至三十年七月底 | 缺 | | | | | | |
| 道光三十年八月一日至咸豐元年七月底 | 69855 | | | | | | 補遺・咸・一，86 頁 |
| 咸豐元年八月一日至二年六月底 | 缺 | | | | | | |
| 二年七月一日至三年六月底 | 缺 | | | | | | |
| 三年七月一日至四年六月底 | 12801 | | | | | | 補遺・咸・一，385 頁 |
| 四年七月一日至五年五月底 | 缺 | | | | | | |
| 五年六月一日至六年五月底 | 30254 | | | | | | 補遺・咸・一，563 頁 |
| 六年六月一日至七年五月底 | 65980 | | | | | | 補遺・咸・一，708 頁 |
| 七年閏五月一日至八年四月底 | 45799 | | | | | | 補遺・咸・一，772 頁 |
| 八年五月一日至九年四月底 | 缺 | | | | | | |
| 九年五月一日至十年四月底 | 缺 | | | | | | |
| 十年五月一日至十一年三月底 | 42582 | | | | | | 補遺・同・一，272 頁 |
| 十一年四月一日至同治元年三月底 | 缺 | | | | | | |
| 同治元年四月一日至二年三月底 | 缺 | | | | | | |
| 二年四月一日至三年二月底 | 缺 | | | | | | |

| 關　　期 | 實　收 | 漕裝貨稅免稅銀 運漕搭成二稅海船 | 招輪運搭成新稅商船漕載貨關銀 | 局轉米二物免稅銀 | 常稅撥補 | 資料來源 |
|---|---|---|---|---|---|---|
| 三年三月一日至四年二月底 | 缺 | | | | | |
| 四年三月一日至五年一月底 | 缺 | | | | | |
| 五年二月一日至六年一月底 | 40352 | 2334 | | | | 錄副：03－4875－033 |
| 六年二月一日至七年一月底 | 缺 | | | | | |
| 七年二月一日至七年十二月底 | 缺 | | | | | |
| 八年一月一日至八年十二月底 | 缺 | | | | | |
| 九年一月一日至九年十一月底 | 缺 | | | | | |
| 九年十二月一日至十年十一月底 | 55609 | 8883 | | | | 錄副：03－4877－039 |
| 十年十二月一日至十一年十一月底 | 51713 | 9509 | | | | 錄副：03－4880－065 |
| 十一年十二月一日至十二年十一月底 | 缺 | | | | | |
| 十二年十一月一日至十三年十月底 | 36777 | 6085 | 22065 | | | 錄副：3－128－6328－15 |
| 十三年十一月一日至光緒元年十月底 | 37731 | 7625 | 19677 | | | 錄副：3－128－6330－23 |
| 光緒元年十一月一日至二年九月底 | 37507 | 5364 | 19440 | | | 錄副：3－128－6333－4 |
| 二年十月一日至三年九月底 | 36882 | 5095 | 22437 | | | 錄副：3－128－6336－28 |
| 三年十月一日至四年九月底 | 38987 | 4825 | 20686 | | | 錄副：3－128－6339－9 |

| 關　　期 | 實　　收 | 海運漕船搭裝二成貨稅免稅銀 | 招商局輪船運漕搭載成貨新關二物稅免稅銀 | 常稅撥補 | 資料來源 |
|---|---|---|---|---|---|
| 四年十月一日至五年八月底 | 37932 | 4788 | 22316 | | 錄副：3－128－6342－9 |
| 五年九月一日至六年八月底 | 39396 | 4581 | 26687 | | 錄副：3－128－6344－43 |
| 六年九月一日至七年閏七月底 | 39448 | 5446 | 22198 | | 朱批 71：810 頁 |
| 七年八月一日至八年七月底 | 39617 | 6245 | 22679 | | 錄副：3－128－6347－97 |
| 八年八月一日至九年七月底 | 37114 | 5637 | 24667 | | 錄副：3－128－6350－28 |
| 九年八月一日至十年六月底 | 38233 | 5813 | 23045 | | 錄副：3－128－6351－45 |
| 十年七月一日至十一年六月底 | 37436 | 缺 | 6674 | | 錄副：3－128－6354－47 |
| 十一年七月一日至十二年六月底 | 37772 | 6112 | 22248 | | 錄副：3－128－6357－56 |
| 十二年七月一日至十三年五月底 | 38550 | 8261 | 26174 | | 錄副：3－128－6361－68 |
| 十三年六月一日至十四年五月底 | 37294 | 7469 | 48059 | | 錄副：3－128－6366－32 |
| 十四年六月一日至十五年五月底 | 37169 | 8101 | 42568【1】 | | 錄副：3－128－6370－23 |
| 十五年六月一日至十六年四月底 | 35088 | 20080 | 60369 | | 錄副：3－129－6375－30 |
| 十六年五月一日至十七年四月底 | 35185 | 9169 | 25000【2】 | | 錄副：3－129－6380－26 |
| 十七年五月一日至十八年四月底 | 33937 | 7350 | 25000 | | 錄副：3－129－6385－18 |
| 十八年五月一日至十九年三月底 | 33893 | 7098 | 25000 | | 錄副：3－129－6430－32 |

| 關　期 | 實　收 | 海運船搭二成稅銀 | 漕裝貨免稅 | 招商輪運搭成新關稅銀商船搭載漕米貨物免稅銀局轉漕二物免稅銀 | 常稅撥補 | 資料來源 |
|---|---|---|---|---|---|---|
| 十九年四月一日至二十年三月底 | 33498 | 7926 | 25000 | | | 錄副：3－129－6430－32 |
| 二十年四月一日至二十一年三月底 | 28437 | 停 | | | | 錄副：3－129－6430－32 |
| 二十一年四月一日至二十二年二月底 | 27153 | 7895 | | | 40000【3】 | 錄副：3－129－6430－32 |
| 二十二年三月一日至二十三年二月底 | 35389 | 8560 | | | 40000 | 錄副：3－129－6430－32 |
| 二十三年三月一日至二十四年二月底 | 36048 | 4779 | | | 40000 | 錄副：3－129－6430－32 |
| 二十四年三月一日至二十五年正月底 | 34490 | | | | 40000 | 錄副：3－129－6430－32 |
| 二十五年二月一日至二十六年正月底 | 35493 | | | | 40000 | 錄副：3－129－6430－32 |
| 二十六年二月一日至二十六年十二月底 | 25253 | | | | 40000 | 錄副：3－129－6430－32 |
| 二十七年正月一日至二十七年九月底 | 26107 | | | | 40000 | 錄副：3－129－6426－4 |
| 二十七年十月一日至二十八年九月底 | 內60478，外21195 | | | | 40000 | 錄副：3－129－6426－5 |
| 二十八年十月一日至二十九年八月底 | 內84240外20034 | | | | 40000 | 錄副：3－129－6426－5 |
| 二十九年九月一日至三十年八月底 | 內86764外20165 | | | | 40000 | 錄副：3－129－6435－36 |
| 三十年九月一日至三十一年八月底 | 內143722外21514 | | | | 40000 | 錄副：3－129－6435－36 |
| 三十一年九月一日至三十二年七月底 | 內146721外26134 | | | | 40000 | 錄副：3－129－6448－47 |

| 關　期 | 實　收 | 海運漕船二成稅銀 | 運裝漕貨免稅 | 招商局輪船運漕搭載二成貨新關稅銀 | 局轉米二物免船漕載貨關 | 常稅撥補 | 資料來源 |
|---|---|---|---|---|---|---|---|
| 三十二年八月一日至三十三年七月底 | 內 141529<br>外 33199 | | | | | 40000 | 錄副：3－129－6450－31 |

　　【1】江海關從光緒十五年起不再由輪船運漕免稅銀兩作抵。（錄副：3－128－6378－56。）但據光緒十九年十月戶部的奏摺來判斷，抵補政策並未取締，而是將招商局輪船轉運漕米搭載二成貨物新關免稅銀換成每年由新關洋藥稅項下撥補 25000 兩，以示體恤。（錄副：3－129－6386－12。）【2】據錄副：3－128－6378－56 剛毅稱：江海關從光緒十五年起不再由輪船運漕免稅銀兩作抵，但要求在洋稅項下撥補 25000 兩。再據錄副：3－129－6386－12 中戶部摺可知迄至光緒十九年江海關監督仍要求撥補，但戶部並未允准。此案是否眞的著實賠補，不得而知。【3】江海常關於光緒十三年奉文，在新關藥釐項下撥補 4 萬兩，名曰出海常稅。（江蘇省蘇屬清理財政局：《蘇屬財政說明書》（刻本），光緒三十三年，第 23 頁。）但從檔案來看，當時並未實行。自光緒 22 年起才作爲正入收造報。（朱批 73：第 651 頁。）

## 附表五：浙海常關關期及常稅徵收情況表　　　　　（單位：兩）

| 關　期 | 常稅實數 | 洋稅撥補 | 資料來源 |
|---|---|---|---|
| 道光二十二年十月八日至二十三年九月七日 | 78025 | | 補遺・道・三，878 頁 |
| 二十三年九月八日至二十四年九月七日 | 77037 | | 補遺・道・三，1015 頁 |
| 二十四年九月八日至二十五年九月七日 | 78018 | | 補遺・道・四，148 頁 |
| 二十五年九月八日至二十六年八月七日 | 78020 | | 補遺・道・四，341 頁 |
| 二十六年八月八日至二十七年八月七日 | 76542 | | 補遺・道・四，506 頁 |
| 二十七年八月八日至二十八年八月七日 | 缺 | | |

| 關　期 | 常稅實數 | 洋稅撥補 | 資料來源 |
|---|---|---|---|
| 二十八年八月八日至二十九年七月七日 | 78378 | | 補遺・道・四，687 頁 |
| 二十九年七月八日至三十年七月七日 | 76546 | | 補遺・道・四，802 頁 |
| 三十年七月八日至咸豐元年七月初七 | 76430 | | 補遺・咸・一，16 頁 |
| 咸豐元年七月八日至二年六月七日 | 76336 | | 補遺・咸・一，135 頁 |
| 二年六月八日至三年六月七日 | 62698 | | 補遺・咸・一，256 頁 |
| 三年六月八日至四年六月七日 | 62321 | | 補遺・咸・一，372 頁 |
| 四年六月八日至五年五月七日 | 62522 | | 補遺・咸・一，427 頁 |
| 五年五月八日至六年五月七日 | 64111 | | 錄副：03－4279－079 |
| 六年五月八日至七年五月七日 | 65467 | | 錄副：03－4380－047 |
| 七年五月八日至八年四月七日 | 66340 | | 錄副：03－4281－042 |
| 八年四月八日至九年四月七日 | 66368 | | 錄副：03－4382－044 |
| 九年四月八日至十年閏三月七日 | 55267 | | 錄副：03－4384－009 |
| 十年閏三月八日至十一年三月七日 | 49858 | 20000【1】 | 補遺・同・二，305 頁 |
| 十一年三月八日至同治元年三月七日 | 缺 | | |
| 同治元年三月八日至二年二月七日 | 31593 | 20000 | 錄副：03－4873－034 |
| 二年二月八日至三年二月七日 | 40336 | 20000 | 錄副：03－4874－024 |
| 三年二月八日至四年二月七日 | 38047 | 20000 | 錄副：03－4875－035 |

| 關　　期 | 常稅實數 | 洋稅撥補 | 資料來源 |
|---|---|---|---|
| 四年二月八日至五年一月七日 | 32800 | 20000 | 錄副：03－4877－034 |
| 五年一月八日至六年一月七日 | 29885 | 20000 | 錄副：03－4878－008 |
| 六年一月八日至七年一月七日 | 31170 | 20000 | 錄副：03－4877－031 |
| 七年一月八日至七年十二月七日 | 31479 | 20000 | 錄副：03－4878－029 |
| 七年十二月八日至八年十二月七日 | 31671 | 20000 | 錄副：03－4880－023 |
| 八年十二月八日至九年十一月七日 | 缺 |  |  |
| 九年十一月八日至十年十一月七日 | 30481 | 20000 | 錄副：03－4880－151 |
| 十年十一月八日至十一年十一月七日 | 36001 | 20000 | 錄副：03－4880－090 |
| 十一年年十一月八日至十二年十月七日 | 缺 | 20000 |  |
| 十二年十月八日至十三年十月七日 | 30112 | 20000 | 錄副：3－128－6328－33 |
| 十三年十月八日至光緒元年十月七日 | 30010 | 20000 | 錄副：3－128－6330－19 |
| 光緒元年十月八日至二年九月七日 | 30112 | 20000 | 錄副：3－128－6333－13 |
| 二年九月八日至三年九月七日 | 28848 | 20000 | 錄副：3－128－6336－17 |
| 三年九月八日至四年九月七日 | 27900 | 20000 | 錄副：3－128－6339－22 |
| 四年九月八日至五年八月七日 | 28198 | 20000 | 錄副：3－128－6341－57 |
| 五年八月八日至六年八月七日 | 28376 | 20000 | 錄副：3－128－6345－10 |
| 六年八月八日至七年八月七日 | 缺 |  |  |

| 關　期 | 常稅實數 | 洋稅撥補 | 資料來源 |
|---|---|---|---|
| 七年八月八日至八年七月七日 | 20347 | 20000【2】 | 錄副：3－128－6348－12 |
| 八年七月八日至九年七月七日 | 缺 | | |
| 九年七月八日至十年六月七日 | 30352 | | 錄副：3－128－6352－16 |
| 十年六月八日至十一年六月七日 | 26270 | | 錄副：3－128－6354－23 |
| 十一年六月八日至十二年六月七日 | 26020 | | 錄副：3－128－6358－28 |
| 十二年六月八日至十三年五月七日 | 27775 | | 錄副：3－128－6363－48 |
| 十三年五月八日至十四年五月七日 | 29054 | | 錄副：3－128－6366－3 |
| 十四年五月八日至十五年五月七日 | 29113 | | 錄副：3－128－6369－46 |
| 十五年五月八日至十六年四月七日 | 33693 | | 錄副：3－128－6373－103 |
| 十六年四月八日至十七年四月七日 | 29165 | | 錄副：3－128－6377－49 |
| 十七年四月八日至十八年四月七日 | 29012 | | 錄副：3－128－6382－19 |
| 十八年四月八日至十九年三月七日 | 29758 | | 錄副：3－128－6387－44 |
| 十九年三月八日至二十年三月七日 | 28997 | | 朱批 73：190 頁 |
| 二十年三月八日至二十一年三月七日 | 30669 | | 朱批 73：324 頁 |
| 二十一年三月八日至二十二年二月七日 | 29058 | | 朱批 73：471 頁 |
| 二十二年二月八日至二十三年二月七日 | 31876 | | 朱批 73：639 頁 |
| 二十三年二月八日至二十四年二月七日 | 30650 | | 朱批 73：817 頁 |

| 關　　　期 | 常稅實數 | 洋稅撥補 | 資料來源 |
|---|---|---|---|
| 二十四年二月八日至二十五年正月七日 | 30577 | | 朱批 74：58 頁 |
| 二十五年正月八日至二十六年正月七日 | 30578 | | 朱批 74：173 頁 |
| 二十六年正月八日至二十六年十二月七日 | 27874 | | 朱批 74：266 頁 |
| 二十六年十二月八日至二十七年九月三十日 | 23145 | | 朱批 74：322 頁 |
| 二十七年十月一日至二十八年九月三十日 | 119245 | | 朱批 74：501 頁 |
| 二十八年十月一日至二十九年八月三十日 | 內 99289<br>外 7611 | | 朱批 74：707 頁 |
| 二十九年九月一日至三十年八月三十日 | 內 108694<br>外 9256 | | 朱批 74：850 頁 |
| 三十年九月一日至三十一年八月三十日 | 內 106053<br>外 19264 | | 朱批 74：851 頁 |

　　【1】浙海關開始於咸豐十年開始仿閩海成案撥補。(《籌辦夷務始末補遺》（同治朝）（第二冊），第 303 頁。)【2】光緒十二年六月時日劉秉璋奏：浙海關短徵常稅請仍由洋稅撥補。援閩省成案，撥補二萬兩（錄副：3－128－6356－42）。再據錄副：3－129－6386－12，戶部摺稱閩浙兩關均於光緒十年奏停撥補，可知劉秉璋的奏摺未得允准。

### 附表六：閩海常關關期及常稅徵收情況表　　　　　　　　（單位：兩）

| 關　　　期 | 常稅實收 | 洋稅撥補 | 資料來源 |
|---|---|---|---|
| 道光二十二年二月十六日至二十三年二月十五日 | 86059【1】 | | 補遺・道・三，770 頁 |
| 二十三年二月十六日至二十四年正月十五日 | 福州：92679<br>廈門：38047 | | 補遺・道・三，937 頁 |
| 二十四年正月十六日至二十五年正月十五日 | 169160 | | 補遺・道・四，7、12 頁 |
| 二十五年正月十六日至二十六年正月十五日 | 154513 | | 補遺・道・四，212 頁 |
| 二十六正月十六日至二十六年十二月十五日 | 105974 | | 補遺・道・四，590 頁 |

| 關　　期 | 常稅實收 | 洋稅撥補 | 資料來源 |
|---|---|---|---|
| 二十六十二月十六日至二十七年十二月十五日 | 缺 | | |
| 二十七年十二月十六日至二十八年十二月十五日 | 153179 | 25000【2】 | 補遺・道・四，631頁 |
| 二十八年十二月十六日至二十九年十一月十五日 | 153716 | 25000 | 補遺・道・四，632頁 |
| 二十九年十一月十六日至三十年十一月十五日 | 156091 | 25000 | 補遺・咸・一，1頁 |
| 三十年十一月十六日至咸豐元年十月十五日 | 146734 | 25000 | 補遺・咸・一，90頁 |
| 咸豐元年十月十六日至二年十月十五日 | 132351 | 25000 | 補遺・咸・一，147頁 |
| 二年十月十六日至三年十月十五日 | 73520 | 25000 | 補遺・咸・一，246頁 |
| 三年十月十六日至四年十月十五日 | 80352 | 25000 | 經濟所抄本 |
| 四年十月十六日至五年九月十五日 | 102149 | 25000 | 經濟所抄本 |
| 五年九月十六日至六年九月十五日 | 122220 | 25000 | 經濟所抄本 |
| 六年九月十六日至七年八月十五日 | 130592 | 25000 | 經濟所抄本 |
| 七年八月十六日至八年八月十五日 | 145127 | 25000 | 經濟所抄本 |
| 八年八月十六日至九年八月十五日 | 147400 | 25000 | 經濟所抄本 |
| 九年八月十六日至十年七月十五日 | 148881 | 25000 | 經濟所抄本 |
| 十年七月十六日至十一年七月十五日 | 129958 | 25000 | 經濟所抄本 |
| 十一年七月十六日至同治元年七月十五日 | 109494 | 25000 | 經濟所抄本 |
| 同治元年七月十六日至二年六月十五日 | 99290 | 25000 | 經濟所抄本 |
| 二年六月十六日至三年六月十五日 | 104879 | 25000 | 經濟所抄本 |

| 關　期 | 常稅實收 | 洋稅撥補 | 資料來源 |
|---|---|---|---|
| 三年六月十六日至四年五月十五日 | 77261 | 25000 | 經濟所抄本 |
| 四年五月十六日至五年五月十五日 | 77642 | 25000 | 經濟所抄本 |
| 五年五月十六日至六年五月十五日 | 85731 | 25000 | 經濟所抄本 |
| 六年五月十六日至七年四月十五日 | 93897 | 25000 | 經濟所抄本 |
| 七年四月十六日至八年四月十五日 | 100709 | 25000 | 經濟所抄本 |
| 八年四月十六日至九年四月十五日 | 115134 | 25000 | 經濟所抄本 |
| 九年四月十六日至十年三月十五日 | 116649 | 25000 | 經濟所抄本 |
| 十年三月十六日至十一年三月十五日 | 117779 | 25000 | 經濟所抄本 |
| 十一年三月十六日至十二年三月十五日 | 126150 | 25000 | 經濟所抄本 |
| 十二年三月十六日至十三年二月十五日 | 131068 | 25000 | 經濟所抄本 |
| 十三年二月十六日至光緒元年二月十五日 | 136225 | 25000 | 經濟所抄本 |
| 光緒元年二月十六日至二年二月十五日 | 159428 | 25000 | 朱批 71：564 頁 |
| 二年二月十六日至三年正月十五日 | 148719 | 25000 | 朱批 71：598 頁 |
| 三年正月十六日至四年正月十五日 | 140520 | 25000 | 朱批 71：652 頁 |
| 四年正月十六日至五年正月十五日 | 174066 | 25000 | 朱批 71：717 頁 |
| 五年正月十六日至五年十二月十五日 | 176951 | 25000 | 朱批 71：748 頁 |
| 五年十二月十六日至六年十二月十五日 | 185842 | 25000 | 朱批 71：781 頁 |
| 六年十二月十六日至七年十一月十五日 | 185588 | 25000 | 朱批 71：808 頁 |

| 關 期 | 常稅實收 | 洋稅撥補 | 資料來源 |
|---|---|---|---|
| 七年十一月十六日至八年十一月十五日 | 186062 | 25000 | 朱批 71：847 頁 |
| 八年十一月十六日至九年十一月十五日 | 182888 | 25000 | 朱批 71：847 頁 |
| 九年十一月十六日至十年十月十五日 | 158159 | 25000【3】 | 朱批 71：913 頁 |
| 十年十月十六日至十一年十月十五日 | 175792 | | 朱批 71：951 頁 |
| 十一年十月十六日至十二年十月十五日 | 190462 | | 朱批 72：27 頁 |
| 十二年十月十六日至十三年九月十五日 | 189576 | | 朱批 72：135 頁 |
| 十三年九月十六日至十四年九月十五日 | 201135 | | 朱批 72：273 頁 |
| 十四年九月十六日至十五年九月十五日 | 194042 | | 朱批 72：382 頁 |
| 十五年九月十六日至十六年八月十五日 | 178428 | | 朱批 72：501 頁 |
| 十六年八月十六日至十七年八月十五日 | 177030 | | 朱批 72：616 頁 |
| 十七年八月十六日至十八年七月十五日 | 180499 | | 朱批 72：766 頁 |
| 十八年七月十六日至十九年七月十五日 | 175844 | | 朱批 73：8 頁 |
| 十九年七月十六日至二十年七月十五日 | 170680 | | 朱批 73：212 頁 |
| 二十年七月十六日至二十一年六月十五日 | 166352 | | 朱批 73：317 頁 |
| 二十一年六月十六日至二十二年六月十五日 | 173962 | | 朱批 73：463 頁 |
| 二十二年六月十六日至二十三年六月十五日 | 167947 | | 朱批 73：594 頁 |
| 二十三年六月十六日至二十四年五月十五日 | 160539 | | 朱批 73：747 頁 |
| 二十四年五月十六日至二十五年五月十五日 | 162621 | | 朱批 74：38 頁 |

| 關　期 | 常稅實收 | 洋稅撥補 | 資料來源 |
|---|---|---|---|
| 二十五年五月十六日至二十六年五月十五日 | 154702 | | 朱批 74：240 頁 |
| 二十六年五月十六日至二十七年四月十五日 | 135854 | | 錄副：3－129－6443－1 |
| 二十七年四月十六日至二十七年九月三十日 | 87432 | | 錄副：3－129－6446－24 |
| 二十七年十月一日至二十八年九月底 | 259794 | | 錄副：3－129－6446－23 |
| 二十八年十月一日至二十九年九月底 | 內 358400 外缺 | | 錄副：3－129－6425－44 |
| 二十九年十月一日至三十年九月底 | 內 368200 外缺 | | 錄副：3－129－6425－46 |
| 三十年十月一日至三十一年九月底 | 內 396300 外缺 | | 錄副：3－129－6432－58 |
| 三十一年十月一日至三十二年九月底 | 內 355611 外缺 | | 錄副：3－129－6443－20 |

　　【1】廈門無徵。【2】開始洋稅撥補。（《籌辦夷務始末補遺》（道光朝）（第四冊）第 632 頁。【3】據錄副：3－129－6386－12，從光緒十年分開始閩海關停止洋稅撥補。

### 附表七：洋關結期中西曆對照檢索表

| 結期（按貿易年度排列） | 起止時間（中曆） | 對應的西曆時間 |
|---|---|---|
| 第一至第四結 | 咸豐十年八月十七日至十一年八月二十六日 | 1860.10.1～1861.9.30 |
| 第五至第八結 | 十一年八月二十七日至同治元年閏八月初七日 | 1861.10.1～1862.9.30 |
| 第九至十二結 | 元年閏八月初八日至二年八月十八日 | 1862.10.1～1863.9.30 |
| 第十三至十六結 | 二年八月十九日至三年八月三十日 | 1863.10.1～1864.9.30 |
| 第十七至二十結 | 三年九月一日至四年八月十一日 | 1864.10.1～1865.9.30 |
| 第二十一至二十四結 | 四年八月十二日至五年八月二十二日 | 1865.10.1～1866.9.30 |

| 結期（按貿易年度排列） | 起止時間（中曆） | 對應的西曆時間 |
|---|---|---|
| 第二十五至二十八結 | 五年八月二十三日至六年九月三日 | 1866.10.1～1867.9.30 |
| 第二十九至三十二結 | 六年九月四日至七年九月十五日 | 1867.10.1～1868.9.30 |
| 第三十三至三十六結 | 七年九月十六日至八年八月二十五日 | 1868.10.1～1869.9.30 |
| 第三十七至四十結 | 八年八月二十六日至九年九月六日 | 1869.10.1～1870.9.30 |
| 第四十一至四十四結 | 九年九月七日至十年八月十六日 | 1870.10.1～1871.9.30 |
| 第四十五至四十八結 | 十年八月十七日至十一年八月二十八日 | 1871.10.1～1872.9.30 |
| 第四十九至五十二結 | 十一年八月二十九日至十二年八月九日 | 1872.10.1～1873.9.30 |
| 第五十三至五十六結 | 十二年八月十日至十三年八月二十日 | 1873.10.1～1874.9.30 |
| 第五十七至六十結 | 十三年八月二十一日至光緒元年九月二日 | 1874.10.1～1875.9.30 |
| 第六十一至六十四結 | 元年九月三日至二年八月十三日 | 1875.10.1～1876.9.30 |
| 第六十五至六十八結 | 二年八月十四日至三年八月二十四日 | 1876.10.1～1877.9.30 |
| 第六十九至七十二結 | 三年八月二十五日至四年九月五日 | 1877.10.1～1878.9.30 |
| 第七十三至七十六結 | 四年九月六日至五年八月十五日 | 1878.10.1～1879.9.30 |
| 第七十七至八十結 | 五年八月十六日至六年八月二十六日 | 1879.10.1～1880.9.30 |
| 第八十一至八十四結 | 六年八月二十七日至七年八月八日 | 1880.10.1～1881.9.30 |
| 第八十五至八十八結 | 七年八月九日至八年八月十九日 | 1881.10.1～1882.9.30 |
| 第八十九至九十二結 | 八年八月二十日至九年八月三十日 | 1882.10.1～1883.9.30 |
| 第九十三至九十六結 | 九年九月一日至十年八月十二日 | 1883.10.1～1884.9.30 |

| 結期（按貿易年度排列） | 起止時間（中曆） | 對應的西曆時間 |
|---|---|---|
| 第九十七至一百結 | 十年八月十三日至十一年八月二十二日 | 1884.10.1～1885.9.30 |
| 第一百一至一百四結 | 十一年八月二十三日至十二年九月三日 | 1885.10.1～1886.9.30 |
| 第一百五至一百八結 | 十二年九月四日至十三年八月十四日 | 1886.10.1～1887.9.30 |
| 第一百九至一百一十二結 | 十三年八月十五日至十四年八月二十五日 | 1887.10.1～1888.9.30 |
| 第一百一十三至一百一十六結 | 十四年八月二十六日至十五年九月六日 | 1888.10.1～1889.9.30 |
| 第一百一十七至一百二十結 | 十五年九月七日至十六年八月十七日 | 1889.10.1～1890.9.30 |
| 第一百二十一至一百二十四結 | 十六年八月十八日至十七年八月二十八日 | 1890.10.1～1891.9.30 |
| 第一百二十五至一百二十八結 | 十七年八月二十九日至十八年八月十日 | 1891.10.1～1892.9.30 |
| 第一百二十九至一百三十二結 | 十八年八月十一日至十九年八月二十一日 | 1892.10.1～1893.9.30 |
| 第一百三十三至一百三十六結 | 十九年八月二十二日至二十年九月二日 | 1893.10.1～1894.9.30 |
| 第一百三十七至一百四十結 | 二十年九月三日至二十一年八月十二日 | 1894.10.1～1895.9.30 |
| 第一百四十一至一百四十四結 | 二十一年八月十三日至二十二年八月二十四日 | 1895.10.1～1896.9.30 |
| 第一百四十五至一百四十八結 | 二十二年八月二十五日至二十三年九月五日 | 1896.10.1～1897.9.30 |
| 第一百四十九至一百五十二結 | 二十三年九月六日至二十四年八月十五日 | 1897.10.1～1898.9.30 |
| 第一百五十三至一百五十六結 | 二十四年八月十六日至二十五年八月二十六日 | 1898.10.1～1899.9.30 |
| 第一百五十七至一百六十結 | 二十五年八月二十七日至二十六年閏八月七日 | 1899.10.1～1900.9.30 |
| 第一百六十一至一百六十四結 | 二十六年閏八月八日至二十七年八月十八日 | 1900.10.1～1901.9.30 |
| 第一百六十五至一百六十八結 | 二十七年八月十九日至二十八年八月二十九日 | 1901.10.1～1902.9.30 |

| 結期（按貿易年度排列） | 起止時間（中曆） | 對應的西曆時間 |
|---|---|---|
| 第一百六十九至一百七十二結 | 二十八年八月三十日至二十九年八月十日 | 1902.10.1～1903.9.30 |
| 第一百七十三至一百七十六結 | 二十九年八月十一日至三十年八月二十一日 | 1903.10.1～1904.9.30 |
| 第一百七十七至一百八十結 | 三十年八月二十二日至三十一年九月二日 | 1904.10.1～1905.9.30 |
| 第一百八十一至一百八十四結 | 三十一年九月三日至三十二年八月十三日 | 1905.10.1～1906.9.30 |
| 第一百八十五至一百八十八結 | 三十二年八月十四日至三十三年八月二十三日 | 1906.10.1～1907.9.30 |
| 第一百八十九至一百九十二結 | 三十三年八月二十四日至三十四年九月六日 | 1907.10.1～1908.9.30 |
| 第一百九十三至一百九十六結 | 三十四年九月七日至宣統元年八月十七日 | 1908.10.1～1909.9.30 |
| 第一百九十七至二百結 | 元年八月十八日至二年八月二十七日 | 1909.10.1～1910.9.30 |
| 第二百一至二百四結 | 二年八月二十八日至三年八月九日 | 1910.10.1～1911.9.30 |

# 參考文獻

## 工具書

1. 榮孟源：《中國近代史曆表》，中華書局，1977 年。
2. 廈門大學中國海關史研究中心編：《中國近代海關地名錄》（英漢對照）。
3. 廈門大學中國海關史研究中心編：《中國近代海關機構職銜名稱》英漢對照。
4. 孫修福編：《近代中國華洋機構譯名大全》，北京：中國海關出版社，2003 年。
5. 孫修福編著：《中國近代海關高級職員年表》，中國海關出版社，2004 年。
6. 陳詩啓，孫修福主編：《中國近代海關常用詞語：英漢對照寶典》，中國海關出版社，2002 年。
7. 《中國海關百科全書》編纂委員會：《中國海關百科全書》，北京：中國大百科全書出版社，2004 年。
8. 中國第一歷史檔案館編著：《清代文書檔案圖鑒》，香港：三聯書店有限公司，2004 年。

## 未刊檔案及抄本
### 第一歷史檔案館藏：

1. 《軍機處錄副奏摺·財政類·關稅項》。
2. 《稅務處案卷》。
3. 《朱批奏摺》（同治朝）。
4. 《宮中檔》。

**中國社會科學院經濟研究所藏：**

1.《清代關稅收支報告表》（抄本）。

2.《清代海關開除》（抄本）。

3.《閩海關歷年徵收常稅盈絀數目》（抄本）。

4.《關稅檔雜抄》（抄本）。

**國家圖書館藏：**

1.《各海關華洋各稅收支考覈簿》（抄本），清光緒年間。

2.《清戶部撥款各省清冊》（抄本），清咸豐間。

3.《各關稅務清冊》（抄本），清光緒年間。

4.《徵例稅務清冊》（抄本），清光緒年間。

5. 白陳群：《中國關稅名詞解》（抄本），1926 年。

6. 王文達：《粵海關統轄口岸考》（刻本），光緒六年。

**北京大學圖書館藏：**

1.《各關常稅實徵短徵銀兩數目》（抄本），光緒七年。

2.《欽命督理稅務處衙門清檔》（抄本），光緒三十二年至三十三年。

3.《欽命總理各國事務衙門清檔》（抄本）。

4.《各海關徵收洋稅銀兩數目》（抄本）。

5.《戶部檔案》（抄本）。

6.《四川川東道監督重慶關稅務造呈第壹佰捌拾捌結期滿收支各款四柱清冊》（檔案）。

7.《四川川東道監督重慶關稅務造呈第壹佰捌拾捌結期滿徵收各項稅銀數目清冊》（檔案）。

8.《四川川東道監督重慶關稅務造呈第壹佰捌拾捌結期內罰款銀兩數目緣由清冊》（檔案）。

9.《四川川東道監督重慶關稅務造呈第壹佰捌拾捌結期滿徵收土藥稅銀數目清冊》（檔案）。

10.《四川川東道監督重慶關稅務造呈第壹佰捌拾捌結期滿開支一切經費數目清冊》（檔案）。

11.《浙海關造送寧波口第一百七十三至一百七十五結徵收洋藥釐捐款目清冊》（原件）。

12.《蕪湖新關洋藥稅釐收支數目簡明四柱清冊》（原稿）。

## 已刊檔案及資料彙編

1. 《粵東省例新纂》，藩署藏版，道光二十六年刻。

2. 王延熙、王樹敏：《皇朝道咸同光奏議》，上海久敬齋石印本，光緒二十八年。

3. 江蘇省蘇屬清理財政局：《蘇屬財政說明書》（刻本），光緒三十三年

4. 經濟學會編：《福建全省財政說明書》（刻本）。

5. 廣東清理財政局：《廣東財政說明書》，宣統二年編訂。

6. 《浙江清理財政局說明書》（刻本）。

7. 沈桐生：《光緒政要》，上海崇義堂印，宣統元年。

8. 清度支部編：《宣統元年各省應解京洋賠各款剔除由鹽關項下撥解數目應解總數表暨分省清單》，民國財政部印刷局印行。

9. 李焜墀等編：《稅務處第一次統計一覽表》，鉛印本。

10. 黃錫銓、陳星庚等：《海關常關所屬地址道里表》，京華印書局，民國四年印行。

11. 《總管內務府現行則例》，國立北平故宮博物院文獻館校印，1938 年。

12. 《大清光緒新法令》，商務印書館，第五版。

13. 劉錦藻：《清朝續文獻通考》，十通第十本。

14. 朱壽朋：《光緒朝東華錄》，北京：中華書局，1958 年。

15. 趙爾巽：《清史稿》，中華書局，1976 年。

16. 《清實錄》（清代歷朝實錄，附《宣統政紀》），中華書局影印，1987 年。

17. 崑岡等編：光緒朝《清會典事例》，中華書局影印，1991 年。

18. 中國第一歷史檔案館編：《光緒朝朱批奏摺》（財政類），中華書局，1995 年。

19. 吳相湘主編：《皇朝蓄艾文編》，中國史學叢書本，1965 年。

20. 《福建省例》（上），臺灣大通書局，臺灣文獻史料叢刊第七輯。

21. 王鐵崖：《中外舊約章彙編》，三聯書店，1957 年。

22. 中國史學會編：《洋務運動》，上海人民出版社，1956 年。

23. 徐義生：《中國近代外債史統計資料》，中華書局，1962 年。

24. 姚賢鎬：《中國近代對外貿易史資料》，中華書局，1962 年。

25. 《常稅則例》，續修四庫（834），上海古籍出版社，2002 年。

26. 《約章成案彙覽》，續修四庫（874～876），上海古籍出版社，2002 年。

27. 〔清〕寶鋆等編：《籌辦夷務始末》（同治朝），續修四庫（414～421），上海古籍出版社，2002 年。

28. 〔清〕文慶等纂：《籌辦夷務始末》（道光朝），北京：中華書局，1964年。

29. 〔清〕賈楨等編：《籌辦夷務始末》（咸豐朝），北京：中華書局，1979年。

30. 蔣廷黻輯：《籌辦夷務始末補遺》，北京大學出版社，1988年。

31. 聶寶璋輯：《中國近代航運史資料》（1890～1895）第一輯，上海人民出版社，1983年。

32. 黃鑒暉等編：《山西票號史料》（增訂本），山西經濟出版社，2002年。

33. 太平天國歷史博物館編：《吳煦檔案選編》，江蘇人民出版社，1983年。

34. 陳霞飛主編：《中國海關密檔》，中華書局，1990年。

35. 中國人民銀行參事室編著：《中國清代外債史資料》，中國金融出版社，1991年。

36. 黃臻，趙錚，火樹賢編譯：《歷史鏡鑒：舊中國海關誡律》，北京：中國海關出版社，2001年。

37. 中國第二歷史檔案館：《中國舊海關史料：1859～1948》，京華出版社，2001年。

38. 齊思和等編：《第二次鴉片戰爭》，中國近代史資料叢刊，上海人民出版社，1978年

39. 中國近代經濟史資料叢刊編輯委員會主編：《中國海關與庚子賠款》，北京：中華書局，1962年。

40. 中國近代經濟史資料叢刊編輯委員會主編：《中國海關與辛亥革命》，北京：中華書局，1964年。

41. 中國近代經濟史資料叢刊編輯委員會編：《中國海關與郵政》，北京：中華書局，1983年。

42. 中國近代經濟史資料叢刊編輯委員會主編：《中國海關與中法戰爭》，北京：中華書局，1983年。

43. 中國近代經濟史資料叢刊編輯委員會編：《中國海關與緬藏問題》，北京：中華書局，1983年。

44. 中國近代經濟史資料叢刊編輯委員會主編：《中國海關與中日戰爭》，中華書局，1983年。

45. 中國近代經濟史資料叢刊編輯委員會主編：《中國海關與英德續借款》，中華書局，1983年。

46. 中國近代經濟史資料叢刊編輯委員會主編：《中國海關與義和團運動》，中華書局，1983年。

47. 中國近代經濟史資料叢刊編輯委員會主編：《中國海關與中葡里斯本草約》，中華書局，1983年。

48. 中國近代經濟史資料叢刊編輯委員會主編：《辛丑條約訂立以後的商約談判》，中華書局，1994 年。

49. 海關總署《舊中國海關總稅務司署通令選編》編譯委員會：《舊中國海關總稅務司署通令選編：1861～1910 年》，北京：中國海關出版社，2003 年。

50. 廣州市地方志編委會、廣州海關志編委會：《近代廣州口岸經濟社會概況——粵海關報告彙集》，暨南大學出版社，1995 年。

51. 拱北海關志編輯委員會編：《拱北關史料集》，1998 年。

52. 徐蔚葳：《近代浙江通商口岸經濟社會概況——浙海關、甌海關、杭州關貿易報告集成》，浙江人民出版社，2002 年。

53. 莫世祥，虞和平，陳奕平編譯：《近代拱北海關報告彙編：一八八七～一九四六》，澳門基金會，1998 年。

54. 中國社會科學院歷史研究所清史研究室編：《清史資料》，中華書局，1981 年。

55. 國家圖書館藏：《清代孤本內閣六部檔案續編》，全國圖書館文獻縮微複製中心影印。

56. 《清末籌備立憲檔案史料》（下），中華書局，1979 年。

57. 千家駒編：《舊中國公債史資料（1894～1949）》，中華書局，1984 年。

58. 《光緒會典》，光緒己亥敕修，文海出版社印行，近代中國史料叢刊。

59. 《大清會典》（雍正朝），文海出版社印行，近代中國史料叢刊三編。

60. 《欽定大清會典》（嘉慶朝），文海出版社印行，近代中國史料叢刊三編。

61. 賀長齡編：《皇朝經世文編》，文海出版社印行，近代中國史料叢刊。

62. 麥仲華編：《皇朝經世文新編》，文海出版社印行，近代中國史料叢刊。

63. 盛康：《皇朝經世文編續編》，文海出版社印行，近代中國史料叢刊。

64. 席裕福、沈師徐輯：《皇朝政典類纂》，文海出版社印行，近代中國史料叢刊續輯。

65. 前北京政府財政部編：《關稅案牘彙編》，文海出版社印行，近代中國史料叢刊。

66. 宋壽徵等編：《度支部稅課司奏案匯要》，文海出版社印行，近代中國史料叢刊。

67. 《通商約章類纂》，文海出版社印行，近代中國史料叢刊續編。

68. 《光緒通商列表》，文海出版社印行，近代中國史料叢刊續編。

69. 《光緒通商綜覈表》，文海出版社印行，近代中國史料叢刊續編。

70. 王彥威、王希隱《清季外交史料》，文海出版社印行，近代中國史料叢刊續編。

71. C.H.BrewiTt-Talor 編：《新關文件錄》，近代中國史料叢刊三編，文海出版社印行。

72. 太平天國歷史博物館編：《吳煦檔案選編》，江蘇人民出版社，1983 年。

73. 張俠等編：《清末海軍史料》（下），北京：海洋出版社，1982 年。

74. 乾隆二十九年修《欽定大清會典》，四庫全書（205），商務印書館，2005 年。

75. 中國第一歷史檔案館編：《清代軍機處電報檔案彙編》，中國人民大學出版社，2005 年。

76. 中國史學會主編：《回民起義》，上海人民出版社，2000 年。

77.《清末民國財政史料輯刊》，北京圖書館出版社，2007 年。

78.《清末民國財政史料輯刊續輯》，北京圖書館出版社，2008 年。

## 志　書

1.《福建通志》，臺北大通書局，民國八十九年。

2.〔清〕姚光發等：《松江府續志》，光緒九年刊本，成文出版社影印。

3.〔清〕應寶時修，俞樾纂：《上海縣志》，同治十一年刊本，成文出版社影印。

4.〔清〕梁廷枏著、袁鍾仁校：《粵海關志》，廣東人民出版社，2002 年。

5.〔清〕阮元修，陳昌齊、劉彬華等纂：《廣東通志》，上海古籍出版社，1990 年。

6.〔清〕俞樾纂：《鎮海縣志》臺北成文出版社，民國六十三年。

7. 黃序鵷：《海關通志》，商務印書館，民國六年。

8. 饒宗頤纂修《民國潮州志》，上海書店出版社，2003 年。

9. 周之員等修：《順德縣志》，民國十八年刊本，成文出版社印行。

10. 周凱修，凌翰等纂：《廈門志》，道光十九年刊本，成文出版社影印。

11. 吳馨等修，姚文枏等纂：《上海縣續志》，民國七年刊本，成文出版社影印。

12. 曹秉仁：《寧波府志》，臺北成文出版社，民國六十三年。

13. 順德市地方志編纂委員會編：《順德縣志》，中華書局，1996 年。

14. 廣州市地方志編纂委員會：《廣州市志》，廣州出版社，2001 年。

15. 陽江市地方志編纂委員會：《陽江縣志》，廣東人民出版社，2000 年。

16. 揭陽縣地方志編纂委員會：《揭陽縣志》，廣東人民出版社，1993 年。

17. 三水縣地方志編纂委員會：《三水縣志》，廣東人民出版社，1995 年。

18. 江門市地方志編纂委員會：《江門市志》，廣東人民出版社，1998 年。

19. 廣東省地方史志編纂委員會編：《廣東省志・海關志》，廣東人民出版社，2002 年。
20. 中華人民共和國拱北海關編：《拱北海關志》，海洋出版社，1993 年。
21. 汕頭海關編志委員會：《汕頭海關志》，1988 年。
22. 九龍海關編志委員會：《九龍海關志》，廣東人民出版社，1993 年。
23. 廣州海關編志辦公室編：《廣州海關志》，廣東人民出版社，1997 年。
24. 拱北海關編：《拱北海關志》，1997 年。
25. 陳正恭：《上海海關志》，上海社會科學院出版社，1997 年。
26. 寧波海關志編纂委員會：《寧波海關志》，浙江科學技術出版社，2000 年。

## 奏議、文集

1. 〔清〕李瀚章輯：《曾文正公（國藩）全集》，奏稿卷 30，文海出版社印行，近代中國史料叢刊三編。
2. 〔清〕李鴻章：《李鴻章全集》，海南出版社，1997 年。
3. 〔清〕張之洞：《張文襄公奏議》，續修四庫全書（510）史部，上海古籍出版社，2002 年。
4. 〔清〕郭嵩燾：《郭嵩燾奏稿》，楊堅校補，嶽麓書社，1983 年。
5. 〔清〕劉坤一：《劉坤一遺集》，中華書局，1959 年。
6. 〔清〕錫良：《錫良遺稿》，中華書局，1959 年。
7. 〔清〕盛宣懷：《愚齋存稿》，續修四庫全書（1571），上海古籍出版社，2002 年。
8. 〔清〕盛宣懷：《愚齋存稿初刊》，思補樓藏版。
9. 〔清〕清道人：《語冰閣奏議》，民國七年印行。
10. 〔清〕鄭觀應：《鄭觀應集》，上海人民出版社，1982 年。
11. 〔清〕翁同龢：《翁同龢集》，中華書局，2005 年。
12. 〔清〕昭槤：《嘯亭雜錄》，中華書局，1980 年。
13. 〔清〕陳康祺著，晉石點校：《郎潛紀聞》，中華書局，1984 年。
14. 〔清〕李經畬等編：《合肥李勤恪公政書》，臺灣文海出版社，近代史料叢刊，1967 年。
15. 〔清〕宋晉：《水流雲在館奏議》，光緒十三年刻本。
16. 〔清〕李士禎：《撫粵政略》，近代中國史料叢刊三編（382），文海出版社
17. 〔清〕吳慶坻：《蕉廊脞錄》，北京：中華書局，1990 年。
18. 〔清〕歐陽昱：《見聞瑣錄》，嶽麓書社，1986 年。
19. 江蘇博物館等編：《何桂清等書箚》，江蘇人民出版社，1980 年。

20. 何剛德著、張國寧校：《春明夢錄·客座偶談》，山西古籍出版社，1997年。

21. 徐珂：《清稗類鈔》，中華書局，1984年。

22. 高尚舉編：《馬新貽文案集錄》，中央民族大學出版社，2001年。

23. 羅炳良編，鄭觀應著：《盛世危言》，華夏出版社，2002年。

24. 張之洞著，苑書義等主編：《張之洞全集》，石家莊：河北人民出版社，1998年。

25. 岑春煊：《樂齋漫筆》，文海出版社印行，沈雲龍主編近代中國史料叢刊第66輯。

## 中文論著

1. 吳廷燮：《清財政考略》，四存月刊排印本，1922年。

2. 楊德森：《中國關稅制度沿革》，商務印書館，1925年。

3. 陳向元《中國關稅史》，京華印書局，1927年。

4. 賈士毅：《關稅與國權》，商務印書館，1929年。

5. 武育玕：《中國關稅問題》，商務印書館，1930年。

6. 馬寅初：《中國關稅問題》，商務印書館，1930年。

7. 華民：《中國海關之實際情況》，神州國光社，1933年。

8. 江恒源：《中國關稅史料》，中華書局，1934年。

9. 周念明：《中國海關之組織及其事務》，上海商務印書館，1934年。

10. 李權時：《中國關稅問題》，商務印書館，1937年。

11. 中國通商銀行：《五十年來之中國經濟》，六聯印刷股份有限公司印，1947年。

12. 朱進：《中國關稅問題》，文海出版社印行，沈雲龍主編近代中國史料叢刊再編第20輯。

13. 聞達編：《大清銀行始末記》，北京：書目文獻出版社，1996年。

14. 許大齡：《清代捐納制度》，北京：燕京大學哈佛燕京學社，1950年。

15. 彭雨新：《清代海關制度》，湖北人民出版社，1956年。

16. 《中國近代史論叢》，臺灣：正中書局，1958年。

17. 羅玉東：《中國釐金史》，大東圖書公司印行，1977年。

18. 張國輝：《洋務運動與中國近代企業》，中國社會科學出版社，1979年。

19. 周伯棣：《中國財政史》，上海人民出版社，1981年。

20. 何烈：《清咸、同時期的財政》，臺北國立編譯館，1981年。

21. 趙淑敏：《中國海關史》，臺北：中央文物供應社出版，民國 71〔1982〕年。

22. 郭道揚：《中國會計史稿》（上），北京：中國財政經濟出版社，1982 年。

23. 彭澤益：《十九世紀後期的中國財政與經濟》，人民出版社，1983 年。

24. 鄭友揆：《中國的對外貿易和工業發展》，上海社會科學院出版社，1984年。

25. 李定一等：《中國近代史論叢——財政經濟》，臺灣正中書局，1985 年。

26. 樊百川：《中國輪船航運業的興起》，成都：四川人民出版社，1985 年。

27. 〔清〕王慶雲：《石渠餘紀》，北京古籍出版社，1985 年。

28. 九龍海關：《九龍海關百年大事記》，1987 年。

29. 汪敬虞：《赫德與近代中西關係》，人民出版社，1987 年。

30. 湯象龍：《中國近代財政經濟史論文選》，西南財經大學出版社，1987 年。

31. 孫健：《中國經濟史論文集》，中國人民大學出版社，1987 年。

32. 臺灣經濟研究所編：《我國關稅稅率調整之研究》，臺北：臺灣經濟研究所編，1987 年。

33. 張仲禮：《中國近代經濟史論著選譯》，上海社會科學院出版社，1987 年。

34. 陳詩啟：《中國海關史問題初探》中國展望出版社，1987 年。

35. 廣州市社會科學研究所編：《近代廣州外貿研究》，科學普及出版社廣州分社，1987 年。

36. 左治生：《中國近代財政史叢稿》，成都：西南財經大學出版社，1987 年。

37. 郭道揚：《中國會計史稿》（下），北京：中國財政經濟出版社，1988 年。

38. 北京經濟學院財政教研室：《中國近代稅制概述》，北京經濟出版社，1988年。

39. 劉子楊：《清代地方官制考》，紫禁城出版社，1988 年。

40. 李鵬年等編：《清代中央國家機關概述》，黑龍江人民出版社，1988 年。

41. 張國輝：《晚清錢莊和票號研究》，中華書局，1989 年。

42. 蔡渭洲：《中國海關簡史》，中國展望出版社，1989 年。

43. 鄭友揆：《中國近代對外關係研究》，上海社會科學出版社，1991 年。

44. 葉松年：《中國近代海關稅則史》，上海三聯書店，1991 年。

45. 林仁川：《福建對外貿易與海關史》，鷺江出版社，1991 年。

46. 黃逸平：《中國近代經濟變遷》，上海人民出版社，1992 年。

47. 湯象龍編著：《中國近代海關稅收和分配統計：1861～1910》，北京：中華書局，1992 年。

48. 戴一峰：《近代中國海關與中國財政》，廈門大學出版社，1993 年。

49. 吳倫霓霞，何佩然主編：《中國海關史論文集》，香港：香港中文大學歷史系，1997 年。

50. 王慶成：《稀見清世史料並考釋》，武漢出版社，1998 年。

51. 吳兆莘：《中國稅制史》，商務印書館，1998 年。

52. 陳登原：《中國田賦史》，商務印書館，1998 年。

53. 何平：《清代賦稅政策研究》，中國社會科學出版社，1998 年。

54. 崔運武：《中國早期現代化中的地方督撫》，中國社會科學出版社，1998 年。

55. 鄧紹輝：《晚清財政與中國近代化》，四川人民出版社，1998 年。

56. 《財政與近代歷史》，臺北中央研究院近代史所，1999 年。

57. 梁嘉彬：《廣東十三行考》，廣州：廣東人民出版社，1999 年。

58. 黃國盛：《鴉片戰爭前的東南四省海關》，福建人民出版社，2000 年。

59. 周育民：《晚清財政與社會變遷》，上海人民出版社，2000 年。

60. 張德澤：《清代國家機關考略》，學苑出版社，2001 年。

61. 郭松義、李新達、李尚英：《清朝典章制度》，吉林文史出版社，2001 年。

62. 周志初：《晚清財政經濟研究》，齊魯書社，2002 年。

63. 陳詩啓：《中國近代海關史》，人民出版社，2002 年。

64. 趙春晨：《嶺南近代史事與文化》，中國社會科學出版社，2003 年。

65. 鄭可茵等：《汕頭開埠及開埠前後社情資料》，潮汕歷史文化研究中心編印，2003 年。

66. 連心豪：《中國海關與對外貿易》，嶽麓書社，2003 年。

67. 陳詩啓：《從明代官手工業到中國近代海關史研究》，廈門大學出版社，2004 年。

68. 祁美琴：《清代榷關制度研究》，內蒙古大學出版社，2004 年。

69. 戴一峰：《中國海關與中國近代社會》，廈門大學出版社，2005 年。

70. 馬陵合：《晚清外債史研究》，復旦大學出版社，2005 年。

71. 孫修福、何玲：《中國近代海關史大事記》，中國海關出版社，2005 年。

72. 姚海琳：《中國海關史話》，中國海關出版社，2005 年。

73. 梁義群：《近代中國的財政與軍事》，國防大學出版社，2005 年。

74. 李愛麗：《晚清美籍稅務司研究——以粵海關爲中心》，天津古籍出版社，2005 年。

75. 王爾敏《五口通商變局》，廣西師範大學出版社，2006 年。

76. 鄧亦兵：《清代前期關稅制度研究》，北京燕山出版社，2008 年。

77. 任智勇：《晚清海關再研究：以二元體制爲中心》，中國人民大學出版社，2012 年。

## 中文報刊

1.《東方雜誌》。

2.《申報》。

3.《清末時事採新叢選》。

4.《關稅問題專刊》。

5.《政治官報》。

## 西文論著及刊物

1. Stanley F.Wright. Documents Illustrative of the Origin Developmentand Activities of the Chinese Customs Service.

2. The China Review or notes & queries on the Far East（1872～1901）.

3. Westel W. Willoughbg, Foreign Rights and interests in china, The Johns Hopkins Press 1920.

4. John King Fairbank, Trade and Diplomacy on the China Coast：the Opening of the Treaty Ports, 1842～1854, Cambridge：Harvard University Press, 1953.

5. Lian Lin-hsiao, Chinas foreign Trade Statistics1864～1949, Harvard, 1974.

6. Jerome chen, China and the West ：society and culuture 1815～1937, Indiana University Press, 1979.

7. Thomas Lyons, China Maritime Customs and China Trade Statistics, 1858～1948, Trumansburg, NY：Willow Creek Press, 2003.

8. Donna Brunero, Britain's Imperial Cornerstone in China：The Chinese Maritime Customs Service, 1854～1949, Routledge, London, 2006.

9. Robert Bickers, Purloined Letters ：History and the Chinese Maritime Customs Service. Modern Asian Studies, Vol.40, No.3（2006）.

10. Richard S. Horowitz, Politics Power and the Chinese Maritime Customs：the Qing Restoration and the Ascent of Robert Hart, Modern Asian Studies, Volume 40, Issue 03, Jul 2006.

11. Andrea Eberhard-Bréard, Robert Hart and China's Statistical Revolution, Modern Asian Studies, Volume 40, Issue 03, Jul 2006.

12. Richard S. Horowitz, The Ambiguities of an Imperial Institution：Crisis and Transition in the Chinese Maritime Customs, 1899～1911, The Journal of Imperial and Commonwealth History, Volume 36, No. 2（2008）.

13. Van de Ven, Hans, Robert Hart and the Chinese Maritime Customs Service, Modern Asian Studies, 40.3.

14. Robert Bickers, Revisiting the Chinese Maritime Customs Service, 1854～1950, The Journal of Imperial and Commonwealth History, Volume 36, No. 2（2008）.

## 日文論著（文）

1. 松井義夫：《清朝經費の研究》，滿鐵經濟調查會，經調資料第 66 編，1935年。

2. 濱下武志：《中國近代經濟史研究——清末海關財政と開港場市場圈》，汲古書院，1989 年。

3. 岡本隆司：《近代中國と海關》，名古屋大學出版會，1999 年。

## 譯　著

1.〔英〕哲美森編，上海廣學會譯：《中國度支考》，圖書集成局版，光緒二十三年。

2.〔日〕高柳松一郎著，李達譯：《中國關稅制度論》，近代中國史料叢刊第 74 輯，臺北：文海出版社有限公司印行。

3.〔美〕魏爾特著，陶樂均譯：《民國以來關稅紀實》，商務印書館，1927年。

4.〔美〕歐弗萊區著，郭家麟譯：《列強對華財政控制》，上海華東人民出版社，1951 年。

5.〔美〕費正清著：《中國的沿海貿易與外交：條約口岸的開放》，哈佛大學出版社，1953 年。

6.〔美〕萊特著；姚曾廙譯：《中國關稅沿革史》，北京：三聯書店，1958年。

7.〔美〕丹涅特：《美國人在東亞》，商務印書館，1959 年。

8.〔英〕伯爾考維茨著，江載華等譯：《中國通與英國外交部》，商務印書館，1959 年。

9.〔英〕格林堡著：《鴉片戰爭前中英通商史》，商務印書館，1961 年。

10.〔美〕雷麥著，蔣學模、趙康節譯：《外人在華投資》，商務印書館，1962年。

11.〔美〕費正清著，張理京譯：《美國與中國》，北京：商務印書館，1973年。

12.〔美〕Albert Feuerwerker 著，林載爵譯：《中國近百年經濟史（1870～1949年）》，臺灣：華世出版社印行，1978 年。

13. 〔美〕鮑威爾著，陳澤憲、陳霞飛譯：《中國軍事力量的興起：1895～民國元年》，北京：中國社會科學出版社，1979年。

14. 〔澳〕費思著，鄭強譯：《中國與世界》，北京：商務印書館，1980年。

15. 〔英〕季南著，許步曾譯：《英國對華外交》（1880～1885），商務印書館，1984年。

16. 〔美〕費正清、劉廣京編，中國社會科學院歷史研究所編譯室譯：《劍橋中國晚清史：1800～宣統三年》，北京：中國社會科學出版社，1985年。

17. 駱惠敏編，陳澤憲譯：《清末民初政情內幕》，知識出版社，1986年。

18. 〔美〕羅茲·墨菲著：《上海——現代中國的鑰匙》，上海人民出版社，1987年。

19. 〔美〕赫延平著，李榮昌譯：《19世紀的中國買辦：中西間橋梁》，上海科學出版社，1988年。

20. 〔美〕魏斐德著，王小荷譯：《大門口的陌生人：1839～咸豐十一年間華南的社會動亂》，北京：中國社會科學出版社，1988年。

21. 〔加〕葛松著，中國海關史研究中心譯：《李泰國與中英關係：1854～1864》，廈門大學出版社，1991年。

22. 〔美〕郝延平著，陳潮等譯：《中國近代商業革命》，上海人民出版社，1991年。

23. 〔美〕費維愷著，虞和平譯：《中國早期工業化：盛宣懷（1844～1916）和官督商辦企業》，北京：中國社會科學出版社，1990年。

24. 〔美〕馬士著，區宗華譯：《東印度公司對華貿易編年史》，中山大學出版社，1991年。

25. 〔美〕諾思著，厲以平譯：《經濟史上的結構和變革》，北京：商務印書館，1992年。

26. 〔美〕魏爾特著，陳敦才、陸琢成譯：《赫德與中國海關》，廈門大學出版社，1997年。

27. 〔日〕濱下武志著，朱蔭貴、歐陽菲譯：《近代中國的國際契機：朝貢貿易體系與近代亞洲經濟圈》，北京：中國社會科學院出版社，1999年。

28. 〔美〕約瑟夫·R.列文森著，鄭大華、任菁譯：《儒教中國及其現代命運》，中國社會科學出版社，2000年。

29. 〔美〕龐百騰著，陳俱譯：《沈葆楨評傳——中國近代化的嘗試》，上海古籍出版社，2000年。

30. 〔美〕施堅雅編，葉光庭等譯、陳橋驛校：《中華帝國晚期的城市》，中華書局，2000年。

31. 〔美〕馬士著，張彙文等譯：《中華帝國對外關係史》，上海書店出版社，2000年。

32. 〔德〕柯武剛、史漫飛著，韓朝華譯：《制度經濟學：社會秩序與公共政策》，北京：商務印書館，2000 年。

33. 〔美〕費正清著，傅光明譯：《觀察中國》，北京：世界知識出版社，2001 年。

34. 〔美〕費正清著，張沛等譯：《中國：傳統與變遷》，北京：世界知識出版社，2002 年。

35. 〔美〕芮瑪麗著，房德鄰等譯：《同治中興：中國保守主義的最後抵抗：1862～1874》，北京：中國社會科學出版社，2002 年。

36. 〔美〕布魯納、費正清、司馬富等編，傅曾仁等譯：《步入中國清廷仕途──赫德日記（1854～1863）》，中國海關出版社，2003 年。

37. 瞿同祖著，范忠信、宴鋒譯、何鵬校：《清代地方政府》，法律出版社，2003 年。

38. 〔以色列〕謝艾倫著，張平、張立，蔣清宏譯：《被監押的帝國主義：英法在華企業的命運》：1949～1954，北京：中國社會科學出版社，2004 年。

39. 〔日〕久保亨著，王小嘉譯：《走向自立之路：兩次世界大戰之間中國的關稅通貨政策和經濟發展》，北京：中國社會科學出版社，2004 年。

40. 〔美〕曾小萍著，董建中譯：《州縣官的銀兩──18 世紀中國的合理化財政改革》，中國人民大學出版社，2005 年。

41. 〔日〕岩井茂樹著，付勇譯：《中國近代財政史研究》，社會科學文獻出版社，2011 年。

## 論 文

1. 李德啓：《清季內務府經費問題》，1935 年北平故宮博物館 20 週年紀念《文獻專刊》。

2. 陳文進：《清季出使各國使領經費（1875～1911）》，《中國近代經濟史研究集刊》，第一卷第二期。

3. 彭雨新：《清末中央與各省財政關係》，《社會科學雜誌》第九卷第一期，1947 年。

4. 羅玉東：《光緒朝補救財政之方策》，《中國近代經濟史研究集刊》第 1 卷第 2 期，1933 年 5 月。

5. 吳廷燮：《論光緒朝之財政》，《文獻論叢》，故宮博物院 1936 年刊印。

6. 王樹槐：《庚子賠款》，《中央研究院近代史研究所專刊》（31），1974 年。

7. 彭雨新：《辛亥革命前夕清王朝財政的崩潰》，《辛亥革命論文集》，湖北人民出版社，1981 年。

8. 朱榮基：《廣東舊海關檔案史料價值初探》，《檔案學通訊》，1981 年第 1 期。

9. 姚賢鎬：《兩次鴉片戰爭後西方侵略勢力對中國關稅主權的破壞》，《中國社會科學》，1981 年第 5 期。

10. 陳詩啓：《海關總稅務司對鴉片稅釐並徵與粵海常關權力的爭奪和葡萄牙的永居澳門》，《中國社會經濟史研究》，1982 年第 1 期。

11. 陳國棟：《清代前期粵海關的利益分配》，《食貨》月刊合訂本，第十二卷。

12. 陳國棟：《清代前期粵海關的稅務行政（1683～1842)》，《食貨》月刊合訂本，第十一卷。

13. 陳國棟：《粵海關（1684～1842）的行政體系》，《食貨》月刊合訂本，第十一卷。

14. 陳詩啓：《海關總稅務司和海關稅款保管權的喪失》，《廈門大學學報》，1982 年第 4 期。

15. 蔡渭洲、謝咸鎧：《我國古代海關起源及其歷史演變》，《國際貿易》1983 年 12 期～1984 年第 3 期。

16. 何本方：《清代戶部諸關初探》，《南開學報》，1984 年第 3 期。

17. 彭澤益：《清初四榷關地點和貿易量的考察》，《社會科學戰線》，1984 年第 3 期。

18. 吳建雍：《清前期榷關及其管理制度》，《中國史研究》1984 年第 1 期。

19. 何本方：《清代的榷關與內務府》，《故宮博物院院刊》，1985 年第 2 期。

20. 周育民：《晚清的釐金、子口稅與裁釐加稅》，上海市歷史學會 1986 年年會論文集，《中國史論文集》。

21. 魏光奇：《清代後期中央集權財政體制的瓦解》，《近代史研究》，1986 年第 1 期。

22. 劉武坤：《舊中國海關總稅務司、稅務司名錄》，《民國檔案》，1986 年第 3、4 期。

23. 尹福庭：《試論太平天國革命時期清政府中央和地方權力的消長及其影響》，中國人民大學清史研究所編《清史研究集》，第 4 集，四川人民出版社，1986 年。

24. 王水：《中國近代國內貿易統計》，《中國經濟史研究》，1987 年第 1 期。

25. 戴一峰：《近代中國租借地海關及其關稅制度試探》，《海關研究》，1987 年第 2 期。

26. 胡剛：《近代子口稅制度初探》，《中國社會經濟史研究》，1987 年第 4 期。

27. 陳詩啓：《論清末稅務處德設立和海關隸屬關係的改變》，《歷史研究》，1987 年第 3 期。

28. 譚啓浩：《試評鴉片戰爭時期的粵海關監督豫堃》，《海關史研究》，1987 年第 3 期。

29. 莊吉發：《同光年間的地方財政與自強經費的來源》，《清季自強運動研討會論文集》，臺北，1988 年。

30. 黃廣廓：《子口稅述論》，《鄭州大學學報》，1988 年第 8 期。

31. 朱榮基：《近代海關及其檔案》，《歷史檔案》，1988 年第 1 期。

32. 戴和：《清代粵海關稅收的考覈與報解制度述論》，《海交史研究》，1988 年第 1 期。

33. 劉翠溶：《關稅與清季自強新政》，臺灣《清季自強運動研討會論文集》，臺北，1988 年。

34. 劉存寬：《19 世紀下半葉的九龍中國海關及其有關交涉》，《近代史研究》，1988 年第 6 期。

35. 京良：《首次中國海關史國際研討會綜述》，《近代史研究》，1989 年第 2 期。

36. 戴一峰：《論清末海關兼管常關》，《歷史研究》，1989 年第 6 期。

37. 張寄謙：《金登干與中國海關》，《近代史研究》，1989 年第 6 期。

38. 黃國盛：《李泰國與外籍稅務司制度的產生》，《內蒙古大學學報》，1990 年第 1 期。

39. 彭澤益：《清代財政管理體制與財政收支》，《中國社會科學院研究生院學報》，1990 年第 2 期。

40. 梁義群：《咸豐朝三次財政危機》，《史學月刊》，1990 年第 1 期。

41. 夏良才：《海關與中國近代化的關係——論中國海關駐倫敦辦事處》，《歷史研究》1991 年第 2 期。

42. 薛鵬志：《中國海關史第二次國際學術研討會綜述》，《歷史研究》1991 年第 2 期。

43. 汪林茂：《清咸、同年間籌餉制度的變化與財權下移》，《杭州大學學報》，1991 年第 2 期。

44. 何瑜：《晚清中央集權體制變化原因再析》，《清史研究》，1992 年第 1 期。

45. 張富強：《試論廣東欽差大臣制度的形成及其終結》，《近代史研究》，1992 年第 2 期。

46. 梁義群：《庚子賠款與晚清財政的崩潰》，社會科學輯刊，1992 年第 3 期。

47. 詹慶華：《唐紹儀與清季海關》，《歷史教學》，1992 年第 8 期。

48. 俞建國：《清末財政性外債對中國社會經濟的影響》，中國經濟史研究，1993 年第 2 期。

49. 戴一峰：《論晚清的子口稅與釐金》，中國社會經濟史研究，1993 年第 4 期。

50. 戴一峰：《論近代中國海關與鴉片稅釐並徵》，《福建論壇》（文史哲版），1993 年第 5 期。

51. 王年詠：《近代中國的戰爭賠款總值》，《歷史研究》，1994 年第 5 期。

52. 芮坤改：《論晚清的鐵路建設與資金籌措》，《歷史研究》，1995 年第 4 期。

53. 連心豪：《中國海關關史第三次國際學術研討會綜述》，《中國社會經濟史研究》，1995 年第 4 期。

54. 張神根：《清末國家財政、地方財政劃分評析》，《史學月刊》，1996 年第 1 期。

55. 戴一峰：《中國近代海關史研究述評》，《廈門大學學報》，1996 年第 3 期。

56. 潘家德：《論晚清政府對外軍事借款》，《四川師範學院學報》，1996 年第 4 期。

57. 馬陵合：《試析左宗棠西征借款與協餉的關係》，《歷史檔案》，1997 年第 1 期。

58. 鄧紹輝：《晚清賦稅結構的演變》，《四川師範大學學報》，1997 年第 4 期。

59. 陳鋒：《清代中央財政與地方財政的調整》，《歷史研究》，1997 年第 5 期。

60. 袁燮銘：《晚清五口通商大臣移設上海始末》，《檔案與史學》，1997 年第 5 期。

61. 何漢威：《從清末剛毅、鐵良南巡看中央和地方財政關係》，臺灣《中央研究院歷史語言研究所集刊》第 68 本第 1 份，1997 年。

62. 宓汝成：《庚子賠款的債務化及其清償、「退還」和總清算》，《近代史研究》，1997 年第 5 期。

63. 趙夢涵：《兩次鴉片戰爭與中國財政》，《山東大學學報》，1998 年第 3 期。

64. 張九洲：《論甲午戰後清政府的鐵路借款》，《史學月刊》，1998 年第 5 期。

65. 文恒益：《張之洞與湖廣鐵路借款》，《江西師範大學學報》，1998 年第 4 期。

66. 楊天宏：《清季自開商埠海關的設置及其運作制度》，《社會科學研究》，1998 年第 3 期。

67. 相瑞花：《試析近代中國的戰爭賠款》，《青海師範大學學報》，1999 年第 1 期。

68. 張國輝：《晚清財政與咸豐朝通貨膨脹》，《近代史研究》，1999 年第 3 期。

69. 李傳斌：《清季俸制變化初探》，《蘇州大學學報》，2000 年第 1 期。

70. 金普森：《中日甲午戰爭與中國外債》，《東南學術》，2000 年第 1 期。

71. 陳鋒：清代財政支出政策與支出結構的變動，《江漢論壇》，2000 年第 5 期。

72. 陳鋒：《清代前期奏銷制度與政策演變》，《歷史研究》，2000 年第 2 期。

73. 劉偉：《晚清「就地籌款」的演變與影響》，《華中師範大學學報》2000 年第 2 期。

74. 房建昌：《潮汕地區中英交涉數事》，《汕頭大學學報》，2000 年第 3 期。

75. 戴一峰：《晚清中央與地方財政關係：以近代海關爲中心》，《中國經濟史研究》，2000 年第 4 期。

76. 朱淑娣：《清代海關的「政治關稅」特點、成因及其教訓》，《法商研究》，2000 年第 4 期。

77. 袁成毅：《中國近代對日戰爭賠款述論》，《歷史檔案》，2000 年第 1 期。

78. 陳曉東：《港、澳鴉片稅釐並徵與中葡北京條約》，《蘇州鐵道師範學院學報》，2000 年第 4 期。

79. 王立誠：《英國與近代中外貿易「法治」的建立》，《歷史研究》，2001 年第 2 期。

80. 祁美琴：《晚清常關考述》，《清史研究》，2002 年第 4 期。

81. 陳新文：《「封鎖香港」問題研究（1868～1886）》，《近代史研究》，2003 年第 1 期。

82. 申學鋒：《晚清戶部與內務府財政關係探微》，《清史研究》，2003 年第 3 期。

83. 賴惠敏：《清乾隆朝的稅關與皇室財政》，臺灣：《中央研究院近代史研究所集刊》第 46 期，2004 年 12 月。

84. 陳鋒：《20 世紀的清代財政史研究》，《史學月刊》，2004 年第 1 期。

85. 任智勇：《晚清海關監督制度初探》，《歷史檔案》，2004 年第 4 期。

86. 吳松弟、方書生：《一座尚未充分利用的近代史資料寶庫——中國舊海關係列出版物評述》，《史學月刊》，2005 年第 3 期。

87. 劉增合：《由脫序到整合：清季外省財政機構的變動》，《近代史研究》，2008 年第 5 期。

88. 劉增合：《西式預算制度與清季財政改制》，《歷史研究》，2009 年第 2 期。

89. 劉增合：《地方游離於中央：晚清「地方財政」形態與意識疏證》，《中國社會經濟史研究》，2009 年第 1 期。

90. 倪玉平：《鴉片戰爭與道光朝關稅徵收》，《清華大學學報》2009 年第 3 期。

91. 劉增合：《清季中央對外省的財政清查》，《近代史研究》，2011 年第 6 期。

92. 陳勇：《簡論晚清海關制度的雙重性》，《理論界》，2007 年第 3 期。

93. 陳勇：《鴉片稅政演變與晚清中央、地方利益之調整》，《中國經濟史研究》，2009 年第 2 期。

94. 陳勇：《赫德與鴉片「稅釐並徵」》，《暨南學報》，2006 年第 4 期。

95. 陳勇：《晚清海關「洋稅侵奪常稅」析論》，《中國社會經濟史研究》，2010 年第 1 期。

96. 陳勇：《潮海開關史事考略》，《汕頭大學學報》，2010 年第 4 期。

97. 陳勇：《清末華洋貨物出廠稅的籌議和徵收》，《歷史教學》，2011 年第 14 期。

98. 陳勇：《晚清時期海關洋稅的統計與彙報》，《歷史檔案》，2011 年第 3 期。

99. 陳勇：《晚清咸同之際稅關間的關稅糾葛及其調解》，《暨南學報》，2011 年第 5 期。

100. 陳勇：《晚清海關洋稅的分成制度探析》，《近代史研究》，2012 年第 2 期。

101. 陳勇：《撥與解：晚清海關的解款困局及其應對》，《中國社會經濟史研究》，2012 年第 4 期。

102. 陳勇：《晚清稅關與內務府財政關係管窺》，《暨南學報》，2013 年第 1 期。